W0078389

Das wilde Ufer

PETER ZADEK

DAS WILDE UFER

EIN THEATERBUCH

ZUSAMMENGESTELLT VON
LASZLO KORNITZER

KIEPENHEUER & WITSCH

Kunst kommt nicht von Können

Für E. P.

© 1990 by Verlag Kiepenheuer & Witsch, Köln
Alle Rechte vorbehalten. Kein Teil des Werkes darf in irgendeiner Form
(durch Fotografie, Mikrofilm oder ein anderes Verfahren)
ohne schriftliche Genehmigung des Verlages reproduziert oder unter
Verwendung elektronischer Systeme verarbeitet, vervielfältigt
oder verbreitet werden
Umschlag Kalle Giese, Overath
unter Verwendung eines Fotos von Gisela Scheidler
Satz und Reproduktionen Kalle Giese Grafik, Overath
Druck und Bindearbeiten May & Co, Darmstadt
ISBN 3-462-02067-6

INHALT

Vorwort

Ich träume von einem Theater, das Mut macht. Es ist ein Theater für hungrige Menschen, gierige Menschen, für Menschen, für die Theater nicht ein delikates Dessert ist, sondern eine notwendige, lebensnotwendige Mahlzeit, ohne die sie in der zerstörten Zivilisation, die wir errichtet haben, zu Grunde gehen. Es ist ein Theater der Fantasie, der befreienden Gefühle und der gewagten Gedanken — ein romantisches Theater also. Es ist auch ein Theater, das die Realität unseres Lebens und Sterbens beschreibt. Es ist ein farbiges, vielschichtiges Theater, naiv, weil wir alle lernen müssen, unsere Kindheit und die Unschuld wiederzufinden, kompliziert und differenziert, weil wir soviel erlebt haben, Dinge, die unsere kindliche Naivität verschüttet und vernebelt haben. Es ist ein Theater, das sucht, nicht eines, das vorgibt, Antworten zu wissen.

Was kann man zuerst haben, ein solches Theater oder das Publikum dafür? Theater ist Kommunikation zwischen Publikum und Schauspielern, Kontakt, Berührung, Spannung, gemeinsames Erlebnis, gemeinsame Reise ins Ungewisse.

Vor kurzem unterhielt ich mich mit Ivan Nagel über — was sonst? — das Theater. Im Laufe der Unterhaltung machte er mir den Vorwurf (wahrscheinlich gerechtfertigt), daß viele junge Regisseure von mir verdorben worden seien. Der Eindruck, daß man einfach gedankenlos eine Probe so vor sich hinleiern ließe, um »mal zu sehen, was dabei herauskommt«, hätte sich über die Jahre ganz besonders bei meiner Arbeit ergeben. Fantasie sei alles, und eigentlich brauchte man ja fast nichts können. Instinkt gegen Intelligenz. Assoziation statt Analyse. Hierzu fällt mir eine Äußerung von Max Ophuls ein: »Celui qui abuse de son intelligence pour arrêter le cours de l'imagination aurait mieux fait de naître stupide.«

Peter Zadek, 1990

ENGLAND

Edward Gordon Craig, 1948

Edward Gordon Craig
1969*

Craig war schon ein vernachlässigtes Genie, als ich ihn ein paar Jahre nach dem Krieg kennenlernte. Seitdem mich Theater interessiert hatte, war Craig in meiner Fantasie »der Größte«. Ich hatte alle seine Schriften über das Theater mehrmals gelesen, seine Bühnendecors (viele davon unrealisiert) studiert und bewundert. Er vereinte in sich den großen kompromißlosen Idealisten des Theaters, die Tradition des Englischen Schauspieltheaters (er war der Sohn der berühmten Ellen Terry), die Radikalität des modernen Regisseurs (er suchte verzweifelt nach dem Schauspieler, der ihm formal etwas ebenso Genaues darstellen wie sein eigener Bleistift es zeichnen konnte), er bestand eisern auf der Exzentrizität und Autonomie des Künstlers. Nur Studenten der Theaterwissenschaft wissen heute noch, daß Craig der eigentliche »Vater« des modernen Bühnenbildes war, daß Reinhardt und Stanislavski, in Sachen Bühnenbild und ihrem Verständnis des Bühnenbildes als formaler Rahmen des Bühnenereignisses, seine Schüler waren. Daß Craigs besessene Suche nach formaler Einheit auf der Bühne sich zu einer Manie, einer Art Reinheitsfimmel entwickelte, war mir damals unklar. Daß sein Haß auf Max Reinhardt, den er für einen Alles-Verarbeiter und einen Plagiator hielt, zusammenhängt mit Craigs Liebe für die Deutschen und zum Teil für die Rassentheorien der Nazis, daß sein Widerwille gegen Reinhardt eine Art Ekel vor entarteter Kunst war — und: daß Theater immer eine Bewegung ist zwischen der unmöglichen Suche nach perfekter Form und der Realität des auf der Bühne stehenden unperfekten und deswegen lebendigen Menschen — das waren noch Probleme, die ich nicht kapierte.

Als junger Mann bewunderte, liebte Craig Isadora Duncan. Auch in seiner Arbeit und Fantasie existierte schon derselbe Widerspruch, den die Duncan verkörperte: Der Versuch, den *reinen* Tanz zu finden, die Bewegung an sich und zur gleichen Zeit die Befreiung von strenger Form (des klassischen Balletts), die Befreiung von engen Kleidern. Isadora schockierte, indem sie in den Salons mit nackten Füßen und wehenden Gewändern tanz-

---

* Die Jahresangabe bezieht sich hier und im folgenden auf den
 Zeitpunkt der Textniederschrift.

19

te. Ihre Gegner fanden sie »pornografisch«. Mich stören bei Tänzern mit nackten Füßen allerdings hauptsächlich die dreckigen Füße.
Das war auch meine Haupterinnerung an Decroux, Pantomime und Guru von Barrault und vielen anderen. Barraults *Hamlet*, den ich zu dieser Zeit in Paris sah, war stark beeinflußt von Craigs Stil. Nur die zu Craigs Zeit revolutionären Paravents wurden von Barrault durch graue Vorhänge ersetzt, die, sich laufend verändernd, neue Räume bildeten. Wie so oft später, stellte ich fest, daß das, was mich für meine Arbeit (damals, da ich noch

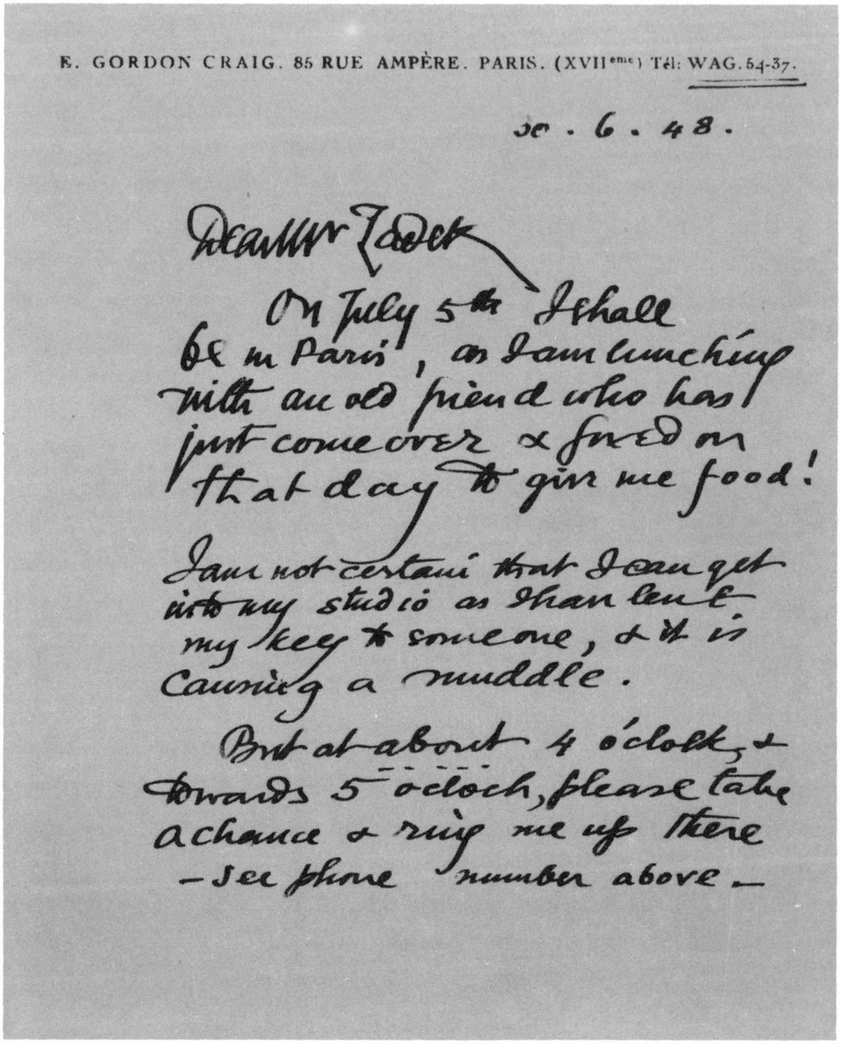
E. GORDON CRAIG. 85 RUE AMPÈRE. PARIS. (XVIIème) Tél: WAG.54-37.

30. 6. 48.

Dear Mr Zadek

On July 5th I shall be in Paris, as I am lunching with an old friend who has just come over & fixed on that day to give me food!

I am not certain that I can get into my studio as I have lent my key to someone, & it is causing a muddle.

But at about 4 o'clock, & towards 5 o'clock, please take a chance & ring me up there — see phone number above —

nicht inszenierte, für meine *Vorstellungen* von meiner Arbeit) faszinierte, mich sehr oft bei anderen langweilte. Aber Decroux und Barrault sprachen zu dieser Zeit auch viel von *reiner* Pantomime. Es gab große Diskussionen darüber, ob Barrault, der nun auch *sprach*, die Kunst der Pantomime nicht verraten würde. Aber niemand bemerkte bei dem Gastspiel des *reinen* Pantomimen Decroux in London, daß er und sein Ensemble dreckige Füße hatten.

Daß ich damals selber Ausdruckstanz (von einem Laban-Schüler) und

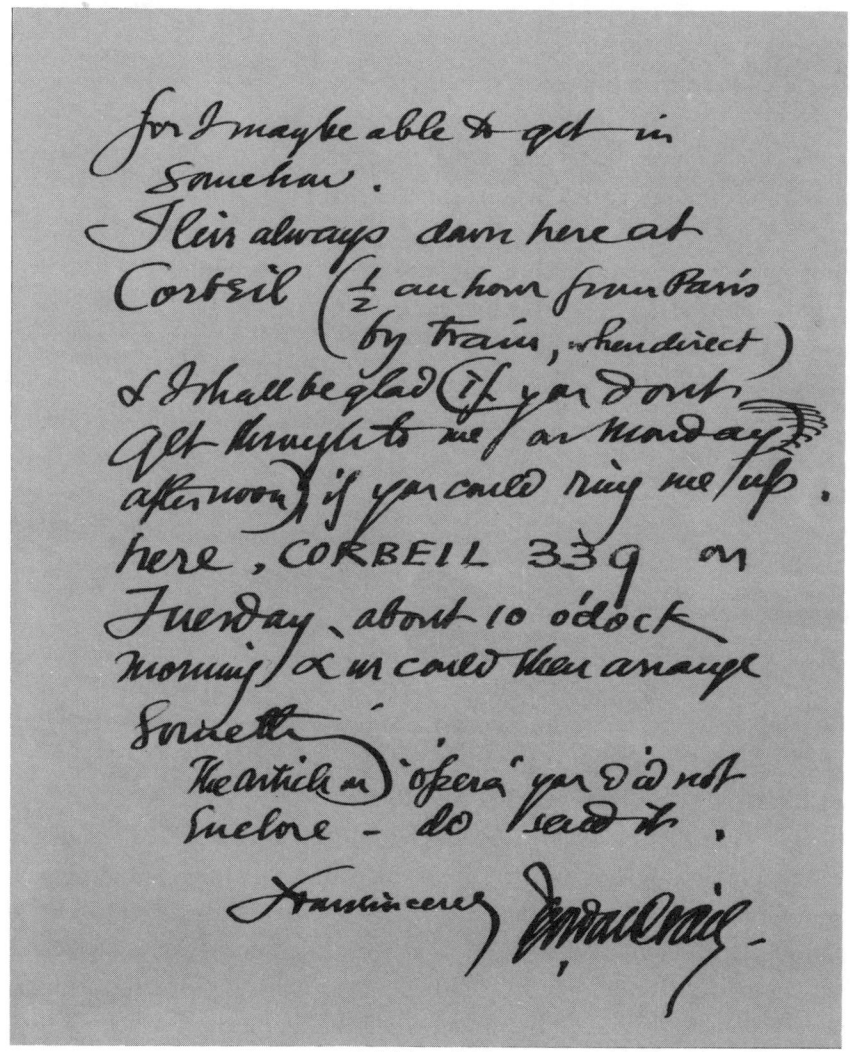

Brief von Craig

21

Pantomime (von einem Barrault-Schüler) lernte, war symptomatisch für die Spannungen, die sich im Laufe von dreißig Jahren immer wieder gezeigt haben. Ich hatte seit ich klein war, die Schulgymnastik geschwänzt, Sport und jede körperliche Aktivität vermieden, und so war ich mit ein-, zweiundzwanzig dicklich und unbeweglich, hatte wenig Liebe zu meinem eigenen Körper. Barraults körperliche Perfektion faszinierte und langweilte mich, der staksende Louis Jouvet, der wie besoffen rollende Laughton oder der stelzende John Gielgud, reizten meine Fantasie, weil ihre Vorstellung von Schönheit nicht an ihre eigenen unperfekten körperlichen Funktionen gebunden waren. Kann man sich etwas »Schöneres« vorstellen als den alten kranken körperlich behinderten Staatsanwalt, den Laughton in *Zeugin der Anklage* spielte, oder denselben großen romantischen Schauspieler im *Glöckner von Notre Dame*. Engel, die keine dreckigen Füße hatten, waren schon damals für mich immer Pappkameraden.

Die Tatsache daß Menschen, wenn sie sich anschauen, sich meistens in die Augen schauen, hat mich schon damals zu der Überzeugung gebracht, daß das Wesentliche der Schauspielerei ein innerer Zustand sei. Eine Überzeugung, die sich immer wieder bestätigte. Manchmal durch einfache Äußerlichkeiten, zum Beispiel, daß jedes Theaterstück langweilig wird, wenn die Augen der Schauspieler längere Zeit nicht deutlich sichtbar sind. (Erstaunlicherweise sind die Beleuchtungsanlagen der meisten deutschen Schauspielhäuser so katastrophal eingerichtet, daß man die Köpfe der Schauspieler nur von oben anleuchten kann und die Augen im Schatten bleiben; dieser Mangel brachte, so scheint es, eine nicht unerhebliche Entwicklung des »Regietheaters« mit sich, das meint, ohne Schauspieler auszukommen und infolgedessen langsam auch ohne Schauspieler auskommen muß. Daß das Regietheater nicht nur in Deutschland die Fußrampe, die die Augen beleuchtet, abmontiert und oft keinen Ersatz dafür geschaffen hat, sagt viel aus über die Nachkriegsgeneration von Regisseuren. Vielleicht auch über ein Publikum, das niemand gerne in die Augen schaut.)

Aber das war eben auch der Weg — *ein* Weg zumindest — von Craig. Von der Verzweiflung am verschmierten, Naturalismus suchenden Schauspieler kam Craig zu der Vorstellung einer »Super-Marionette«. Die Proportionen seiner Bühnenbilder wurden immer monströser. Als man den alten, schon lange nicht mehr praktisch arbeitenden Regisseur und Bühnenbildner noch einmal einlud, in London *Shakespeare* zu machen, schickte Craig seine Skizzen an den Impresario Cochran voraus. Cochran konsultierte

22

seinen technischen Direktor und stellte fest, daß wenn die Relation zwischen der Größe des gezeichneten Menschen auf der Skizze und der dahinter stehenden Kulisse ernst gemeint wäre, müßte man das Dach des neu gebauten *Saville Theaters* abnehmen, um das Bühnenbild unterzubringen. *Ja,* sagte Craig, als man ihn darauf aufmerksam machte, *so habe ich es auch gemeint.* Und die Inszenierung fand, wie die meisten Projekte von Craig, nicht statt.

Die Attraktivität von Craig liegt für einen jungen Regisseur sicher auch an den Gesamtlösungen, die er für ein Stück oder ein Bild fand. Das erste Hofbild von *Hamlet* so zu inszenieren, daß die gesamte Bühne mit einem Goldtuch bedeckt war, durch das die Schauspieler nur die Köpfe steckten, ist eine schöne, attraktive und einleuchtende Lösung. Besonders Ende der vierziger, Anfang der fünfziger Jahre in England. Damals war das englische Theater, das auch in den zwanziger und dreißiger Jahren vom Expressionismus wenig berührt worden war, beherrscht von unterspieltem Naturalismus der Salonkomödie (Rattigan usw.) und dem »komödiantischen« Schauspieler-Theater, das man heute am besten in der Verfilmung von Laurence Oliviers *Richard III.* nachvollziehen kann. Theater mit »Konzepten« überließ man den Ausländern. Brecht, Tynan und John Osborne hatten noch nicht die englische Bühne erobert. Peter Brook fing gerade an zu arbeiten. Daß ein *Richard III.* mit Olivier nur in einem Ausnahmefall im Zusammenhang mit einem konzeptprägenden Regisseur denkbar war, ahnte ich damals noch nicht. Reinhardt und Jessner waren nur Namen für mich, aber ich denke, daß diese mit Moissi und Pallenberg und Kortner und vielen anderen wirkliche Ausnahmefälle waren.

Ich glaube auch, daß die scheinbare Äußerlichkeit eines solchen Konzeptes wie das Goldtuch im *Hamlet,* oder das kompliziertere konzeptionelle Denken vieler Regisseure heute, besonders in Deutschland, beide eine Bedrohung für die freie Entfaltung der schauspielerischen Fantasie darstellen. Es kommt eben sehr darauf an, wie der Regisseur sich sieht – als Diktator, als Guru, als Schauspiellehrer oder (so war es oft im »komödiantischen« Theater) als gehobener Inspizient. Das hat im Endeffekt damit zu tun, wie er die Gesellschaft, in der er lebt, sieht, beeinflussen will und kann und wie er sich selbst in der Gesellschaft empfindet.

Craig, das ist klar, sah sich als Prophet, Führer, Autorität. Er glaubte sicher an eine Welt, die auf Führer, Autoritäten und Propheten angewiesen war. Nicht mal das Dritte Reich hat ihn vom Gegenteil überzeugt. Und während in den dreißiger Jahren schon ganz andere Realitäten wie Clurmans und Strasbergs *Group Theatre* das Theater veränderten, war Craig sich seiner Sache 1950 noch sicher. Mit Recht, glaube ich, weil es nicht die Sache des Künstlers ist, eine ausgewogene Haltung zu haben — das ist die Sache von Lehrern und Fernsehanstalten — sondern den extremsten Absurditäten einer Vorstellung der Fantasie zu folgen und sie zu behaupten, als ob sie die einzige Wahrheit wäre.

Daß Theater Kunst sei, und nicht nur tralala für die Leute, das war Craigs absurde und extreme Behauptung, eine Behauptung, mit der er am Anfang dieses Jahrhunderts das Gesicht des Welttheaters veränderte.

Ich schrieb zu der Zeit gelegentlich kurze Kritiken für eine englische Theaterzeitschrift, die als erste nach dem Krieg nach neuen Wegen suchte, Ossia Trillings *Theatre Newsletter*, und beschrieb unter anderem eine Ausstellung von Bühnenbildnern in London, in der, unter vielen neueren Decors und Modellen, ein Modell von Craig stand. Die Eindeutigkeit und Kraft des Bildes begeisterte mich. Craig, der in Frankreich lebte und schon an die achtzig Jahre alt war, aber alles über Theater las und immer auf dem neuesten Stand war, las meine Zeilen und schrieb mir eine Postkarte. Wir begannen zu korrespondieren und später fuhr ich nach Paris, um ihn zu besuchen. Er wohnte in einer engen Zweizimmerwohnung in Corbeil, lief herum wie man sich einen verrückten englischen Künstler um die Jahrhundertwende vorstellt, in schwarzem Riesenschlapphut und Pelerine. Eine beeindruckende Erscheinung, zwei Meter groß und sehr aristokratisch. Er lebte, wie es sich herausstellte, in relativer Armut, umgeben von etlichen Bücherkisten mit einer der wertvollsten Sammlungen alter Theaterbücher, die er aber nicht verkaufen wollte, sondern sie sorgsam zusammenhielt. Er hatte zwar dem British Museum angeboten, die Sammlung nach seinem Tod zu übernehmen und ihm dafür lebenslang eine kleine Rente zu zahlen, aber die Bürokratie dachte anders. Also lebte Craig praktisch auf Almosen angewiesen, empfing öfters berühmte und weniger berühmte Personen aus der Theaterwelt, die er dann bat, ihm seine Tabakmarke zu besorgen. Seine Klarheit so wie seine Arroganz waren ungetrübt. Ich erinnere mich, wie empört ich war über das Schicksal meines Helden, den ich für mindestens so bedeutend hielt (und halte) wie seinen besten Freund Chagall (zu dem er übrigens bald danach nach Vence zog). Theater, meinte Craig auch, schimpfend und fluchend, sei vergänglich, und die Menschen, die das Theater machen, werden vergessen, sobald sie nicht

24

Susi Zadek, die Mutter

Paul Zadek,
der Vater
im Internierungslager
in England

mehr im Scheinwerferlicht stehen. Damals sah ich das überhaupt nicht ein — heute eigentlich auch nicht, obwohl die schnelle Vergänglichkeit des Theaters einen Teil seiner Lebendigkeit ausmacht. *Heute oder nie*, muß es heißen. Und die Tatsache, daß man jetzt Theater elektronisch oder filmisch aufzeichnen kann, ist, glaube ich, kein Vorteil, nicht einmal für Historiker. Eine Theatervorstellung kann man sich besser vorstellen nach Augenzeugen-Berichten denn als Wiedergabe durch ein Medium, für das es nicht gemacht ist.

Bei allem Dogmatismus seiner Meinungen, bei allem Glauben an ein Führerprinzip mit ihm als Führer, blieb die Neugierde des Achtzigjährigen grenzenlos. Er lebte, wenn nicht in der Praxis, so in seiner Fantasie mitten im *mainstream* des Theaters, wußte über alles Bescheid, hatte zu allem eine

26

Meinung, wollte Informationen über Regisseure, Bühnenbildner, Kritiker.

Ich glaube, daß die Begegnung mit Craig ein Echo bei mir gefunden, ein Bild bei mir hinterlassen hat, das mich heute noch beeinflußt. Ein großer Raum voll Bücherkisten, ohne andere Sitzgelegenheiten. Man saß an einem Ende des Raumes, und Craig lief erregt herum, nahm ein Buch oder eine Mappe, die man ansehen sollte, und beförderte es auf einen über den glattgebohnerten Fußboden zu. Funkelnde, wache blaue Augen, ein Riesenkind, begeistert, eitel und sich selbst gegenüber völlig unkritisch.

Die wütende Tirade über *that vulgar fellow Reinhardt* habe ich erst viel später richtig einzuschätzen gewußt.

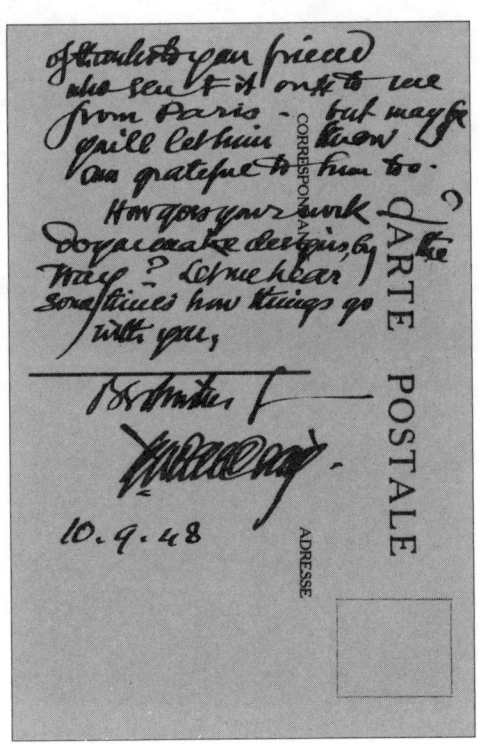

Original-Postkarte von Edward Gordon Craig

27

Bernice Rubens in *Salomé* am Rudolph Steiner Theatre, London 1947

Die Realität meiner ersten Theaterarbeiten in England in den späten vierziger Jahren hatte äußerlich wenig mit formalen »Craig-Problemen« zu tun.

Salomé
1987

Noch während ich an der *Old Vic*-Schule war, habe ich in London eine Inszenierung gemacht. Ich habe teilweise mit professionellen Schauspielern, teilweise mit Amateuren zusammengearbeitet und *Salomé* von Wilde inszeniert. Es war ein furchtbares Desaster, aber es war meine erste Inszenierung—ich war einundzwanzig Jahre alt—und ich habe sehr viel gelernt. Es war die längste Probenzeit, die ich bis heute je gehabt habe. Sechs Monate lang habe ich geprobt. Das ist mir nicht einmal in Deutschland gelungen. Dann habe ich gemerkt, daß man vielleicht erst einmal etwas lernen müßte, bevor man selbst inszeniert, und bin dann als Regieassistent, Inspizient und weiß sonst noch was alles herumgezogen, überall, in die Provinz. Dann habe ich in Wales zum Beispiel, in Swansea ein Jahr lang zweiundfünfzig Stücke inszeniert, jede Woche ein Stück. Das war »Weekly Rep«, das war damals durchaus üblich in England. Es gab aber auch Leute, die vierzehn Tage Zeit hatten! Die beneidete man und wünschte sich, an einem Theater zu sein, wo man vierzehn Tage Zeit für die Inszenierung eines Stückes hatte. Wir hatten zehn Schauspieler, es war ein Riesentheater mit tausend Plätzen, kein kleines Zimmertheater. *Swansea Palace* ist auch jetzt noch das größte Theater in Swansea.

Jack Boyd Brent und Michael Mellinger in *The Merchant of Venice*
1949 am Adelphi Guild Theatre

Waliser Anfänge
In Pontypridd Theater spielen
1974

Ich saß oben auf einem Berg wie auf einem Pferderücken und traute mich nicht den Steilhang hinunter. Dann war plötzlich alles zugedeckt mit wirbelndem Nebel. Am Ende halb sitzend, halb laufend, wie auf einer steinernen Rutschbahn, kam ich zum gemütlichen Feuer des Hotels auf dem Llanderis Rass.
Erste Erinnerungen an Wales. Snowdonia. Steinerne Hochplateaus, wie Stonehenge, noch bizarrer. Immer wieder weißer nasser Nebel. Ich kannte als Junge keine anderen Berge, und diese kahlen harten Steinkuppeln sind heute noch die einzigen, die meine Fantasie erregen können. (Die Brontë-Schwestern: »Wuthering Heights«, »Jane Eyre«, spielen ganz woanders — aber in meiner Fantasie *hier*, in Wales.)
Nächste Erinnerung. Das längste, unaussprechliche Wort: der Name eines Dorfes in Wales. Lear ist sicherlich verrückt durch die Waliser Berge gelaufen. Wales ist immer noch voll Einsamkeit, Verlassenheit, Melancholie. Ich war gerade wieder da. Nichts hat sich verändert.
Die Leute. Klein, schnell — dunkle, nach innen schauende Augen voll unerklärter Spannungen und Fantastereien. Ähnlich wie die Sizilianer sind sie, auch in ihrer Ablehnung des Fremden. Ihre Gastfreundlichkeit hat dabei etwas von Verachtung.
Nicht nur Richard Burton, sondern sehr, sehr viele begabte, meistens außergewöhnliche Künstler, Schauspieler und besonders Sänger kommen aus Wales. Aber außerhalb des Nationalen Eisteddfod ist Wales nicht ein Land voll von Musik wie etwa Süditalien heute noch — Wales ist sehr nüchtern, verschlossen, still.
Meine ersten Theater-Inszenierungen machte ich in den fünfziger Jahren in Wales — erst in Pontypridd, einer Kleinstadt inmitten der Südwaliser Zechen, dann in Swansea. Die Theater gehörten der Music-Hall-Komikerin

31

Maudie Edwards, und wir spielten mit einem zwölfköpfigen Ensemble jede Woche ein neues Stück, von Noël-Coward-Komödien bis hin zu Shakespeares *Hamlet* und der *Heiligen Johanna* von Shaw.

Damals war nämlich das wöchentliche Repertoire-System (»Weekly Rep«) die Norm im britischen Provinztheater. In solchen Theatern begannen all die Oliviers und Guinesses ihre Karrieren. Damals waren die Künstler des Theaters noch Fremdkörper in den Städten, in denen wir spielten. Ich erinnere mich an eine junge Schauspielerin in Swansea, die gezwungen wurde, die Stadt zu verlassen, weil ihr Verhältnis mit unserem »Jeune Premier« (einem verheirateten Mann) bekannt wurde.

Überhaupt, eine puritanische Moral beherrscht insbesondere das Kleinbürgertum von Wales. Die Religion spielt eine große Rolle im Leben. Das Theater, das wir damals gemacht haben, beeindruckte nicht – wir spielten meist vor halbleerem Haus. Die Waliser sind keine großen Liebhaber des Sprechtheaters, eher der Musik und der Oper.

Aus der Zeit erinnere ich mich außerhalb der anstrengenden Theaterarbeit (Dienstag: Probe Erster Akt, Mittwoch: Zweiter Akt, Donnerstag: Dritter Akt. Freitag: ganzes Stück, Samstag: ganzes Stück, Sonntag: neues Stück vorbereiten, Montag: Generalprobe und abends Premiere, Dienstag: Erster Akt neues Stück, Mittwoch: ... und so weiter, 52 Wochen im Jahr) hauptsächlich an die Kumpel in Pontypridd, die, Lampen am Kopf, morgens und abends am Theater vorüberzogen zu den Zechen, ohne unsere Reklametafel eines Blickes zu würdigen. Zu meinem Erstaunen interessierten sie sich überhaupt nicht für Cocteau! Dafür um so mehr (trotz Moral und Kirche) für Schlafzimmer-Schwänke, in denen die Mädchen in rosa Schlüpfern unaufhörlich aus Betten in Badezimmer oder hinter Paravents hüpften. Außerdem interessierten sie sich (im Gegensatz zu mir) sehr für Politik.

Ihr Leitbild war der Waliser Arbeiter Aneurin Bevan, der damals die fortschrittliche Arbeiterpolitik beherrschte, eine der mächtigsten Figuren in der englischen Nachkriegspolitik.

Die zwei Aufführungen, die mich in der England-Zeit am meisten beeinflußten und beeindruckten, waren Oliviers *Richard III.* und Zeffirellis *Romeo und Julia* – das erste als Beispiel viktorianischer Schauspielkunst, die zweite als frisch gesehenes altes Stück.

Shakespeare, Romeo und Julia.
Inszeniert von Franco Zeffirelli.
London, 1955

Am letzten Dienstag hat ein ausländischer Regisseur Shakespeare mit frischen Augen und schnellem Witz angegriffen, neu, ohne stilistische Vorkonzeption, und was er erarbeitet hat, ist ein Wunder. Die Charaktere werden nicht größer oder kleiner als im Leben. Sie waren genaue Lebensgröße, und wir sahen sie leben, spontan und nicht voraussagbar. Der Regisseur hatte den einfachen und erstaunlichen Weg gewählt, sie so zu behandeln, als wären sie echte Menschen in realen Situationen, und sich zu fragen, wie diese Leute sich in diesen Situationen verhalten würden. Das klingt, als liege es auf der Hand, aber das Ergebnis in Franco Zeffirellis Inszenierung ist eine Offenbarung, vielleicht eine Revolution. Keiner auf der Bühne scheint sich bewußt zu sein, daß er in einer unsterblichen Tragödie auftritt, noch überhaupt in einer Tragödie, statt dessen verhalten sich die Schauspieler wie Menschen in einer Situation, deren Ausgang sie nicht kennen. Es wird manchmal gesagt, daß Shakespeares essentielle Qualitäten verloren gehen, wenn man ihn so realistisch behandelt. Ich widerspreche leidenschaftlich. Was verloren geht, ist nicht Shakespeare sondern das Unmenschliche, Formale, Stereotype, das wir so oft aus ihm gemacht haben.
Es wird auch gesagt, Zeffirelli habe Shakespeare die Poesie geraubt, aber das ist nur gültig, wenn man den nicht sehen wollenden Fanatikern zustimmt, die darauf bestehen, daß Poesie ein Arrangement von Tönen sei, nicht von Worten. Letzten Dienstag habe ich jede Silbe gehört; Bedeutung und Charakter waren verheiratet, und aus dieser Beziehung entsprang Poesie. Die Inszenierung rief eine ganze Stadt ins Bewußtsein, eine ausgelassene Lebenshaltung, das Leben auf der Bühne war so überreich und überwältigend, daß ich kaum erwarten konnte zu sehen, was als nächstes passiert. Ein junger Regisseur, den ich kenne, machte in der Pause eine wahre Bemerkung, er sagte: *Jeder Regisseur im Publikum beißt sich auf die*

33

Nägel und fragt sich, warum er nicht schon vorher darauf gekommen ist. Es ist schwer sich zu entscheiden, wo man mit detailliertem Lob anfangen soll. Die Bühne (auch von Franco Zeffirelli) atmosphärisch, geräumig und zusammengesetzt aus abblätternden Wänden, die als Innen- und Außenräume dienen; Kinder balgen sich auf der Straße, Händler preisen ihre Waren an. Wir sind unverwechselbar in Verona, oder jedenfalls in Italien. Der Regisseur hat den Schauspielern sogar beigebracht, mit den Achseln zu zucken. Die rivalisierenden Gruppen sind Tagediebe, die viel Zeit haben, Gefangene der Straße, wie die Jungen in Fellinis Film *I Vitelloni*. *Mercutio* (von Alec Mc Cowen elektrisierend gespielt) ist ihr Vorbild, ein intensiver, rauher, bös-witziger junger Mann, der sich seiner intellektuellen Überlegenheit immer bewußt ist. Sein Tod ist ein schaudertreibender Schock, denn Zeffirelli hat ihn zufällig passieren lassen. Sein Kampf mit Tybalt, eine eigentlich spielerische Angelegenheit, ist schon vorbei, als der tödliche Streich ihn trifft, es ist ein zufälliger und unbeabsichtigter Stoß, aber er tötet ihn, und dadurch bekommt die Fehde eine neue Dimension. Sie haben sich seit undenklicher Zeit gestritten, aber dies ist der erste Mord, und der kippt die Handlung zur Tragödie.

Romeo ist ein Müßiggänger, der aus Trotz in die Liebe gelockt wird. Sein Treffen mit Julia auf dem Balkon der *Capulets* ist mit großem Takt inszeniert. Eine Gruppe steht herum, um jemanden singen zu hören, um die Gruppe herum bahnen sich die Liebenden Wege, treffen sich, pressen still ihre Hände zusammen. Die Balkon-Szene ist herzzerreißend gut. Hier, wie überall im Stück, ist Grazie der Situation, das Ideale dem Realen untergeordnet. Im *Old Vic* hat es seit zehn Jahren nichts Besseres gegeben.

Die Uraufführung von *Der Balkon* von Genet
wurde von mir 1957 in London inszeniert, zu einem Zeitpunkt,
als das Stück noch verboten war. Ich mußte es
in einem Clubtheater aufführen.

Der Balkon
1987

Genet saß eines Tages auf der Bühne mit einem Revolver und sagte, er würde mich erschießen, wenn ich weiterarbeiten würde. Genet war damals noch sehr übertrieben. Er ist ja immer übertrieben gewesen, aber damals war er es besonders. Der Grund ist ganz einfach, das ist meine Auseinandersetzung mit dem Theater bis heute. Ich habe das Stück sehr realistisch inszeniert, und er wollte es ganz stilisiert und ritualisiert haben. Das sind bis heute noch, glaube ich, die beiden Formen des Theaters, die es in der ganzen Welt gibt. Er wollte ein ganz artifizielles Theater, und ich habe einen Puff auf die Bühne gebracht. Es hat mich immer gereizt, mich an der Realität, ob von heute oder von damals, zu orientieren und über diese Realität und einen starken Realismus das Künstliche eines Stückes — es besteht ja nur aus Künstlichkeit — zu betonen. Das ist der andere Weg. Also genauso wie zum Beispiel mein Ursprung im Film. Meine liebsten Filme kommen aus der englischen Dokumentarbewegung oder aus dem italienischen Realismus nach dem Krieg. Ein Film wie *Paisa* von Rossellini zeugt von einer ungeheuren Künstlichkeit und Artifizialität. Man merkt die Konstruktion die ganze Zeit, aber er stellt bei den Menschen einen ganz hohen Grad von Realismus her. Ich benutze ausdrücklich das Wort herstellen, weil Realismus genauso herzustellen ist wie Künstlichkeit. Die Frage ist nur, über welches Mittel man es will oder tut. Und darum ging die Auseinandersetzung mit Genet.
Realismus ist natürlich das, was jeder Regisseur für sich in Anspruch nimmt. Alle anderen findet er unrealistisch. So fängt es erst einmal an. Das ist zwar ein Witz, aber es ist etwas Wahres dran. Realismus hat für mich etwas mit psychologischem Realismus zu tun.
Realismus, poetischer Realismus und Naturalismus sind eigentlich etwas, das wir ablehnen. Psychologischer Realismus hat sehr viel mit Naturalismus zu tun, und war mit der genauen Beobachtung von naturalistischen

Vorgängen verknüpft. Ich habe mich über Jahre viel damit beschäftigt, wie Sachen wirklich aussehen, und mich bemüht, die Vereinfachung, die im Namen des poetischen Realismus auf der Bühne sehr oft stattfand, zu unterlaufen oder zu negieren, weil der poetische Realismus oft eine allgemeine Gültigkeit erreicht, die eigentlich das Ganze etwas verwaschen, allgemein und damit uninteressant macht. Wenn der poetische Realismus oder der Realismus ein wirklicher ist, dann geht es natürlich darum, das essentiell Realistische an einer Sache zu entdecken — ob es nun ein Bühnenbild, eine Situation oder ein Stück ist — und das konzentriert auf die Bühne zu bringen. Das ist der Unterschied für mich zwischen Realismus und Naturalismus. Naturalismus ist eine Anhäufung von Details. Aber im Zweifelsfall lieber die Anhäufung von Details als ein verwaschener, irgendwie hergeholter poetischer Realismus.

Schlagzeilendramatiker – Robert Mullers Besprechung der Aufführung
Ihr lebt ohne Reue im Bösen. Wie also könnt ihr Böses tun?
Jean Genet
1957

Als Genet das Arts Theatre (und das Land) verließ, nachdem er den Regisseur und das Ensemble, die die Aufführung seines Stückes *Der Balkon* möglich gemacht hatten, mit Flüchen und Beschimpfungen überschüttet hatte, machte das Schlagzeilen. Was nur zeigt, daß die britische Presse Genet nicht kennt.

In seinem eigenen Land, in Frankreich, hätten sich die Zeitungsleute und Kritiker nur dann gerührt, wenn er keinen Aufstand gemacht hätte, denn Genet ist vielleicht der einzig wirkliche Außenseiter dieses Jahrhunderts.

In der Welt und durch sein Handeln abseits zu stehen ist für ihn nicht Anerkennen eines modischen Kultes, es ist ein Zwang. Genet ist ein Mann, der glaubt, daß seine Füße erst tief in den Dreck sinken müssen, bevor sein Kopf die Sterne berühren kann.

Er wurde vor siebenundvierzig Jahren in Paris geboren. Weil niemand ihn bändigen konnte, steckte man ihn in ein Erziehungsheim, bevor er zehn war. Er verbrachte seine Jugend, durch Europa streunend, in einzigartiger, fast heiliger Heruntergekommenheit. Er war viel im Gefängnis, verzweifelt über das Eingesperrtsein schrieb er Bücher, Gedichte, Stücke. Er ging zur Fremdenlegion und desertierte. Und als er vor neun Jahren zum zehnten Mal des Diebstahls überführt wurde, rettete ihn nur das Eingreifen einiger der berühmtesten französischen Dichter, – unter ihnen Claudel, Gide, Sartre und Cocteau – vor lebenslanger Haft. Der Präsident der Republik selbst sprach die Begnadigung aus. Einer der größten Verehrer von Genets Werk ist wahrscheinlich der Hohepriester des Existenzialismus, Jean-Paul Sartre, der eine 800 Seiten Studie über seine Arbeiten schrieb und ihn, unter anderem, einen Heiligen und einen Märtyrer nannte.

Vor einigen Jahren beschloß ein junger Regisseur, Peter Zadek, dem eng-

37

lischen Publikum und der englischen Kritik eins von Genets Stücken, *Die Zofen* vorzustellen. Weil er vom Lord Chamberlain keine Genehmigung erhielt, inszenierte er das Stück zuerst im Royal Court Theatre auf Französisch und dann auf Englisch in einem Privattheater, dem New Lindsay. Zadek wußte, daß sich an Genet heranzuwagen bedeutete, einem Dämon den Hof zu machen.

In Paris hatte der große Louis Jouvet *Die Zofen*, die mit drei Frauen besetzt werden sollten, inszeniert. Kurz vor der Premiere teilte Genet Jouvet mit, daß er seine Meinung geändert habe, die Rollen müßten von Männern gespielt werden. Jouvet sagte: nein. Genet stürmte aus dem Theater. Die beiden Männer haben nie wieder miteinander gesprochen.

Anscheinend gefiel Genet Zadeks englische Inszenierung von *Die Zofen*. Und als sein neues Stück, *Der Balkon* fertig war, wählte er Zadek aus, um die Welturaufführung in England zu machen. Zadek warf einen Blick auf das Buch und wußte, daß der Lord Chamberlain es nie durchgehen lassen würde. Er zeigte Campbell Williams vom Arts Theatre, das nicht der Bühnenzensur unterliegt, das Stück und der beschloß mit *Der Balkon* sein Glück zu versuchen.

Der größte Teil der Handlung spielt in einem Bordell. Hier befriedigen sich Männer, indem sie Rollen spielen, die ihnen das Schicksal verwehrt hat. Sie verkleiden sich als Bischöfe, Richter und Generale, ihre Fantasien werden von den Angestellten des Bordells unterstützt. Später im Stück besteht Genet darauf, daß die falschen Würdenträger ihre Roben nur benutzen, um die Leute zu täuschen, daß es aussieht, als würden sie alle vor einer Uniform auf die Knie fallen.

Die Haupthürde für den Regisseur war nicht die Geschichte, — eine Satire über Autorität, sondern, wie es die *Times* nannte, eine Menge unangenehmer Einfälle, das Ausmaß unangenehmer Fantasie.

Zadek hielt es für seine erste Aufgabe, das Sensationelle des Stückes zu dämpfen, um es »für ein englisches Publikum verdaubar zu machen. Als er nach Paris fuhr, um die Inszenierung mit Genet zu besprechen, sagte Genet, (der nicht ein Wort englisch spricht) »Wenn Ihnen jemand erzählt, Sie haben dies Stück mit Geschmack inszeniert, haben Sie versagt. Meine Nutten müssen wie die schlimmsten Prostituierten der Welt aussehen.«

Trotz allem machte Zadek die Änderungen, die ihm nötig erschienen. Er entschärfte Genets Forderung, alle Frauen des Ensembles müßten mit entblößter Brust spielen. Er glich eindeutige Hinweise auf Selbstzerstümmelungen und die schockierendsten religiösen Witze aus. Genet war mit Zadeks Ideen einverstanden — bis er die eigentliche Aufführung sah. Als er am Ostersonntag in der General-Probe saß, lief er in der Pause nach dem ersten Akt hinter die Bühne und verlangte sofortige drastische Änderungen. Als Zadek sich weigerte — zumindest weigerte er sich bis zum nächsten Tag zu ändern — fing Genet an vor Wut zu toben. Die Mitglieder des Ensembles zogen sich weinend in ihre Garderoben zurück. »Er drehte durch«, erklärte Zadek, »wenn er ein Gewehr bei sich gehabt hätte, hätte er mich auf der Stelle erschossen. Er erklärte mir, daß es mir mißlungen sei, seine Perversionen zu verherrlichen. Er wollte keine Satire, sondern einen Gottesdienst.«

Als Zadek versuchte, Genet davon zu überzeugen, daß das Stück durchfallen würde, wenn zu einem so späten Zeitpunkt noch so einschneidende Änderungen gemacht würden, schrie Genet: »Es interessiert mich überhaupt nicht ob es durchfällt. Lieber auf meine Art ein Flop als auf Ihre ein Erfolg.«

Das Stück kam ungeändert heraus. Williams verbat Genet, das Theater zu betreten. Genet ist jetzt wieder in Frankreich. Das Arts Theatre ist ausverkauft. Wenn jemand sagt, Zadek habe das Stück billig gemacht, fühlt er sich verletzt. Was Genet jetzt fühlt, weiß niemand. Aus seiner eigenen Welturaufführung ausgesperrt, fühlt er sich wahrscheinlich sehr wohl. Die Gesellschaft hat ihm wieder einen Tritt gegeben. Das inspiriert ihn vielleicht noch zu einem großen Stück. Dieser Mann kann nicht nach seinem Benehmen, sondern nur nach seiner Arbeit beurteilt werden.

Autor gegen Regisseur
1957

Jean Genet: Der Balkon ist mein Stück. *Ich* gebe die Befehle. Was ich sage, müßte gelten. Mr. Zadek ist ein Schwachkopf. Er hat dem Stück ein sensationelles Element hinzugefügt. An Mr. Zadeks Bordell ist nichts Nobles. Es ist vulgär, billig. Die Größe fehlt. Mein Stück ist ein sehr gutes Stück. Spuckt drauf — spuck drauf, das Fragment wird sehr gut bleiben. Aber diese Inszenierung will ich nicht sehen. *Nein, nie!*

Peter Zadek: Ohne mich hätte niemand in England je etwas von Genet gehört. Ich habe sein anderes Stück *Die Zofen* in London inszeniert und er selbst hat darauf bestanden, daß ich auch *Der Balkon* inszeniere. Daß man mich beschuldigt, Genets Stück vulgarisiert zu haben, ist absurd. Ich habe seine Vulgaritäten für das englische Publikum verdaubar gemacht. Genet hat von mir erwartet, daß ich seine Perversionen verherrliche. Aber das ist nicht meine Vorstellung vom *Balkon*.

DEUTSCHLAND

Norbert Kappen in *Kapitän Bada*
Theater am Dom, Köln, 1958

1958

Zum ersten Mal wieder in Deutschland (seit 1933), um in Köln am Theater am Dom *Kapitän Bada* von Jean Vauthier zu inszenieren.
Jörg Wehmeier, der damalige Leiter des Theaterverlages Kiepenheuer & Witsch hatte mich dazu aufgefordert. Damit begann eine Zusammenarbeit mit Wehmeier, die viele Jahre dauerte, ebenso mit dem Schauspieler Norbert Kappen.

Über das deutsche Theater
1958

Stroux hat sein Düsseldorfer Ensemble kürzlich nach London gebracht und uns enttäuscht. Das westdeutsche, staatlich subventionierte Theater ist hier so aufgebaut worden, daß wir Großes, fast so großes wie vor ein paar Jahren von Brechts Ostberliner Kompanie, erwarteten. Schauspielerei, Inszenierung, das Ensemble schnitt im Vergleich mit dem West End nicht sehr gut ab. Funktioniert das subventionierte Theater vielleicht doch nicht so gut?

Deutschland hat keine Hauptstadt mehr. Berlin ist geographisch und psychologisch von Westdeutschland getrennt, es gibt kein Theaterzentrum — also hat jede größere Stadt den Ehrgeiz, und was wichtiger ist: die Möglichkeiten, das beste Theater Deutschlands zu haben. Während Subventionen das Fundament der beherrschenden Theater-Situation in Deutschland bilden, wird die gegenwärtige Lage durch erzwungene Dezentralisierung geprägt. Dadurch wächst das Selbstbewußtsein der Städte, größere Zentren wie Hamburg, München, Köln oder Stuttgart versuchen, Hauptstädte ihrer Umgebung zu werden, auch in anderen Bereichen des Lebens als durch das Theater. Die bedeutenden Namen des deutschen Theaters sind über das ganze Land verteilt: Gründgens ist in Hamburg, Schuh in Köln, Kortner in München und Sellner in Darmstadt. Die Stars und die Regisseure sind ständig unterwegs, geben Gastspiele und machen Gastregien. Ein Star wie Ernst Deutsch, der für ein Stück oder für eine Spielzeit engagiert wird, spielt dann in einer Stadthalle, oder sogar in einem Dorfgasthaus in der näheren Umgebung, die das Ensemble regelmäßig bespielt. (Ich frage mich, wann das *Old Vic* oder *Stratford-On-Avon* das letzte Mal in Swansea oder Burnley gespielt haben?) Überall in Deutschland schießen neue Theater, sowohl subventionierte als auch private, aus dem Boden, oft in schönen neuen Häusern, manchmal in absurden experimentellen Gebäuden — die kleinste Stadt würde ohne ihr Stadttheater Minderwertigkeitskomplexe kriegen. Die Talente des deutschen Theaters sind über ein sehr großes Gebiet verteilt, und während es den großen Städten natürlich gelingt, die *creme* zu gewinnen, reicht es nicht für die Provinz. Natürlich gibt es dort genausoviel Theaterleute, die über den Zustand ihren Unmut äußern, wie es hier Leute gibt, die die Schließungen von Provinztheatern bejammern. Aber der grundsätzliche Unterschied zwischen unserem Theater und dem deutschen ist klar: Das englische Theater setzt seinen ganzen Stolz daran, die achteinhalb Millionen Menschen, die zufällig in London leben, mit dem Besten zu versorgen, interessiert sich aber überhaupt nicht für »den Rest«. Das deutsche Theater versucht, seine Städte oder Einzugsgebiete mit einem ausgewogenen klassischen und modernen Repertoire zu versorgen, das die Bedürfnisse des theaterliebenden und theaterinteressierten Publikums befriedigt. Daß bei so großer Produktivität nicht alles von guter Qualität sein kann, ist der unabdingbare Preis, den das Theater zu zahlen hat.

Während einer normalen Woche könnten Sie am Kölner Theater *Candida, Le Misanthrope, Blick zurück in Zorn, Harvey, Boy with a Cart, The Trojan Women* und ein neues deutsches Stück oder einen deutschen Klassiker sehen. Das heißt, Sie könnten diese Stücke sehen, wenn Sie eine Karte haben — und das ist schwierig, denn das Repertoire-System und die Subventionen erlauben dem Theater, ein Stück abzusetzen, oder es nur einmal im Monat zu spielen, wenn es nicht gut läuft; also ist das, was im Repertoire bleibt, meistens ausverkauft. Hinzu kommt, daß vier von sieben Vorstellungen an große Besucherorganisationen wie die Volksbühne verkauft werden, eine Organisation mit einer großen Zahl von Mitgliedern und langen Wartelisten.

Außer dieser einfachen Kost hat eine Stadt wie Köln noch eine Oper, ein Ballett und eine separate Operettentruppe. Während im Staatstheaterprogramm Stücke wie *Harvey* oder *Charly's Tante* selten sind, produzieren die privaten »kleinen« Theater leichtere Unterhaltung und die mehr experimentellen Stücke.

Die Subventionen, die ein Staatstheater erhält, sind nach allen Maßstäben enorm. Mit seinen zwei Theatern kriegt Stuttgart mehr als sechs Millionen Mark im Jahr, das sind 500.000 Pfund. Für so viel Geld erwartet die Stadt erstklassiges Theater, regelmäßig Auftritte von Stars, einen ehrgeizigen und abwechslungsreichen Spielplan — und all das bekommt sie unter der fantasievollen Leitung des jungen Intendanten Dieter Haugk, der bereits einen guten Ruf als Regisseur und Theaterdirektor hat und erst Anfang dreißig ist. Ich brauche nicht zu sagen, daß der künstlerische Kopf und Verwalter mit viel Organisation, großen Spielplänen, einem großen Ensemble und alle paar Wochen mit einer Premiere eine sehr verantwortungsvolle und komplexe Aufgabe erfüllt. Der Wettbewerb um die besten Leute ist groß, aber ein Intendant kann, wenn er den Schwung und das *know-how* hat, das Theater einer kleinen Stadt in das beste Theater in Deutschland verwandeln. Weil er weiß, daß das möglich ist — und weil sein Zuschuß nicht plötzlich halbiert oder ganz gestrichen wird, wenn er ein paar Flops hatte — ist sein Ehrgeiz für sein Theater grenzenlos. Ein Schauspieler hat, wenn er einmal von einem Theater engagiert worden ist, für mindestens ein Jahr Sicherheit und die Gelegenheit, in einer Saison mehr Rollen zu spielen als er in London in sechs Jahren spielen könnte, eine angemessene Probenzeit — drei bis sechs Wochen — ferner ein Gehalt, von dem er gut leben kann, und sechs Wochen bezahlten Urlaub. Langweilig? Nur wenn der Schauspieler langweilig ist. Der Konkurrenzkampf ist groß, nur für den weniger bekannten Schauspieler, der in ein gutes Ensemble kommt, ist die nervenaufreibende Zeit, die sein englischer Kollege damit zubringt, eine kleine Rolle nach der anderen vorzusprechen, durch die Anstrengungen ersetzt, die er innerhalb des Theaters macht, um eine Hauptrolle zu bekommen. Während dieser Zeit lernt und arbeitet er, statt Magengeschwüre nebst einer Rolle für Seifenreklame zu kriegen.

Aus solch einer Situation kommt die Strouxsche Truppe. Die Mängel des Systems werden in Deutschland scharf kritisiert: Die Zahl der kommerziellen Star-Tourneen hat dort in den letzten Jahren stark zugenommen. Daß hochsubventioniertes Theater, das nicht genug produzieren kann, um den großen Bedarf nach Theater zu befriedigen, selbstzufrieden wird, ist unvermeidlich. Es ist auch zu erwarten, daß der Standard sinken wird, wenn noch viele neue Theater in Deutschland eröffnet werden sollten.

Was vor allen Dingen fehlt, ist das unterhaltende Element: es liegt an der vollständigen Trennung des Stücks von der Theaterkasse. Und trotz alledem ist das Theater in Deutschland eine stabile Institution, die in den Alltag der Menschen integriert ist — eine Art von Institution, in der die Theaterleute für Verbesserungen kämpfen können, ohne in irgendeiner Weise ihre Stabilität zu gefährden.

Die Kahle Sängerin, Theater am Dom, Köln, 1958

Theater ohne Wurzeln
1960

Das Theater, vielleicht die exponierteste aller Künste, ist in Westdeutschland noch immer in einem neurotischen Zustand. Nach einem ersten Schub von Nachkriegsenthusiasmus, hat das Fehlen von erzählenden Stücken die Regisseure dazu geführt, wieder einmal mit voller Kraft an Stilrichtungen, die hauptsächlich aus dem Ausland kommen, zu experimentieren. Das deutsche Theater ist nicht wirklich ausländisch, es ist imitiert: wie Dürrenmatt, wie Eliot, wie Wilder, oder wie Brecht; ja, Brecht — wenn das deutsche Theater doch eine Brücke über den Abgrund schlagen könnte, die die Nazis geschaffen haben, um an die Anfänge des epischen Theaters, des letzten kraftvollen Theaterstils der 20er Jahre, anzuknüpfen. Aber Brecht ist in der falschen Hälfte des geteilten Deutschland; das einzige Bindeglied heute ist Piscator, dessen Scheitern beim Antreten des Erbes des Vorkriegstheaters in der Natur des epischen Theaters selbst liegt, das unwiderruflich gebunden ist, weil es politische Thesen vertritt.

Wenn es in Ostdeutschland besonders durch Brecht, Erich Engel und den Bühnenbildner Caspar Neher gelungen ist, die große Kluft seit 1933 zu überwinden, so macht das westdeutsche Theater auf den außenstehenden Beobachter den Eindruck eines wohlorganisierten Chaos. Organisation, die sich vor allem in Sicherstellen von Zuschauerzahlen durch Blockbuchungen (wie die Volksbühne und ähnliche Einrichtungen) übt — und Chaos durch den Stil der Inszenierungen.

Man braucht in einem Land keinen dominanten Stil, um das Theater lebendig zu machen, obwohl es sich in der Vergangenheit gezeigt hat, daß es in Spitzenzeiten des Theaters immer der Fall war. Noch heute assoziieren wir hartes, realistisches Theater mit Amerika, episches Theater mit Ostdeutschland, stilisiertes, rhetorisches Theater mit Paris. Der Stil, der in einem Land führen wird, ist nicht unbedingt der beste, der interessanteste, der neueste, es ist der Stil, der der Entwicklungsstufe des jeweiligen Landes zu der jeweiligen Zeit am ehesten entspricht. Trotzdem gibt es in England zur Zeit keinen vorherrschenden Stil. Das beliebte *Brechtianertum* des Theater-Workshops überzeugt ebensowenig wie die verwässerten Aufführungen des *Royal Court Theatre*. Es gibt weder genug Arbeiterpublikum für das eine, noch genug *New Statesman*-Leser, um den englischen *angry young man* zu mehr als zu einem wortespeienden *freak* zu machen, währenddessen das seichte, *middleclass*-Salonstück mit Understatement im *West End* ruhig weiterexistiert. In Deutschland könnte man keine drei dominierenden Stile herauskristallisieren. Jedes größere Theater hat seinen eigenen Stil, der vom Talent und vom Ehrgeiz des Intendanten abhängt. Hans Schalla zum Beispiel hat in Bochum ein Ensemble aufgebaut, das in Deutschland einen guten Ruf hat und eine Art abgekühlten Expressionismus spielt.

Zusammen mit seinem Ausstatter Max Fritsche legt er mit großer Kraft seine stilisierende Hand auf Stücke und Schauspieler, und ist so ständig in Gefahr, übertechnisch und unmenschlich zu werden. Dies scheint eine allgemeine Tendenz unter den jungen, begabten deutschen Regisseuren zu sein. Indem sie sich von dem hochstaplerischen Idealismus der Nazis abwenden, verweigern sie Sentimentalität, Überladenheit, Überemotionales. Wie John Braine, Colin Wilson und John Osborne bei uns, haben sie gesehen, wohin die clichierte Sentimentalität der Welt unserer Eltern geführt hat, und so wird nun jedes Wort eingehend unter der Lupe geprüft, bevor es fällt. Hat eine Schauspielerin auf der Bühne geweint? Warum hat sie geweint? War es wirklich nötig? Oder war es reiner Exhibitionismus? Arbeitet man nur dem Publikum entgegen, das Sentimentalitäten liebt und kaum je nach ihrer Berechtigung fragt?

Fragen dieser Art würden viele deutsche Regisseure fragen. Das hat zur Folge, daß die Vorstellungen der weniger Begabten wie ein Abend in einem Eisschrank sind. Bei dem Versuch, nicht hochzustapeln, entsteht neue Hochstapelei – Überintellektualisiertheit, Angst nicht nur vor Gefühlen sondern auch vor Fleisch und Blut.

Wenn Sie in München ins Theater gehen, werden Sie wieder so viele Stile wie Regisseure finden, keinen originell und keinen so gut wie das Original. Schweikart mit seiner erstklassigen Truppe an den Kammerspielen ragt heraus. Er ist am erfolgreichsten, wenn er realistische Stücke inszeniert – kräftige, rauhe Sachen in amerikanischer Manier. Durch ihn wurde die Bühnenfassung von *12 angry men* ein Erfolg in ganz Deutschland. Daß er

49

nicht wirklich »Großes« erreicht, liegt teilweise daran, daß ein beträchtlicher Teil der Schauspieler, die heute in Deutschland arbeiten (die ganz jungen ausgenommen), die sie formenden Jahre unter Hitler zugebracht haben und deshalb nicht in der Lage sind, realistisch zu spielen. Die pompöse Rhetorik, in die sie mit kleinsten Entschuldigungen rutschen, ist so absurd wie die neoklassizistischen Bauwerke, die die Nazis errichtet haben. Kortner definierte das Nazitheater als »Ghetto«-Theater, sinnlos und leblos wie das jiddische Theater, denn beide sind von der Welt isoliert, das eine freiwillig, das andere gezwungenermaßen.

Die große Masse der deutschen Schauspieler sollte »Sprech«- und nicht »Schauspieler« heißen. Sie sind Redner, die den ursprünglichen Impuls des Theaters, der aus Tanz und Mime kommt, verloren haben. Sie genieren sich wegen ihres Körpers und sind am glücklichsten, wenn sie hölzern auf der ansonsten leeren Bühne an der Rampe stehen und deklamieren. Im Großen und Ganzen sehen sich die deutschen Schauspieler eher als Professoren und Propheten denn als Clowns. Ihre Seelen, nicht ihre Körper sind das »Wesentliche«. Sich auf der Bühne mit noblen Emotionen identifizieren zu können und das Gefühl zu haben, Abend für Abend ihr Publikum zu erziehen, stellt sie zufrieden. Das Publikum kommt natürlich mit der entsprechenden Geisteshaltung ins Theater: es erwartet Vorträge und Moralpredigten.

In dieser Atmosphäre, in der es nur wenigen Regisseuren gelingt, zu verhindern, daß ein Bühnenstück wie ein besseres Hörspiel wirkt, wird nur ein geringer Teil der neuen deutschen Stücke für die Bühne geschrieben. Noch immer dominieren Importe; das Niveau der Aufführungen ist sehr unterschiedlich. Man kann einen *Giraudoux* sehen, der Charme, Leichtigkeit und Stil hat, in dem es sogar gelingt, den *Esprit* des Französischen in der Übersetzung zu erhalten, zum anderen einen *Montherlant*, der wie *Emilia Galotti* gespielt wird.

Wenn man Unterhaltung als etwas definiert, an dem man Gefallen hat, dann sind *Faust* und *Maria Stuart* für die Deutschen Unterhaltung. Die Deutschen, schrieb jemand, sind wohl das einzige Volk der Welt, das sich von Kontemplation erregen läßt. Die Gründe dafür wollen wir den Psychologen überlassen, aber nun weiß ich auch aus eigener Erfahrung, daß dem so ist. Daraus erklärt sich auch das anspruchsvolle Repertoire des deutschen Staatstheaters.

Leider kommen die meisten aufgeführten neuen Stücke aus dem Ausland.

Fry, Shaw, Eliot aus England, neuerdings auch Osborne, obwohl diese Mode nur ein halbes Jahr anhielt; Thomas Wolfe, Macleish, O'Neill, Tennessee Williams — ein bißchen Lyrik muß dabei sein — aus Amerika; Anouilh, Giraudoux, Claudel (besonders in den katholischen Landesteilen) und Schéhadé aus Frankreich. Seit Kriegsende hat das deutsche Theater, wiewohl es floriert, keinen großen Dramatiker hervorgebracht. Die älteren — wie Bruckner, der letztes Jahr starb — sind aus dem Rennen, entweder durch Exil, die innere Emigration während des Dritten Reichs, oder weil sie nicht über jeden Verdacht erhaben sind. Eine neue Autorengeneration, die von den Hitlerjahren weit genug entfernt ist, um nicht hysterisch oder zynisch zu sein, beginnt gerade erst, für das Theater zu schreiben.

Zwei junge Autoren, die überdurchschnittlichen Erfolg hatten und über ein überdurchschnittliches Talent verfügen, sind Moers, dessen Stück Zeit der Distelblüte das anspruchsvolle Gesprächsthema der letzten Saison war, und Simmel, dessen Schulfreund eines der ersten Stücke mit einer Nazi-Thematik, das vernünftig und erwachsen ist. Moers und Simmel sind sti-

Tilli Breydenbach in
Der Besuch der alten Dame, Ulm, 1959

51

listisch sehr verschieden (Moers ist *post*-Godot, Simmel *post*-Handlungs-reisender), aber sie haben Dinge gemein: den Versuch, eine ehrliche Perspektive zu finden, von wo aus sie die Welt, in der sie leben, beschreiben können, und das Bemühen um einen Stil, der theatralischer, leichter, weniger intellektuell ist, einen Stil, der mit Schärfe und bissigem Humor ihre eigene Generation ansprechen könnte, eine Generation, die vor allem durch ihre Abwesenheit im Theaterpublikum glänzt. Ob das deutsche Theater je wieder den internationalen Rang der Zwanziger Jahre erreicht, wird weitgehend von dieser Generation junger Dramatiker abhängen, denen ein Theater zur Verfügung steht, das nur darauf wartet, ihre Arbeiten zu spielen.

Fritz Kortner
1959

Wo immer man am deutschen Theater arbeitet, spätestens nach ein paar Tagen hört man eine »Kortner-Geschichte«.

Natürlich hatten mir meine Eltern von dem Schauspieler Kortner erzählt, wie von Jessner und Reinhardt, aber es hatte keinen Eindruck auf mich gemacht. Meine Generation neigt dazu, die Ohren zu verschließen, wenn unsere Emigranten-Eltern anfangen, von den »alten Zeiten« zu erzählen. Und Namen wie Reinhardt, Massary und, jawohl, auch Kortner langweilen uns.

Dann, vor kurzem, ging ich zurück nach Deutschland, zum ersten Mal seit 1933, um am Theater zu inszenieren — und zu meiner Überraschung redeten alle, auch die jungen Leute, von Kortner. Was die Schauspieler über ihn zu sagen hatten, ließ mich richtig die Ohren spitzen.

Schauspieler sind natürlich, wenn es um das Thema Regisseure geht, nicht sehr vertrauenswürdig, schon gar nicht bei eigensinnigen, phantasievollen, und deshalb nahm ich nicht alles was sie sagten gleich für bare Münze. Ganz besonders nicht, als ich hörte, daß gerade die Schauspieler, die sich so bitterlich über ihn beschwerten, immer wieder zurückkamen, um wieder mit ihm zu arbeiten. Es mußte etwas geben, das sie dazu bewog, zurückzukommen. Als ich den Auftrag bekam, eine englische Fernsehdokumentation über Kortner zu machen, freute ich mich: ich konnte ihn kennenlernen, mit ihm sprechen. Ich glaube, ich war noch nie so neugierig gewesen, jemanden kennenzulernen wie ihn. Ich fuhr also nach Berlin und ging, so bald ich konnte, zum Schillertheater.

Ich bin mir nicht mehr ganz sicher, was ich erwartete, als ich auf die Probe der *Räuber* ging. Wie auch immer, er saß im Zuschauerraum, zwischen seiner Frau und seinem Assistenten, löffelte Suppe und verhielt sich praktisch, effizient, wie einer, der arbeitete.

Es wäre nicht fair zu beschreiben wie er ausgesehen hat, denn mein erster

Eindruck von ihm war—in der ersten Stunde der Probe—nur eine Stimme und eine Silhouette.

Die Stimme, mit ihrem Näseln und ihrer Schärfe, kannte ich von vielen Imitationen. Keine Theater-Stimme, aber umso eindrucksvoller. Eine Stimme, der man zuhört. Als ich kam und mich ins abgedunkelte Parkett setzte, hatte er gerade ein Problem mit der Bühnenmannschaft. Kortner wollte offenbar hören, wie eine Tür aufgebrochen wird, hinter der Bühne. Man probierte und probierte, Kortner war nicht zufrieden. Das ging so eine dreiviertel Stunde lang—und nur ein einziges Mal verlor er die Geduld: als jemand vorschlug, die Sache bis morgen aufzuschieben, bis man das richtige Holz vorbereitet hätte und die richtigen Leute, die es eintreten sollten. »Dann wird es doch wieder falsch sein«, knurrte er.

Endlich war er zufrieden und die Probe begann: die Szene mit dem Geräusch der aufgebrochenen Tür, aber dieses Mal mit Musik. Die Musik in dieser Szene sollte laut sein—sehr laut. So laut, daß man das Geräusch der aufgebrochenen Tür nicht mehr wahrnahm. Der Inspizient wurde herbeizitiert, der Geräuscheffekt wurde gestrichen. Vergeudete Zeit? Durchaus nicht. Ehe der Effekt richtig war, hätte niemand sagen können, ob er zur Musik paßte oder nicht. Nur wenige Regisseure hätten die Mühsal auf sich genommen (wie Kortner es bei jedem Detail seiner Inszenierungen tut), das ganz genau zu überprüfen—und den Krach mit den Technikern zu riskieren. So wie er mit Menschen und Problemen umging, war für mich ganz klar zu sehen, daß für ihn nur seine Konzeption des Stückes zählte. Alles, was dem im Weg stand, mußte beiseite geräumt werden.

Später, als ich allein mit Kortner zusammen war, merkte ich, daß für ihn mehr auf dem Spiel stand, als eine künstlerische Konzeption. Es gibt nichts, was er mehr haßt, als leere Phrasen, prätentiöse Gesten, Kopien, Klischees. Er vermenschlicht sogar die großen heroischen Tragödien, mehr noch: die heroischen Charaktere. Ich glaube, das Mißtrauen gegenüber Helden ist eine typisch jüdische Haltung—eine Haltung, die ich oft für den Ausdruck eines Minderwertigkeitskomplexes gehalten habe. Aber als Kortner darüber sprach, wie die deutsche Sprache unter den Nazis korrumpiert worden war, wie sie pompös und hohl geworden war, voll Schall und Rauch, aber inhaltsleer—da verstand ich, was Kortner gegen Helden hat. »Jugendlicher Held« ist immer noch ein Etikett für einen bestimmten Typ Schauspieler in Deutschland. (Es ist bezeichnend, daß man am deutschen Theater unterscheidet zwischen »jugendlicher Held« und »jugendlicher

Liebhaber« — in England laufen sie beide einfach unter »jugendlich«.) Kortner beschrieb seine eigene Funktion, was die deutsche Sprache angeht, als »Zersetzungsprozeß« — einen notwendigen und wohlüberlegten Prozeß des Auseinandernehmens und Freilegens dessen, was fast zwanzig Jahre lang durch falsche Werte und Verdummung unglaubwürdig gemacht worden war.

Kortner hatte gesagt, er wolle die Rolle des alten Moor in seiner Inszenierung am Schillertheater selbst spielen, aber er probierte auch mit einem anderen Schauspieler, für alle Fälle. Schließlich entschied er sich, die Rolle nicht zu spielen und verschob — auch dafür ist er berüchtigt — die Premiere um eine Woche. Aber es lohnte sich; denn ohne je »modern« zu sein in dem Sinn, daß dem Stück ein Stil übergestülpt wurde (er haßt Regisseure, die mit Stilisierung arbeiten und sich nicht für die Menschen interessieren) — hatte Kortner aus den »Räubern« ein hartes Stück gemacht, scharf, packend, oft bitter komisch, mal explodierend in Lautstärke, Licht und Gewalttätigkeit, mal so leise und intim, wie in den Szenen zwischen Franz und Amalie, daß man in einem kleinen Zimmer hätte spielen können statt

Hans Häckermann, Karl Maldek, Karl Meixner und Ensemble in
Die Nashörner, Kassel, 1960

55

Günther Strack in *Cymbeline*, Hannover, 1962

im riesigen Schillertheater. Groß und reich, aber ohne Protz, ohne Prätention, das ist Kortners Arbeit. Angetrieben von einer unwiderstehlichen Vitalität, die mit dem Publikum wie ein elektrischer Strom in Kommunikation steht, zutiefst modern, von heute, ohne modernistisch oder manieriert zu sein. Und zugleich hat Kortners Arbeit den Reichtum, das Format, das man mit dem deutschen Theater von vor 1933 in Verbindung bringt. Ich glaube, daß Kortner tatsächlich der einzige ist im deutschen Theater, der, obwohl er so lang aus Deutschland weg war, es geschafft hat, die Vor-Hitler-Zeit mit dem Theater von heute zu verbinden. Das Publikum, das in seine Aufführungen strömt — die immer ausverkauft sind —, ist sich vielleicht dessen nicht bewußt, aber Kortners Arbeit ist für sie eine Brücke in die Vergangenheit, zu einer Tradition, die noch nicht verloren ist.

56

Sich für eine Inszenierung entscheiden
1979

Meine erste professionelle Inszenierung hieß *Salomé* von Wilde, meine letzte war Enzensbergers *Molières Menschenfeind* und meine nächste wird Oscar Wildes *Bunbury* sein. Ganz am Anfang, und dann wieder in den letzten Jahren, war die Auswahl der Stücke, die ich inszenierte, am freiesten — das heißt, am wenigsten von Umständen bedingt wie Karriere oder Finanzen.

Die Auswahl einer Inszenierung — etwas persönlicheres kann es (oder dürfte es) nicht geben. Es gibt Regisseure, die ganze Serien von Stücken planen (»Jetzt kommen die Shakespeare-Historien ran«) und Andere, die

Ulrich Wildgruber, Rosel Zech in
Der Menschenfeind, Berlin, 1979

57

ganz journalistisch auf neue Ereignisse in der Welt und im Theater reagieren, und ihre Stücke sehr plötzlich und schnell aussuchen und auf die Beine stellen. Es gibt auch Regisseure, die ihre Inszenierungen in »reine Profi-Arbeiten« und »Projekte, die was mit mir zu tun haben« aufteilen. Letzteres konnte ich nie, auch wenn ich es mir oft vornahm. Ich war eigentlich nie imstande, ein Stück zu inszenieren, für das ich mich nicht voll und ganz engagierte, und das muß man zum Beispiel über sich erkannt haben; sonst häufen sich schnell die Pannen. Am deutlichsten habe ich das gemerkt bei den beiden großen Fernseharbeiten, die auf Theaterinszenierungen basierten. *Der Pott* von O'Casey und Dorst und *Die Geisel* von Brendan Behan. In beiden Fällen sehe ich mich noch dem Fernsehproduzenten, Günther Rohrbach (damals noch beim WDR) gegenübersitzen und ernsthaft (und ehrlich) behaupten, daß das ja ganz einfach werden würde. In der Arbeit — schon beim Drehbuch — stellte sich dann heraus, daß jede Inszenierung für mich vollkommen neu, jede minutiöse Bewegung in jeder Inszenierung ein neuer Vorgang ist, der sich völlig verändert in der besonderen Situation, in der er stattfindet. Meistens also schleppe ich so eine Inszenierung jahrelang im Kopf herum, bevor ich sie mache, rede darüber, lese viel um sie herum, verwerfe sie öfters, besetze sie (verschiedentlich) in Notizbüchern (die ich dann nie wieder angucke), mache Notizen und Skizzen (die ich meistens verliere).

Die Begegnungen mit einem Stück, das dann irgendwann inszeniert ist, scheint mir, sind ähnlich wie die Begegnungen mit einem Menschen. Der erste Eindruck, zum Beispiel, den vergißt man nie. Bei einem Stück kann es eine Inszenierung sein, die man gesehen hat oder sich extra ansieht, es kann auch die Erinnerung an eine Aufführung sein, die man vor langer Zeit gesehen hat, lange bevor man den Gedanken hatte, das Stück selber zu inszenieren. Diese frühen Begegnungen mit Stücken sind für mich die aufregendsten, da man sie mit sich herumgetragen hat ohne sie praktisch auszuwerten, ohne an sie »zu denken«, und plötzlich, in einer neuen Situation, sind die Erinnerungen wieder da. Man fragt sich dann, ob der Wunsch, das Stück zu inszenieren, von diesen Erinnerungen stammt, man versucht die Zeit und das Umfeld, in der man sie erlebt hat, zu erforschen. Der Entschluß, *Othello* zu inszenieren, hatte direkt mit der Konstellation von vier Schauspielern zu tun — Wildgruber, Eva Mattes, Schmiedinger und Christa Berndl. Sicherlich war Wildgruber ausschlaggebend, und der Gedanke an seine (und auch meine) mögliche Entwicklung und die Vergrößerung seiner Möglichkeiten, führten dazu, daß ich ihn fragte, ob er den Othello spielen wollte. Aber die Konstellation in der *Wildente* — Eva Mattes, die die Hedwig spielte und Wildgruber, der den Hjalmar spielte, und Christa Berndl als Gina, und die Spannungen, die diese Schauspieler zueinander und zu mir hatten — spielten da schon eine große Rolle in den Überlegungen. An Erinnerungsvorlagen gab es bei mir eine ganze Reihe. Der erste Othello, den ich sah, hieß Friedrich Valk — ein deutscher Emigrant, der in England (als einer der wenigen) großen Erfolg hatte, als tobender, expressionistischer Wüterich. In mehreren Rollen. Für die Engländer war es der Inbegriff des »continental actor«, dem man auch alle Unarten verzieh, die man englischen Schauspielern schärfstens verbieten würde. Ich glaube, er war ein nicht so guter Othello, aber eins blieb hängen in meiner Erinnerung: die Naivität, »le triste taureau«, das verletzte Tier. Von Orson Welles' Bühnenothello sehe ich noch die Riesen-Revuetreppe, die der mit Kothurnen vergrößerte, schon von Natur sehr große Orson Welles runtermarschierte und den jungen Peter Finch, ein raffinierter glatter Jago. In Welles' Film dann der aufregende schwule Michael Macliammoir, bei dem ich zum ersten Mal merkte, was für eine Rolle Homosexualität bei Jago spielen könnte, obwohl Macliammoir das Thema nicht in die bewußte Charakterisierung hineinließ. Aber sicherlich hat Macliammoirs Jago mich zu Audens Othello-Jago Auffassung gebracht, die er in seinem Essay *Joker in the Pack* beschreibt und die eine Basis für die Inszenierung bilden würde. Daß das auf Schwierigkeiten mit Schmiedinger stoßen würde, war mir klar, aber ich ging das Risiko ein, weil der Rest der Besetzung so stark war, daß ich hoffte, Schmiedinger mitzureißen. Ganz wichtig für die Othello-Inszenierung war Oliviers Othello, den ich in London ein paar Jahre vorher gesehen hatte. Ich fand die Inszenierung äußerlich und langweilig. Olivier unerträglich virtuos (und deswegen schon langweilig), aber ich entdeckte in Billie Whitelaw, die die Rolle von Maggie Smith übernommen hatte, zum ersten Mal die Figur der Desdemona. Und zwar nicht als die süße Biene (Suzanne Cloutier) von Orson Welles, oder auch die zarte Wehleidige, die Kortner aus Doris Schade machte, sondern ein sehr fleischliches, verliebtes Mädchen, eher energisch und eigenwillig als tranig und süßlich.

Ein anderer Zugang zu dem Stück war meine Beschäftigung mit der Thematik Macht und Erotik. Das erste Kapitel davon hatte Wildgruber schon zwei Jahre früher in meiner *Lear* Inszenierung gespielt. Liebe und Abhängigkeit, meine eigenen Probleme als Intendant (der ich gerade seit zwei Jahren in Bochum war), spiegelten sich sehr stark in der Auswahl des Stoffes und seiner Interpretation.

Zu der Frage »ob« gehört im Theater gleich auch die Frage »wo«. Theoretisch hätte *Othello* auch in Bochum gemacht werden können, aber aus verschiedenen Gründen schlug ich es lieber Ivan Nagel in Hamburg vor. Erstens waren die Erfahrungen von zwei Shakespeare Inszenierungen in Bochum (*Der Kaufmann von Venedig* und *Lear*) so, daß das Publikum in der kleinen theaterbegeisterten Stadt nicht widersprüchlich genug bei einer solch großen Shakespeare Inszenierung war. Zweitens hatte die lange Probenzeit von *Lear* (3 Monate) den Großteil vom Bochumer Ensemble zu lange aus dem Theaterbetrieb abgezogen und dabei dem Theater insgesamt geschadet — für so etwas war der Gesamtrahmen des Bochumer Theaters einfach zu klein. Und drittens — ausschlaggebend — waren Eva, Christa und Walter Schmiedinger in Hamburg fest engagiert. Hätte Ivan Nagel, zu dem ich dann mit dem Vorschlag ging, abgelehnt, aus welchem Grund auch immer, glaube ich nicht, daß die Inszenierung stattgefunden hätte. Zu den Vorbedingungen der Inszenierung — ohne die die Auswahl des Stückes nicht stattgefunden hätte — gehörten noch eine Reihe von wichtigen Faktoren. Probenzeit: vereinbart wurden 3 Monate. Probenraum: das Hamburger Schauspielhaus besitzt keinen Probenraum mit Bühnenmaßen, also mußte Geld frei gemacht werden, einen Probenraum (bei Studio Hamburg) zu mieten. Die Entscheidung, das Stück zu inszenieren, wurde von mir getroffen zu einem Zeitpunkt, zu dem drei zentrale Probleme ungelöst waren: Übersetzung, Bühnenbild und Kostüme. Normalerweise würde ich, ohne diese Faktoren geklärt zu haben, keine feste Verabredung für eine Inszenierung machen. Nur hier war mir klar, daß ich für diese Arbeit einen stark improvisatorischen Charakter im Optischen und in der Übersetzung benutzen würde. Weder das fehlende Bühnenbild, noch die fehlende Übersetzung waren Zufälle, sondern waren geradezu Voraussetzungen für diese Arbeit. Der Ort, das Theater, die Stadt, das besondere Klima des Theaters, in dem ich vorhatte zu inszenieren, über alles muß nachgedacht werden. Immerhin ist eine Inszenierung eine Arbeit von vielen Monaten, ich werde viel von meinen Mitarbeitern verlangen, also muß ich sehr genau danach fragen, und auch dann die volle Verantwortung dafür nehmen, ob es wirklich gerechtfertigt ist, die Arbeit in Gang zu setzen.

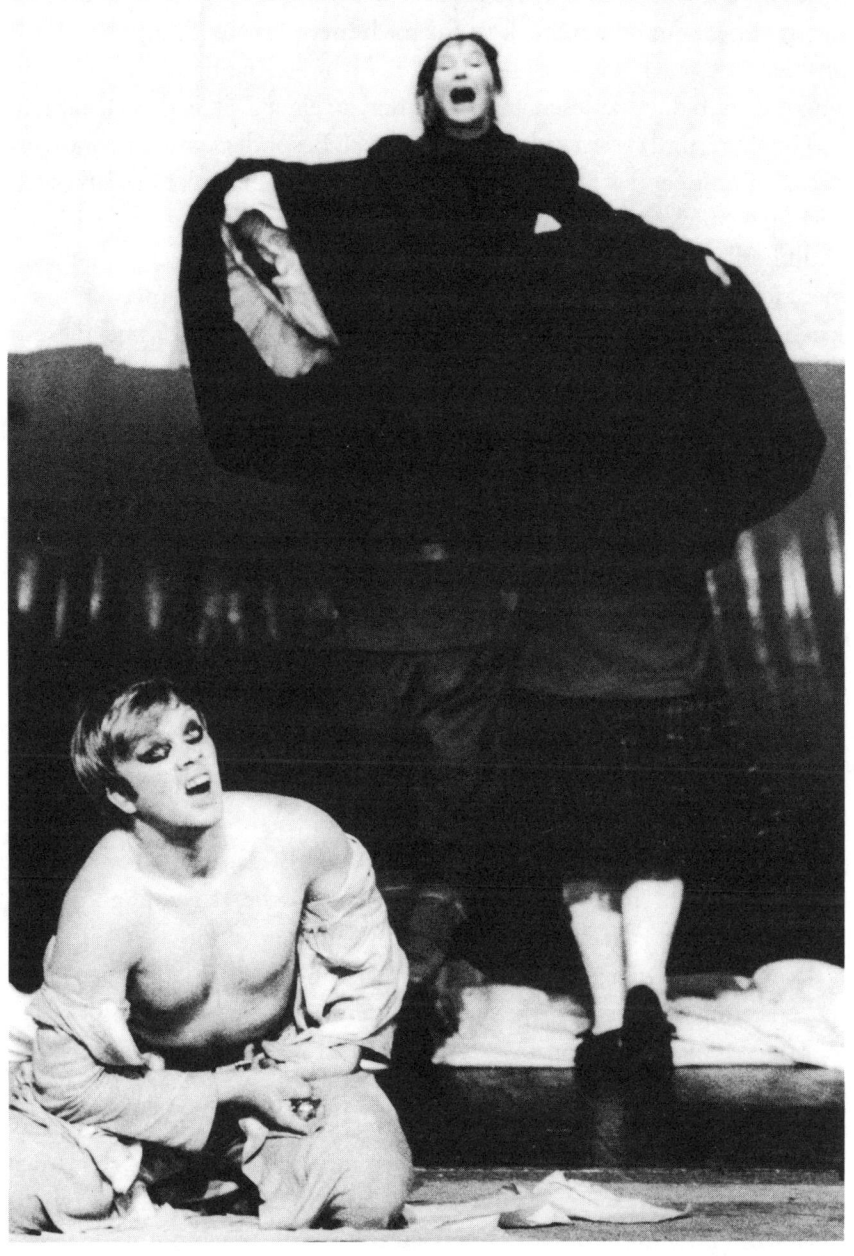

Edith Clever, Martin Lüttge in
Schmaler Weg in den tiefen Norden, München, 1969

Comedians (Griffiths) oder *Komiker,* wie es hier hieß, war auch ein Stück, welches ich einige Jahre vorher gelesen, dann gesehen hatte. Das erste Lesen von einem neuen Stück ist für mich meistens ausschlaggebend. Ich probiere dies auch so zu arrangieren, daß ich die Zeit habe, das Stück in einem Rutsch durchzulesen, ungestört und zu einer Zeit, in der ich aufnahmefähig bin (und das ist sicher nicht immer). Besonders wenn meine Vorinformation über das Stück so ist, daß ich damit rechnen kann, daß es ein wichtiges Stück für mich sein wird. Ich lese das Stück dann auch schnell und oberflächlich, um einen Eindruck, ein Bild vom Ganzen zu bekommen. Ich schlage fast nie zurück, außer, wenn, wie bei den meisten russischen Stücken, ich nicht mehr weiß, wer wer ist. Das Bild, das bei diesem Lesen entsteht, ist entscheidend für die Frage, ob ich das Stück später inszeniere oder nicht. Wenn kein Bild entsteht oder ich nicht einmal genug Spannung zu dem Stück finde, es in dieser Weise durchzulesen, bedeutet es meistens, daß das Stück nichts für mich ist.

Das Gesamtbild, das ich zum Beispiel bei *Komiker* hatte nach diesem ersten Lesen — ich habe das Stück in der Originalsprache gelesen — war das einer sehr bösartigen Reminiszenz über Music Hall und die englische »lower middle class«. Es erweckte Assoziationen einer ganz bestimmten vulgären, sehr typischen englischen Art von Komik, die ich hauptsächlich mit dem Komiker Tommy Handley, der mein Held war, als ich während des Krieges als Teenager in England Radio hörte, verband. Die Nostalgie war zu diesem Zeitpunkt wichtiger für mich als die kämpferische Aussage, um die es Griffiths (bewußt) am meisten ging. Bei einem späteren nochmaligen Lesen und dem Anfang einer analytischen Betrachtung des Stückes, mußte ich mich entscheiden, ob meine nostalgische Beziehung zu dem Stück so stark ist, daß ich es bei einer Inszenierung verfälschen würde.

Da ist, glaube ich, ein großer und wesentlicher Unterschied zwischen einer Inszenierung eines neuen Stückes und der eines alten. Ein neues Stück, insbesondere eine Uraufführung, verlangt eine andere Funktion vom Regisseur als ein »Klassiker«. Es braucht Geburtshilfe, unter Umständen Änderungen und auch Korrekturen, dramaturgische Eingriffe usw., aber da das Stück *für heute* geschrieben ist, und, wie gut oder schlecht es auch immer sein mag, auf dem selben grundsätzlichen Bewußtseinsstand der Schauspieler, des Publikums und des Regisseurs ist, geht es darum, auf dem klarsten und direktesten Weg die (erforschbare und wahrscheinlich erfragbare) Vorstellung des Autors zu realisieren. Bestimmt können in der Arbeit zwischen Autor, Regisseur und Schauspieler Differenzen auftreten über Wirkung, über richtige und falsche Mittel. Aber wenn gravierende Differenzen über wesentliche Fragen des Stückinhalts oder der Aussage entstehen, dann ist es wahrscheinlich, daß es sich um den falschen Regisseur handelt. Deswegen ist meine Vorsicht bei der Entscheidung, ein neues Stück zu machen, noch größer, als bei einem alten. Bei dem letzteren muß der Regisseur sich fragen, so scheint es mir, ob ihn das Stück erregt und begeistert, ob das, was er mit dem Stück vorhat, einen Aspekt von dem Stück für uns heute betont oder herausarbeitet, das sich für ein modernes Publikum lohnt, oder das Stück neu lebendig oder erkennbar macht. Wenn nicht, dann nützt wahrscheinlich alle Begeisterung für das Stück nicht, es wird für ein modernes Publikum tot bleiben.

Zusammenfassend: man darf sich als Regisseur nicht vormachen, daß man genug Gründe und Mittel hat, ein Stück zu inszenieren, wenn man nur das Stück sehr gerne machen will. Das genügt nicht. Das Vertrauen und damit die Leistung aller Mitarbeitenden wird entsprechend größer sein, wenn sie merken, daß der Regisseur im voraus die Weichen für seine Inszenierung so gestellt hat, daß auch bei den vielen Pannen, die innerhalb jeder Produktion stattfinden, noch genug, reichlich, Spielraum bleibt, das Ding zu einer erfolgreichen Premiere zu bringen. Und der *Moment*, über diese vielen verschiedenen Kräfte, die man braucht, zu beurteilen, zu entscheiden, ob sie stimmen und genügen, ist, bevor der Vertrag mit dem Premierentermin unterzeichnet wird.

Die Geisel
Probe in Ulm, 1961

Die Geisel
Probe in Bremen, 1962

DIE GEISEL

Brendan Behan

Unter dem Titel
Theaterschlacht im Pulverdampf
beschreibt Friedrich Luft
das Berliner Gastspiel der deutschen Erstaufführung
1961

Wie kam soviel schöne Erregung im Ulmer Parkett zustande? Ausgelöst wurde sie durch ein reines Versehen des Requisiteurs. Brendan Behans krause, komische, kribbelnde Bühnenballade vom Tod und von der albernen Auferstehung eines jungen Tommys, der von nationalverrückten Iren als Geisel gehalten wird für einen der Ihren, den die Engländer zum Tode verurteilt haben — dieses sonderbare, poetische Naschwerk von einem vital krabbelnden Stück verlangt am Ende, daß das irische Freudenhaus, in dem alles spielt, zum Schlachtfeld wird. Ein bißchen Pulver müßte dampfen. Der Requisiteur tat des Guten zuviel. Anstatt, bestenfalls zwei kleine Teelöffel Bühnenrauchs zu zünden, zündete er ein paar Hände voll. Folge: das ganze Zuschauerhaus stand im Nebel; die Leidenschaft, unter Hustennot, loderte hoch.

Was hatte man gesehen? Ein Stück irischer Verworrenheit und Poesie. Behan dichtet nicht planend. Dieser Cherub mit der Säuferleber orgelt Leben heraus. Er laicht, dichterisch, Figuren. Er hat den Schwermut und die mühelose Sentimentalität der Iren. Und er hat — bis zum fröhlichen Exzeß — deren vitale Unbekümmertheit, ihre Erfindungslust, ihre überschwappende Phantasie, ihre zähe Lust am Spielwerk, der amoklaufenden Imagination.

Er mischt die Stile. Manchmal denkt man wirklich, er wolle eine Freiheitsballade im ordinären Tone anstimmen. Dann verhohnepipelt er selber nur gleich immer die Geste der politischen Leidenschaft. Dann macht er reines Music-hall. Die Handlung stoppt. Die Figuren machen ein Tänzchen. Sie rutschen ins Melodiöse aus. Der pure, vorgefaßte Blödsinn wird phantasievoll exekutiert. Dann plötzlich wieder: Momente wirklicher Zartheit, ab-

67

soluter Poesie. Der blutjunge Geisel-Tommy erfährt die Liebe. Er spielt »Himmel und Hölle« mit dem Putzmädchen in diesem Hause der Unreinheit. Und siehe, für Minuten dreht sich über ihnen der Himmel der Reinheit. Die Szene ist dichterisch und sauber, daß man den Atem anhält. Gleich darauf knallt Behan wieder den abgefeimten Quatsch auf die Szene. Es wird geulkt, gelästert und gesungen. Chruschtschow wird im Lied verwarnt, »nicht am Mond herumzufummeln«, Irland wird angesungen, eine hanebüchene Ballade geträllert, eine Boogie-Woogie- und eine umwerfend komische Bierorgie findet statt. Die Szene stäubt von Komik, Ulk, Leidenschaft und irischer Tristesse.

Dieser Dichter ist kein Dichter im Sinne der Ordnung. Das gewiß nicht. Aber er hat Grabbe-Qualitäten, und einmal hat er sogar den Grabbe-Einfall, den Dichter selber auf der Szene erscheinen zu lassen: die Figuren schreien nach ihm. Behans Bild erscheint, das Gesicht eines versoffenen Engels, die Maschinenpistole im Arm.

Er provoziert direkt. Am Schluß des ersten Teiles läßt er den grundsympathischen Geisel-Tommy, eine Gestalt, an die er bis dahin nur Liebe und Lustigkeit gehängt hat, plötzlich Rassenressentiments ausspeien. Behan tut kund, daß auch noch in den »Nettesten« unter uns Unrat, Dummheit und schlimme Voreingenommenheit lauern. Fragt sich nur, wann sie zum Vorschein kommen. Eine Warnung, schockierend.

Das Stück steckt voll hanebüchener Überraschungen, es ist so strampelnd vital, daß es sich mit seiner robusten Vitalität oft selbst im Wege zu stehen scheint. Und plötzlich dann immer ist es ganz leise, ganz ernst. Es ist gemein und hat Stellen, die abgefeimt blasphemisch klingen sollen.

Aber im Grunde ist es so rabiat lebensverliebt, so menschenfreundlich, so vernarrt in das vollgestopfte Narrenhaus seiner Figuren, daß es unversehens einen Anhauch von Frömmigkeit hat. »Kein Land ist so schön wie die Erde«, singen diese Spott- und Herzfiguren des Menschlichen. Wer den Menschen in all seinen Abarten so liebt, darf ihn auch höhnen. Behan ist ein Meister der ordinären Grazie.

Die, die im gespaltenen Publikum wider ihn aufstanden, haben wahrscheinlich nur das Schlimme an seinem Ton vernommen. Daß der gleiche Ton aber auch lustig, daß er von seltener Kraft, daß er da ganz originär und mit voller Liebe zum Menschen, wohnt der auch in der Gosse, gesungen wird, das haben sie offenbar auf Anhieb nicht mitbekommen. Daher denn ihre geradezu wundgereizte Reaktion.

Annemarie und Heinrich Böll, Spezialisten für die Übertragung irischer Sangbarkeit in unsere Sprache, haben das fast unmöglich Scheinende möglich gemacht: Sie haben die meisten schwingenden Zwischentöne auf deutsch gerettet. Peter Zadek hat's auf der kleinen Provisoriumsbühne (sie steht ausgerechnet in einer Mädchenschule!) so bunt und genau, so fließend und gestaltenüppig inszeniert, daß diese kleine, erste deutsche Versuchsaufführung der in London (von der vielgerühmten Joan Littlewood) kaum nachstand.

Es war, als hätten alle auf der Szene einen genauen Vitalkoller weg. Die Sache ging, bis der Nebel fiel, grandios. Fast das ganze Ulmer Ensemble war im vollen, ansehnlichen Gange. Unrecht täte man, wollte man da kritisch unterscheiden und Hervorhebungen machen, wollte man Unzulänglichkeiten nennen. Der Elan, mit dem alle in die krause Sache sprangen, war so erfreulich. Die Liebe zum Risiko teilte sich so erfrischend mit.

Also, da hätten wir endlich den großen Theaterskandal, nach dem seit Jahren so sehnsüchtig gerufen wurde. Das Publikum entfesselt, positiv und negativ gereizt, streitbar aus der Reserve gelockt und noch auf der Straße zu bekennerischem Handgemenge aufgelegt.

Hoffentlich muß man es nun nicht immer erst einnebeln, damit es klar und deutlich Stellung nimmt.

»Es lebe der erste F. C.«
Gedanken zu Brendan Behans *Geisel* als Fernsehinszenierung
1977

Brendan Behans Theaterstück *The Hostage* (*Die Geisel*) ist eines der großen, wichtigen Werke der Weltdramatik nach dem Krieg. Mit Thema und Titel ist das Stück eine Art zentrales Symbol für die mörderische Entwicklung unserer Welt seit dem Zweiten Weltkrieg. Es gab viele Vorhaben, das Stück zu verfilmen. Auch Joan Littlewood, die in den 50er Jahren *Die Geisel* in London, Paris und New York zum Welterfolg brachte, plante immer einen Film. Es wurde damals nichts daraus — wahrscheinlich, weil wir alle (ich machte die deutsche Erstaufführung Anfang der 60er Jahre) zu nahe am Stück und seiner Theaterform waren. Auch jetzt, wo wir es zum ersten Mal gewagt haben, wurde es nur wirklich möglich durch eine starke Verwandlung des Stoffes, durch die Erfindung einer Mischform zwischen Theaterstück, Film, Happening und Buntem Abend, zu dem der Zuschauer als Teilnehmer eingeladen wird.

Behan hatte sein Theaterstück nie als Dokumentarstück oder Bericht über die irische Situation gedacht. Er war ein Dichter und Dramatiker in der großen vitalen englischen Tradition, die sich ganz besonders in der Irischen Dramatik von Synge und O'Casey fortgesetzt hat. Er war auf seine kuriose Weise ein Patriot, ein Mann, der sein Land liebte, der aber auch deutlich die Schwächen und Absurditäten seiner Landsleute erkannte. Aber vor allem war er ein Dichter, der auf eine intuitive Weise die Nachkriegs-Welt begriff, der die Schrecken, die sich um ihn herum schon wieder auftürmten, mit Humor, Ironie, Bosheit und Weisheit bekämpfte. Er war durch seine Jahre im Jugendgefängnis zum größten »Trotzdem-Lacher« seiner Generation geworden. Trotz der vielfältigen Schichten seiner Stücke, steht in ihnen eine große und kräftige Naivität, auch eine große Vulgarität. Diese Stücke sind unmäßig, unspießig. Behan war exzessiv, überschäumend, ein Monstrum.

70

Als ich Anfang der 6oer Jahre das Stück in Deutschland erstaufführte, wurde es mit Erstaunen und Verstörung, mit einem riesigen Theaterskandal begrüßt, lief dann aber mit großem Erfolg in vier Städten, unter anderem in Berlin. Das Berliner Publikum begriff das Stück damals als sein Stück, als Protest gegen seine eigene unerträgliche Situation, applaudierte nach der Premiere über eine Stunde lang. Wie so oft bei solchen Ereignissen, verwandelte sich nach nicht allzu langer Zeit das Erstaunen und das Erschrekken und der Horror über das Stück, über seine Blasphemien und Klamotten in Verständnis und Zustimmung. Das Stück setzte sich in Deutschland durch, wie es sich schon in der ganzen Welt durchgesetzt hatte. Jetzt ist es einer der großen Nachkriegs-Klassiker und definiert unsere Zeit.

Warum heute für das Fernsehen? Natürlich ist es eine andere Welt, aus der wir das Stück heute betrachten, eine Welt, in der Terror, Geiselnahme, in der die Anarchie, die Behan in Irland beschreibt, überall schon zur Selbstverständlichkeit geworden ist, der Inhalt jeder »Tagesschau«. Deswegen ist auch diese Fernseh-*Geisel* nicht mehr so unschuldig. Man kann ein Werk aus einer anderen Zeit nicht so behandeln, als ob wir inzwischen nichts Neues erfahren hätten. Daher ist in dieser zweiten Fassung, die ich jetzt 15 Jahre später von der *Geisel* gemacht habe, eine extreme, ja, man kann schon sagen, Verzweiflung, eine Art von Bitterkeit — und vieles von der früheren Unschuld ist weg. Es ist nicht mehr so leicht, über den alten Pat mit seiner Mischung aus Opportunismus, Patriotismus und verschwafelter Sentimentalität zu schmunzeln, wenn wir täglich Nachrichten von Bombenangriffen aus der Zivilisation in den Ohren haben. Nur vielleicht noch gerade bei der Landpomeranze Teresa bleibt eine Unschuld, die man um so stärker empfindet, als diese Unschuld gegen eine Mauer von Realitäten läuft, mit der auch die Teresa nicht fertig werden wird, wenn sie einmal den zweifelhaften Schutz des Bordells verläßt. Diesmal ist die Figur des Soldaten Leslie Williams, des englischen Soldaten, besonders wichtig geworden (nicht nur durch die außergewöhnliche Leistung und Identifizierung des Schauspielers Heinrich Giskes), sie ist zentraler, wichtiger, als in der Bühneninszenierung von vor 15 Jahren. Er versteht ja auch mehr, ahnt mehr von dem wirklichen Horror, der ihn umgibt, als es damals der Fall war. Trotz der immer noch überschäumenden, schwankartigen Lustigkeit des Ganzen, trotz der Poesie, trotz der Musik und der Anekdoten, die der Film enthält, ist *Die Geisel* melancholischer geworden, als das Stück damals schien, hysterischer und böser. Es ist ein Zeichen von Quali-

71

tät eines Werkes, wenn es sich für eine neue Zeit ohne schwerwiegende Eingriffe verwandeln läßt. Dieser Film im deutschen Fernsehen ist besonders wichtig, weil er so extrem subjektiv und kommentarisch ist, nicht authentisch oder belegbar, schon vom Autor aus nicht, dann nochmals von mir und noch mal von den Schauspielern nicht — und wichtig ist, noch wichtiger im Fernsehen heute, die Unausgewogenheit der *Geisel*. Gerade das Fernsehen (in der ganzen Welt) flüchtet sich zu oft in ein Weltbild von kühler Diskussion, Unverbindlichkeit und scheinbarer Ausgewogenheit. Die Kühlheit macht uns alle, die wir vorm Fersehschirm sitzen, zu Voyeuren, die als Lebende die Schrecken des Todes, des Hungers, der Folter in Aktualitätssendungen durch ein herumgedrehtes Opernglas beobachten dürfen: Voyeure, aber unberührte Voyeure. *Ausgewogen* (und zu leicht befunden!). Durch Kunst soll man die Schrecken erleben als Schrecken, nicht distanziert. Man soll aber auch die Lust und den Spaß erleben, der nun mit dem Schrecken abwechselt und das Chaos als Chaos und es nicht säuberlich geordnet. Das verstehe ich unter *ausgewogen*. Ich glaube auch, daß man die Langweile als Langweile erleben sollte (und genießen kann). Es passiert eben manchmal wenig und auch an diese Minimalgeschichten kann sich der Mensch gewöhnen, ohne ungeduldig zu werden. Das »Wenig« in einem Gang zum Bahnhof kann und soll mehr sein als das »Viel« eines Bombenangriffs. Ungeduld ist eine Vorstufe zur Aggression. Daß in dieser *Geisel* die Aktion manchmal einfach aufhört, während Anekdoten erzählt werden, Musik gemacht oder getanzt wird, ist nur ungewöhnlich, wenn man sich an dem aufgeputschten Rhythmus des Fernsehkrimis orientiert, an der unfreien Dramaturgie, die der »gutgemachte« Film immer noch hat (und das Theaterstück und die Kunst überhaupt). Sich Zeit nehmen, in Ruhe gucken und genießen, das haben wir fast verlernt. Die Form von diesem Fernsehspiel, Fernsehfilm, Fernseh-Happening (ich weiß nicht, wie man es am besten nennt), ist sehr stark bestimmt von der subjektiven Haltung der Schauspieler zu den Figuren und zu den Ereignissen, die sie spielen und in die sie verwickelt werden innerhalb des Spiels. Die Tatsache, daß es zwei Fassungen von dieser *Geisel* gibt, liegt daran, daß eine sehr, sehr lange Fassung entstanden ist, in der fast alle Improvisationen der Schauspieler enthalten sind, so daß die Geschichte fast zweitrangig wird. Der Sender und ich haben uns dann entschieden, beide Fassungen zu zeigen; aber diese letztere, die wirklich dominiert wird von den Improvisationen, im dritten Programm zu zeigen, eine Woche nach-

Die Geisel
O.E. Hasse in der Fernsehaufzeichnung, 1977

dem die andere im ersten gesendet worden ist. Übrigens ist Improvisation ganz im Sinne Behans. Auch die Original-Fassung der *Geisel* wurde zusammen mit dem Ensemble von Joan Littlewood in London mit viel improvisierten Texten hergestellt, Texten, die oft kabarettistische Kommentare oder Späße der Schauspieler waren und die oft nichts direkt mit der irischen Situation zu tun hatten.

Als ich vor 15 Jahren das Stück zuerst nach Deutschland bringen wollte, gab es überhaupt keinen geschriebenen Text. Der mußte dann von einem Tonband der Londoner Aufführung hergestellt werden, in dem neue Figuren, zum Beispiel die der Miss Gilchrist, von dem Regisseur hinzugefügt wurde.

Daß eine Fernsehanstalt wie der WDR es sich leistet, immer wieder solch ein gewagtes Unternehmen herstellen zu lassen, ist sehr wichtig. Es bedeutet, daß es noch möglich ist, trotz allem was dagegen spricht, innerhalb eines massiven Apparats, der ja hauptsächlich auf Konsumware ausgerichtet ist, eine derartig subjektive Meinung, eine Dichtung über ein Massenmedium in die Welt zu projezieren. Das ist bewundernswert beruhigend. Immerhin gibt es ja genug Konsumartikel, die in die richtigen Schubfächer passen, über die man nicht nachzudenken braucht, die keinen Anstoß erzeugen können, die nach den üblichen Sehgewohnheiten hergestellt sind. Die *Geisel* hingegen ist sperrig, weil es sich keiner durchschaubaren Kunstmittel bedient, um Kommunikation herzustellen. Ganz im Gegenteil: der Film erwartet von dem Zuschauer eine Art von Hingabe an das Chaos der Welt, die gezeigt wird. Er erwartet sogar, daß er dieses Chaos genießt und das über eine recht lange Zeit.

In der *Geisel* gibt es einen »Take« von einer Dreiviertelstunde. Das bedeutet natürlich eine große Bereitschaft des Macherteams: Kamera, Ton, von allen, die beteiligt sind, auf momentane, direkte Geschehnisse einzugehen. Erheblich mehr als man es bei einer Sportreportage, bei einer Demonstration auf der Straße, oder, unter etwas kontrollierbareren Umständen, im Studio normalerweise tut.

Die Welt, in der wir zur Zeit leben, ist eine äußerst chaotische, manchmal beängstigende, gefährliche, widersprüchliche. Dieser Film versucht, mit vielen verschiedenen Mitteln und Stilen dieses Bild zu vermitteln: an dem *Beispiel* Irland, an dem *Beispiel* eines englischen Soldaten, der als Geisel in einem irischen Puff sitzt und der dann am Ende durch eine Zufallskugel getötet wird. Man weiß nicht, von wem, von welcher Seite, warum. Ich finde

Die Geisel
Elisabeth Stepanek, Heinrich Giskes, Bochum, 1976

es auch überhaupt nicht zynisch, zu denken, daß es oft mehr nutzt, Musik zu machen oder Witze zu erzählen, als zu analysieren. Am Höhepunkt der Razzia, die ihn töten wird, ruft die Geisel, während Kugeln und Schlagwörter ihm um die Ohren pfeifen: »Es lebe der erste F. C.!« und hat damit ganz viel über die Absurdität des Konfliktes, an dem er ohne seinen Willen beteiligt ist, ausgedrückt. Er hat seinen (und Behans) Trotz und seine Impotenz gegenüber den Ereignissen, die ihn und die anderen überrollen, ausgedrückt. Und seinen Humor.

Und viel mehr können wir, glaube ich, auch nicht tun, wenn wir nicht gerade Helden oder Märtyrer sind. (Und auch die letzteren, wie Behan es uns immer wieder zeigt, sind oft gefährlicher und inhumaner als die Schwächeren unter uns.)

1987

Behans Die Geisel *war, wie der Zufall es so wollte, zur Zeit des Baus der Berliner Mauer. Da gab es in Ulm einen furchtbaren Skandal bei der Premiere, weil der Rauch von der Bühne in den Zuschauerraum kam und die Zuschauer zu ersticken befürchteten. Aber sie waren mittlerweile auch so schon empört über die Aufführung, daß ihnen der Rauch, glaube ich, als Anlaß für einen Skandal reichte. Ich erinnere mich, daß Friedrich Luft bei der Premiere war, aus dem Theater raste, von wütenden Ulmer Bürgern überfallen wurde und sich gerade noch in sein Auto retten konnte, um Ulm zu verlassen. Dann gingen wir mit diesem Stück über Toleranz nach Berlin, und dort wurde es zur Sensation — es ist für mich eigentlich immer noch ein Modell des modernen Stücks, das ich mag, im Gegensatz zu Genets* Balkon. *Ich halte Genet für einen genialen Autor, aber er liegt mir nicht. Das war mir damals schnell klargeworden, nicht nur, weil er mich erschießen wollte.* Die Geisel *finde ich wirklich ein geniales Stück, es hat die Vitalität und die Art von Poesie — gewagt ausgedrückt — von Shakespeare. Und er hat eine scheinbar unüberschaubare Ästhetik. Im Endeffekt wäre es mir am liebsten, wenn ich es irgendwann erreichen würde, daß man nicht mehr merkt, daß ein Regisseur am Werk war.*

Die Geisel
Rosel Zech, Heinrich Giskes, Bochum, 1976

BREMEN, BOCHUM

Maß für Maß
Edith Clever, Bruno Ganz, Ensemble, Bremen

Arbeit an Maß für Maß
1967

Ich habe angefangen, eine einigermaßen realistische Inszenierung von dem Stück zu machen. Dabei habe ich nach vierzehn Tagen Arbeit festgestellt, daß die Vorgänge auf der Bühne den Vorgängen meiner Fantasie nicht entsprachen. Daraufhin habe ich mich entschlossen, neu anzufangen und rücksichtslos nur das zu inszenieren, was von der Fantasie bestimmt wurde, das, was beim Lesen von Maß für Maß in der Fantasie geschah. Dieser Inszenierung lag also kein »Stil« zugrunde, keine Theorie, keine bewußte ästhetische Haltung. Statt dessen eine subjektive intuitive Arbeit, von Bild zu Bild entwickelt in dem einzigen Bestreben, genau das auf die Bühne zu stellen, was mir bei der sehr langen und detaillierten Vorarbeit an dem Stück eingefallen war.
Nach einer Zeit hat sich eine echte Verbindung hergestellt zwischen allen, die an der Inszenierung arbeiteten. Aus lauter einzelnen Schauspielern wurde eine echte Gruppe. Dies war die wichtigste Erfahrung. Die Fantasie und Lebendigkeit dieser Schauspieler als Gruppe hat hauptsächlich die Inszenierung bestimmt. Die Form oder Stilisierung wurde nicht von außen aufgesetzt, sondern entstand, entwickelte sich in den Proben. Zum Beispiel wurden Teile von szenischen Abläufen, die früh in der Arbeit als falsch empfunden wurden, spä-

80

Ensemble

ter benützt, abgeändert. Ganze Bilder wurden im Laufe der Arbeit verändert, umgestellt, gekürzt, wurden Sätze vertauscht, um dem aus der Arbeit entstandenen Rhythmus gerecht zu werden.

Ich glaube nicht, daß es die Aufgabe von Regisseuren und Schauspielern sein sollte, die bestehenden Konventionen des Theaters so gut zu lernen, daß sie sie glatt und leicht verdaulich darstellen können. Jeder Mensch, der am Theater beteiligt ist, sollte vor allem, glaube ich, das, was er an Fantasie besitzt, der Theaterarbeit zur Verfügung stellen. Mit jedem sich daraus ergebenden Risiko. Insbesondere sollten wir mit der Unterspielung, dem »ästhetischen Realismus« und der so leicht herstellbaren Unterkühlung und Verfremdung als Methode aufhören. Wir sind am Verdörren; das Publikum kommt nicht auf seine Kosten. Es gibt, glaube ich, gerade jetzt ein großes Verlangen von Menschen nach großen Leidenschaften.

Bei Shakespeare gehören große Naivität und raffinierte Differenziertheit zusammen. Keine Theorien, Morallektionen, ästhetische Prinzipien, keine modischen Aktualisierungen, die den Mangel an Fantasie durch äußere gängige Zitate ersetzen.

Wilfried Minks
1987

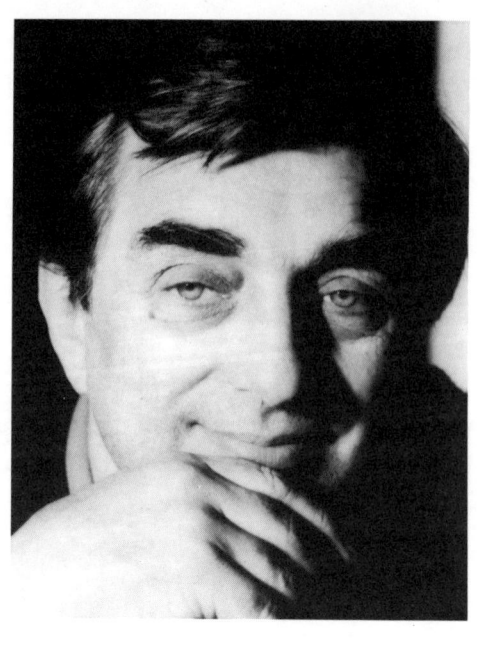

Minks war damals und ist heute noch, glaube ich, maßgebend für die Veränderung des deutschen Theaters, weil er aufhörte, Bilder zu machen und statt dessen Räume gestaltete. Er hat damals so quadratische, klare und deutliche Räume gestaltet, in denen ich meine komplizierten psychologischen Spiele abspielen lassen konnte, die durch die Räume von Minks immer klarer gemacht wurden. Er war in der Arbeit mit mir der erste, der klares, helles Licht auf die Bühne brachte. In Italien war es entsprechend Damiani, in Ost-Berlin Brecht. Wir haben zum ersten Mal bei *Frühlingserwachen* das Licht im Zuschauerraum angemacht, und da gab es fast einen Aufstand. Die Zuschauer haben alle gesagt: »Das geht nicht, das kann gar nicht sein, entsetzlich, wir können uns nicht konzentrieren.« Das Ergebnis war natürlich das Gegenteil: Weil die Zuschauer solche Angst hatten, daß ihr Nachbar sah, wie sie sich nicht konzentrierten, konzentrierten sie sich die ganze Zeit. Von der Durchschaubarkeit dieses Stils bin ich heute ein wenig abgerückt. Meine Arbeit hat sich inzwischen sehr verändert. Damals wollten wir durchschaubar machen, daß es sich immer um Theater handelt, und das haben wir manchmal überdeutlich gemacht. Für die damalige Zeit war es sehr gut, weil die Rummauschelei zwischen Naturalismus auf der einen Seite und Rhetorik auf der anderen Seite unerträglich war. Wir haben nie so getan, als sei es eine andere Realität als Bühnenrealität und haben diese Bühnenrealität noch ganz stark betont. Aber dennoch haben wir kein intellektuelles, sondern ein sehr direktes Theater gemacht.

Die alten Zeiten sind vorbei
1965

Realismus im Theater ist nicht eine Methode, sondern eine Haltung. Ibsen war Realist, Shakespeare auch — die verschiedenartigsten Künstler, deren Methode oder Stil weit auseinanderliegen, kann man Realisten nennen. Stilisiert ist jede Kunst, da sie nicht Realität sein kann, sondern Gesetze hat, die sich grundsätzlich vom Leben unterscheiden. Die Haltung des realistischen Künstlers möchte ich so bezeichnen: eine bühnenwirksame Stilisierung erfinden, die von Fall zu Fall aus der Realität entwickelt wird, die sich aber nie selbständig macht und zur starren Form wird.

Auch wenn das heutige realistische Theater manchmal den Eindruck zu erwecken scheint: das Wort »Scheiße« ist nicht realistischer als das Wort »Haustür«! Ein Strichmädchen auf der Bühne ist nicht realistischer als ein Lokomotivführer. Warum, fragt man sich, beschäftigt sich das realistische Theater der fünfziger und sechziger Jahre so »penetrant« mit Proleten und

83

Ganoven und Perversitäten — warum die rüde Sprache, der »niedrige« Ton? Wo ist der gepflegte Salon geblieben, wo der Lokomotivführer mit Weltanschauung, der trotz Lokomotive immerhin weiß, wie man sich auf der Bühne vor feinen Menschen zu benehmen hat?

Jede Generation muß ihren eigenen Realismus wiedererfinden, muß sich an dem Leben, das es um sich sieht, neu orientieren. Nach dem politischen Umbruch, den Europa von 1935 bis 1945 erlebte, folgte ein gewaltiger gesellschaftlicher Umbruch — den die Kunst auch im Theater versucht hat zu spiegeln, auszulegen, zu erkennen und in verschiedenen kritischen Formen auf die Bühne zu übertragen.

In England war Joan Littlewoods »Theatre Workshop« eines der wichtigsten Theater, das in den fünfziger Jahren eine Neuorientierung brachte. Die Littlewood half dem englischen Theater, vom bürgerlichen Bühnen-Klischee wegzukommen. Sie vollzog auf der Bühne den Kampf gegen die starre, unlebendige Welt von Noel Coward und Rattigan — ein Kampf, der im Leben schon längst gewonnen war. Joan Littlewood brachte neue Autoren auf die Bühne: Behan (*Die Geisel*, *Der Spaßvogel*), Shelagh Delaney (*Bitterer Honig*), Norman (*Die alten Zeiten sind vorbei*) und viele andere. Alle hatten eine realistische Haltung, alle versuchten, wieder ursprünglicher, deftiger, direkter zu sein. Nach langen Jahren des primär bürgerlichen Theaters schrieben sie das Theater der Gesellschaftsschicht, die bis dahin fast nur als Witz oder als lästiges Problem auf der Bühne behandelt wurde.

Das Musical, das heißt, das heutige populäre Musiktheater von der Konfektion zu retten, von der sich ewig wiederholenden modernen Märchenwelt von *My Fair Lady* oder *Oklahoma* oder *Camelot* wegzukriegen, ist schwer, fast unmöglich, da das Musical mit solchen Produktionskosten verbunden ist, daß es (auf jeden Fall in Ländern, in denen das Theater primär ein kommerzielles Unternehmen ist), ein sehr großes Publikum erreichen muß, um lebensfähig zu bleiben. Also wird ein gewisser Prozentsatz von Konfektion immer im Musical bleiben, eine gewisse Oberflächlichkeit. Immerhin will und soll das Musical zum größten Teil amüsieren. Eine echte und komplizierte Auseinandersetzung mit der Welt in Form von Songs ist wohl weder möglich noch erwünscht. (Wo solche Auseinandersetzungen versucht werden, wie z. B. in *West Side Story*, wirken sie prätentiös und banal.) Aber das Musical durch genauere Menschenbeobachtung neu zu beleben, durch eine realistische Haltung seinem Thema oder der

84

Welt gegenüber, die es beschreibt, das sind Versuche, die sich lohnen und die dem Musical eine lebendige Zukunft versprechen.

Norman und Bart schreiben in den *Alten Zeiten* über Soho, wie sie es kennen, über die farbige und vielbewegte Welt des Londoner Cockneys. »Cockney« ist mehr als ein Dialekt, mehr als eine für den nicht Eingeweihten unverständliche Art, englisch zu sprechen. Es ist eine Lebensform mit langjähriger Tradition, mit seinen Dichtern und Witzen, seinen Typen, Tänzern und Musikern. Einen Teil davon wollen die Autoren von *Fings* zeigen und zwar zu dem Zeitpunkt, wo die Welt des Cockneys zu zerbröckeln beginnt. Die Sprache der Cockneys ist in der jüngeren Generation veramerikanisiert, die Cafés gehen ein oder werden (wie in *Fings*) zu Espressos. Konfektion und 08/15, Hochhaus und Werbemittel. Das Absterben dieses Milieus zeigt unser Musical. Für Norman und Bart ist das mindestens so traurig, wie für uns der Untergang des Römischen Reiches.

Bruno Ganz, Ensemble

85

Schiller: *Die Räuber*
1966

Was haben Comic-Strips und Grotesken mit Schillers *Räubern* zu tun? In unserem konfektionierten Zeitalter gibt es ein Arsenal von Schlagwörtern, mit denen die Gegner dieser Inszenierung aufwarten werden, um a priori zu beweisen, daß die *Räuber* eben nichts damit zu tun haben; und zu postulieren, wie das genialische Husarenstück des kommenden Klassikers über die Bretter gehen müßte. Die Sekundär-Literatur ist sich ja ziemlich einig, was die *Räuber* angeht und den jungen Schiller. Das Stück ist bis zu seinen Atomen analysiert und aus tausend Perspektiven interpretiert worden. Kein Geheimnis mehr also. Nein: ein großer Wurf des »Sturm und Drang«, im Drama neben dem *Götz* das wichtigste, ein Kapitel Literaturgeschichte mit langer Tradition, eingegangen ins deutsche Bildungsbewußtsein, vielen Besuchern präsent. Die Erwartungen liegen fest. Man weiß, was man von seinem Schiller zu halten hat. Ein Nationalheiliger steht fest auf seinem Piedestal, er überrascht nicht mehr, er hat nichts Neues zu sagen, und mag das auch langweilig sein, so gilt's doch als Klassik.
Was haben Comic-Strip und Grotesken mit Schillers *Räubern* zu tun? In dieser Inszenierung wird die Frage aus der Fantasie und aus dem Geschmack beantwortet. Schillers Personen sind nicht immer auch Menschen. Sie sind Kolosse, ungeheure Übertreibungen, Pointen; und ihre Sprache in diesem Stück ist keine realistische Sprache, sondern eine extreme Ansprache, eine oft kraftstrotzende, bisweilen auch nur kraftmeierische, fast immer überhitzte Sprache, die mit ungeheurer Dynamik auf uns einhämmert, ein rhythmisches Maschinengewehr. — Die Größe des Ungeheuerlichen, die Schönheit des Gräßlichen, ein Ritus des Greulichen bei Schiller: Er läßt seine Menschen hemmungslos wüten und toben. Er läßt sie ausbrechen wie Vulkane, läßt sie über die Erde rollen, schreien und schäumen, »gegen eine Eiche rennen«, wie es in einer Regieanweisung heißt, es sind Kerle, Eisenbeißer und Kraftgenies. Mit realistischer Psycho-

logie, ja mit realistischer Physiologie hat das wenig zu tun, diese Figuren sind keine Menschen für sich, sie erfüllen dramatische Funktionen in Schillers Weltprozeß. Wir haben in dieser Inszenierung den Versuch gemacht, eine Bühnenwelt aufzubauen, die, obwohl sie nicht die erkennbare Spiegelung einer Alltagswirklichkeit ist, trotzdem eine in sich geschlossene, stimmige Welt ist. In ihr können die Kolosse und Ungeheuer, die Bösewichte und Schwärmer, die Leidenschaftlichen und Wüteriche Schillers einkehren. In unserer Zeit sind sie nicht zu Hause, aber hier haben sie einen Spielplatz. Durch die Kunstmittel, durch Theatermittel unserer Zeit.

Ein Kunstwerk ist weder mit dem konventionellen Geschmack noch mit moralischen Kriterien meßbar. Daraus resultieren nur Vorurteile, die schief, penetrant, unangemessen sind. So wollte diese Inszenierung der *Räuber*, die selbstverständlich auch ihre Verluste, ihre Ärgernisse hat, immanent verstanden, nach den Gesetzen ihrer Fantasie beurteilt werden. Dann wird, wer das traditionelle Bildungsgut oder auch dichterische Differenziertheit vermißt, vielleicht doch eine grelle Schönheit, eine blutige Größe, eine heiße Passion entdecken, die nicht von uns gemacht wurden, die auch Schiller sind, vor allem junge Schiller; und die unsere Zeit wiederzufinden einigen Grund, einige Lust hat.

Edith Clever, Bruno Ganz

87

Dialekt auf der Bühne
1962

Es gibt gar keinen Dialekt — es gibt nur Sprache. Das sogenannte »Hochdeutsch« ist ein künstliches Erzeugnis von Hochschullehrern, Radiosendern und Schauspielschulen. Meine Mutter hat mir immer erzählt, daß man eigentlich nur in Hannover hochdeutsch spricht. Ich frage mich nur, wie es kommt, daß neunzig Prozent der Deutschen »falsch« deutsch sprechen, und nur ein paar Norddeutsche richtig? Das erinnert mich an die Geschichte von dem Soldaten, der bei der Parade nicht im Gleichschritt geht und erklärt, er allein habe den richtigen Schritt, die andern marschierten falsch.

Die Tatsache ist, daß jeder Dialekt spricht, und daß, mit Ausnahme von ein paar Realisten wie Gerhart Hauptmann, die deutsche Bühne nicht nur keinen Gebrauch davon macht, sondern sich das verbittet! (Das wäre weder fein noch kultiviert).

Bis zur Entstehung der English Theatre Group und des Theatre Workshop, die sowohl Osborne als auch Brendan Behan in London durchgesetzt haben, gab es in England nur zwei Dialekte auf der Bühne: Cockney, der Londoner Dialekt, und einen erfundenen Bühnenbauerndialekt, den noch nie ein Bauer gesprochen hat. Diese Dialekte wurden ausschließlich von komischen Figuren gesprochen — von komischen Arbeitern und komischen Bauern. Alle anderen sprachen »Kings English«, das Equivalent für »Hochdeutsch«. Mit Osborne, Delaney und Behan, das heißt, mit der Nachkriegsentwicklung realistischer Dramatiker in England, entstand eine neue Einstellung zu der Frage Dialekt auf der Bühne. Sheila Delaney schreibt lancashire Dialekt — Brendan Behan Irisch usw.

Um diese Stücke ins Deutsche zu übersetzen, muß man einen oder mehrere Dialekte benutzen und sich mit dem Problem überhaupt auseinandersetzen. Wenn man realistisches Theater spielt — von Shakespeare bis Osborne oder Dürrenmatt — muß das »reine« Hochdeutsch genauso von der

88

Bühne verbannt werden wie das keimfrei stilisierte Bühnenbild — eine Schräge in blau oder drei rosa Säulen — wie die statueske Inszenierung — ein blauer Schauspieler und drei rote, die auf genannter Schräge im Dreieck stehen und als Schauspieler fungieren.

Und dann tauchen erst die richtigen Probleme auf. Welcher deutsche Schauspieler beherrscht perfekt zwanzig deutsche Dialekte? Kann man — wie ich es im *Luther* getan habe — einige Leute Dialekt sprechen lassen, andere aber noch hochdeutsch? Martin und Hans Luther sprechen sächsisch, Hans sehr stark, Martin, der Akademiker, nur einen Hauch.

Eins ist sicher: wo Dialekt angewandt wird, bekommt die Sprache, und damit der Schauspieler und die Figur, die er spielt, eine Vitalität, eine Farbe, eine Direktheit, die durch kein anderes Mittel zu erreichen ist.

Hier, in dieser Inszenierung eines englischen Stückes, ist die Frage nicht zu lösen. Man kann hier nur anfangen, sich darüber Gedanken zu machen. Man braucht einen deutschen Autor, der Dialekt bewußt als Mittel einsetzt, um der Sterilität endlich ein Ende zu machen.

Mit Erich Fried in Bremen

89

Freiheit auf der Bühne
eine Rede, gehalten in der Katholischen Akademie in München
1974

Ich finde es äußerst schwierig, überhaupt vom Theater zu reden. Man hat die Tendenz, über irgendwelche Aufführungen zu reden, die die meisten Leute nicht gesehen haben und die, genau wie alles, was mit Kunst zu tun hat, schwer zu beschreiben sind (und das, was wirklich wichtig dabei ist, kann eigentlich überhaupt unmöglich beschrieben werden). Nun, man muß es eben versuchen.

Ich möchte anfangen, indem ich Ihnen einen Brief vorlese. Es ist ein Brief, der unter vielen anderen an mich geschrieben wurde nach einer Inszenierung. Und da es um das Thema »Theater als Ärgernis« geht, lese ich diesen Brief einmal vor:

Sehr geehrter Herr Zadek,
diese Zeilen schreibe ich nicht, um Ihre Shakespeare-Inszenierung zu kritisieren. Als Musiker würde ich zur gestrigen Aufführung sagen, daß Sie eine bizarre Fantasie über Motive aus »Maß für Maß« auf die Bühne gebracht haben, auf keinen Fall das Stück selber. Das halte ich für erlaubt, und es tut Shakespeare nicht weh. Allerdings wäre es ehrlicher gewesen, auf den Theaterzettel dementsprechend einen anderen Titel zu setzen, anstatt im Programmheft langweilige Erklärungen abzugeben. Daß mich Ihre Fantasie abgestoßen und deprimiert hat, ist eine Frage des persönlichen Geschmacks, die Sie nicht zu interessieren braucht. Gar nichts mit persönlichem Geschmack aber hat die Frage zu tun, ob Ihr Satz »Die Bühne ist frei, wenn wir die Freiheit ausnützen wollen oder können« auch Freiheit von jeder Ehrfurcht bedeuten darf, auch von der letzten, tiefsten und zartesten. Sie haben den Vorgang des christlichen Abendmahls bzw. der Kommunion als Ulk und breit ausgewalzten, an den Haaren herbeigezogenen Gag auf die Bühne gebracht, als eine der unzähligen Möglichkeiten der

weltbedeutenden Bretter, zu denen auch das Scheißen gehört. Die im Kreis sitzenden oder stehenden Schauspieler strecken alle weit ihre Zunge heraus (sehr komisch), empfangen von einem lächerlichen Pater (oh, diese verfluchten Pfaffen) die fiktive Hostie, schlucken sie und legen betend die Hände vors Gesicht. Das ist vortrefflich beobachtet, ich gratuliere Ihnen. Aber wegen dieses Regieeinfalls möchte ich nicht in Ihrer Haut stecken. Ich wurde erinnert an jenen Gauleiter des Dritten Reiches, der in einer Rede die Christen »Hostienfresser« nannte.

Ihr sehr ergebener
(Musikprofessor, ehemaliger
Generalmusikdirektor)

Als ich Ihre Einladung bekam, hier bei dieser Tagung etwas zu sagen, waren wir gerade in Bremen dabei, über das Problem »Ärgernis« sehr scharf nachzudenken. Ich hatte eine Inszenierung von Shakespeares *Maß für Maß* in einer neuen Übersetzung von Martin Sperr angefangen. Wir hatten 14 Tage gearbeitet, und dann kam ein Punkt, wo wir merkten, daß irgend etwas nicht stimmt. Was wir taten, stimmte nicht zur Übersetzung und stimmte, fand ich, eigentlich auch nicht zu Shakespeare. Wir hatten uns alle schon lange Zeit darüber Gedanken gemacht, daß es vielleicht nicht genügt, bei Shakespeare entweder Literatur zu inszenieren oder eine Art von überhöhter Psychologie. Wir haben uns also entschlossen, was wir bis dahin gemacht hatten, wegzuwerfen; und ich fing an, das zu inszenieren, was ich mir bei diesem Stück, das ich schon zweimal vorher inszeniert hatte, immer vorgestellt und nie durchzuführen die Courage gehabt hatte. Dabei passierte, das zeigte sich sehr bald, eine Zersetzung des Stückes, weil in meiner Fantasie eine Zersetzung des Stückes stattfand: aus keinem anderen Grund.

Wir standen sehr bald vor der Frage (schon lange vor der Premiere) »Was passiert jetzt mit dem Publikum?« Es war uns vollkommen klar, daß der Teil des Publikums, der ins Theater geht, um Literatur zu erleben — und das ist der größte Teil —, unbefriedigt sein würde und wahrscheinlich sogar recht sauer. Kurt Hübner, der Intendant, der viel Courage hat, meinte, daß wir es trotzdem machen sollten. Daraufhin haben wir es auch gemacht. Die Reaktionen haben Sie teilweise in der Zeitung gelesen. Viele negative Reaktionen wechselten ab mit vielen sehr enthusiastischen Zustimmungen auch von ganz unerwarteten Seiten. So wurde eine Aufführung, die in

Frühlingserwachen
Ensemble, Bremen, 1965

der Presse Charakterisierungen wie »pornographisch« und ähnliches hervorrief, auch von Bremer Studienräten mit ihren Klassen besucht. Wohl, weil sie doch gespürt haben — abgesehen von irgendwelchen Details —, daß hier wirklich ein Versuch gemacht worden ist, eine sinnlichere Form von Theater zu spielen. Daß es vielleicht nicht unbedingt so wichtig ist, auf der Bühne irgendwelche Texte von Shakespeare nachzuahmen, sondern einen Weg zu finden, mit Hilfe der Fantasie von Menschen sich auf der Bühne etwas ereignen zu lassen. Nun ja, es kam also zu einer Premiere, und es gab sehr viel Buh und sehr viel Bravo, und es war große Aufregung.

Und jetzt sind wir hier und unterhalten uns über Ärgernis. Es gibt Tabus in der Gesellschaft, es gibt gewisse Dinge, über die man lieber nicht redet oder lieber nicht auf eine gewisse Weise redet. Die Tabus haben sehr oft mit Erotik zu tun und noch stärker vielleicht mit Sexualität. Sie haben mit Religion zu tun, aber dann auch mit allerhand Dingen, die ganz erstaunlich für mich sind, zum Beispiel mit Sprache. In dieser *Maß für Maß*-Inszenierung ist die Sprache frei behandelt worden, es sind Worte verzerrt worden, es sind Passagen unverständlich geworden, *bewußt* unverständlich gemacht worden. Das hat mehr Schock ausgelöst als die Dinge, die man normalerweise als Tabus bezeichnen würde. Eine Reaktion wie etwa die Aufregung über die Szene, in der eine Kommunion stattfindet, habe ich eigentlich sonst nicht bekommen. Aber wenn auf der Bühne jemand statt »oder« »odaa« sagt, dann wird es plötzlich sehr hart im Publikum, dann sehe ich plötzlich furchtbar viele saure Gesichter. Und ich frage mich warum? Welche Haltung steht dahinter? Was stört denn? Immerhin macht man doch andauernd solche Dinge mit Sprache, und besonders in der Erregung passiert es sehr oft. Ich glaube, da merkt es niemand. Aber auf der Bühne erwarten wir plötzlich, daß Menschen in einer gewissen Weise reden, bzw. wir setzen der Art, in der sie reden, bestimmte Grenzen. Dahinter muß ja irgendeine Haltung stecken. Sie hat wahrscheinlich zu tun mit einem Empfinden für das Erhalten von etwas, was sicher ist, zum Beispiel wie Leute sich ausdrücken. Es ist nichts Neues, daß man »odaa« sagt. Die Expressionisten haben lauter solche Dinge getan, es ist oft im Theater passiert. Warum soll Sprache nicht genauso künstlich sein wie ein Bild? Aber wir leiden immer noch unter der Vorstellung, daß man Theater mit der Realität vergleichen können sollte. Also daß der Maßstab dessen, was auf der Bühne geschieht, die Vergleichsmöglichkeit mit einer äußeren Realität sein soll. Ich habe gerade Hochhuths *Soldaten* gelesen und finde das Stück sehr aufregend, ob-

93

wohl es da viele Dinge gibt, bei denen ich empfinde, daß das, was Hochhuth darstellt, bestimmt nicht »stimmt«. Aber ich finde es ganz belanglos, ob es »stimmt« oder nicht; es geht mir auch nicht darum, ob die Figur von Churchill, die er zeichnet, mit Churchill etwas zu tun hat. Ich kann das Stück nicht mit der äußeren Realität vergleichen. Ich darf das nicht, weder im Theater noch in einer anderen Kunst. Das Theaterpublikum ist zum großen Teil daran gewöhnt, daß sich auf der Bühne Leute in erkennbarer, für sie direkt verständlicher Weise verhal-

Kurt Hübner

ten. Jedenfalls wird immer wieder vom Theater erwartet, daß es Literatur verkauft und Realität nachahmt, daß es der berühmte Spiegel zu irgend etwas ist. Ich glaube nicht, daß Theater ein Spiegel ist. Und ich glaube auch nicht, daß es überhaupt interessant ist, ob das, was vorgeht, vergleichbar mit irgend etwas anderem ist. Es kann an nichts gemessen werden außer an sich selbst, an dem, was auf der Bühne geschieht. Ein Theaterabend ist genauso geschlossen, wie ein Bild oder ein Musikstück geschlossen ist. Es würde einem nicht einfallen, ein Bild von Rubens daran zu messen, wie Frauen aussehen, oder einen Lichtenstein daran zu messen, ob eine Landschaft wirklich so aussieht, wie er sie malt. Man denkt nicht einmal daran, es fällt einem gar nicht ein. Nur im Theater möchte man immerzu den Vorgang auf der Bühne mit irgendwelchen Realitäten vergleichen. Unsere Theaterästhetik ist verstaubt, sie gehört ins neunzehnte Jahrhundert.
Um zum Tabu zurückzukommen: Es gibt viele gesellschaftliche Tabus. Sie sind aber, glaube ich, Dinge, um die sich die Kunst nicht kümmern darf. Ich meine, daß man sich beim Theatermachen frei fühlen sollte, das zu machen, was einem einfällt, so wie es die Praxis erlaubt. Das heißt, wenn die Leute nicht mehr ins Theater gehen, muß man aufhören. Oder auch, wenn

Vadim Glowna, Bruno Ganz, Kurt Hübner in
Frühlingserwachen

sie andauernd »buh« rufen, weil man dann die Schauspieler nicht mehr hört.

Es gibt Grenzen in einer Beziehung zwischen Menschen. Und das, was wir auf der Bühne machen, ist nichts anderes als das, was in jeder Beziehung im Leben zwischen Menschen geschieht. Wenn sich zwei Menschen unterhalten oder argumentieren, sich treffen oder eine Wurst essen, und einer sagt

95

etwas (zum Beispiel »also ich finde Regenwetter schlecht«), dann ist schon etwas geschehen zwischen den beiden Menschen. Wie immer auch der andere reagiert, das Spannungsverhältnis zwischen diesen Menschen verändert sich — vielleicht nur um einen Millimeter. Und so ist es in jeder Situation, auch in jeder größeren Situation, die zwischen irgendwelchen Menschen und der Gesellschaft stattfindet. Es existiert also jemand, der Kunst macht, nicht Würstchen. Und Menschen reagieren darauf. Jetzt kann er sich natürlich stilisieren, er kann sich fragen, bevor er irgend etwas tut, »wie werden die Leute darauf reagieren?«. Das ist die übliche Weise, Theater zu spielen, und deswegen ist Theater auch meist so langweilig, weil dieses gezielte Denken, das eigentlich schon als Voraussetzung einen Kompromiß in sich hat, sich zu einem großen Teil damit beschäftigt, was diese Leute da, dieses Publikum, eigentlich wollen. Und das geben wir ihnen dann auch. Ganz so simpel ist der Vorgang natürlich nicht. Wenn dieser Hintergedanke auch nur geringfügig hereinspielt, hat das Theater nichts mehr mit Kunst zu tun. Wenn man anfängt zu lügen und zu stilisieren und sich zu arrangieren, dann muß es langweilig und unecht und unehrlich werden.

Einmal sollte ich ein Stück inszenieren, das hieß *Andersonville* oder ähnlich. Es spielte in Amerika, war von einem Amerikaner: Es ging um ein KZ, um den Kommandanten eines KZ. Zu der Zeit, als ich das inszenieren sollte, war gerade der Eichmann-Prozeß. Und dieses Stück konnte man fast als eine Rechtfertigung dieses Kommandanten auslegen. Da waren gewisse Ähnlichkeiten, obwohl ich nicht glaube, daß das Stück gezielt auf die Figur geschrieben war. Ich hatte jedenfalls zu der Zeit Bedenken, das Stück zu bringen. Die Zeitungen waren voll Eichmann-Prozeß. Was wird jetzt passieren? Wir machen ein Stück, das sitzt vielleicht sehr falsch gerade in diesem Moment. Und mit diesen Sorgen rief ich dann den Autor an, der zufälligerweise zu der Zeit in Deutschland war. Ich hatte die Hoffnung, daß er vielleicht etwas ändern würde. Ich sagte unter anderem »Ja, warum haben Sie das so geschrieben? Was haben Sie sich dabei gedacht?« und erhielt als Antwort sehr lakonisch »Well, Peter, you know, it's a play, that's all!« Nun ist das auch mit Vorsicht zu behandeln, besonders da das Stück — und deswegen komme ich darauf — keine sehr große Qualität hatte. Ich habe es dann auch nicht inszeniert. In diesem Fall wäre es, glaube ich, falsch gewesen, das Stück zu diesem Zeitpunkt in Deutschland zu bringen, weil die Qualität dieses Kunstwerkes — man kann es fast kein Kunstwerk nennen,

96

Der Spaßvogel, Bremen, 1964

es war eine recht mäßige Kolportage — nicht groß genug war. Und da sind wir wieder bei demselben Problem. Hier hatte der Autor schon gezielt und kompromitiert und arrangierend geschrieben. Die Überlegungen vor der Abfassung des Stücks hatten also schon einmal nicht viel mit Kunst zu tun. Auf jeden Fall war das »entertainment element« dabei so groß und die Fantasie so klein oder so unwichtig, daß man sich überlegen mußte, ob man es in dieser Situation überhaupt aufführen konnte. Die Frage ist, glaube ich, immer nur eine: Qualität.

Da wir nicht Würstchen machen, sondern Theater, müßte man sich jetzt fragen, was überhaupt vom Theater verlangt wird, was da oben geschehen soll. Ich glaube eben, daß das Geschehen eine Formulierung von Fantasien ist: die Fantasie eines Autors, die Fantasie eines Bühnenbildners, die Fantasie eines Regisseurs, die Fantasie von Schauspielern. Wie in jeder Kunst kommt es darauf an, für diese Fantasie eine Form zu finden und diese Form so klar und deutlich wie möglich dem Publikum gegenüberzustellen.

Wir reden im Moment mit Recht viel über engagiertes Theater. Das ist ein Thema, das in England seit 15 Jahren sehr stark diskutiert wird und das jetzt auch bei uns wieder in der Luft liegt. Ich weiß nicht genau, ob sich die Leute, die darüber reden, alle einig sind, was sie darunter verstehen. Ich weiß, was ich damit meine. Und das ist eigentlich wieder nur das Engagement (nicht für irgend etwas außerhalb des Theaters, für Meinungen oder Politik oder eine Moral), das, was wir uns vorstellen, zu sagen, hemmungslos und ohne Rücksicht darauf, ob es ankommt oder nicht. Das hat die Einschränkung: Wenn das Publikum nicht mehr will, müssen wir aufhören. Dann sind die ganz klaren Grenzen der Gesellschaft gesetzt.

Jetzt noch einmal zum Thema »Das verärgerte Publikum«. Was passiert denn wirklich, wenn Zuschauer sauer sind, wenn sie sich empören? Es ist interessant, daß die meisten Leute, die sich empören, das für jemand anderen tun. In dem eingangs zitierten Brief zum Beispiel ist diese Tendenz auch zu spüren. Ich glaube, alle diese Einwände sind immer die gleichen. Einmal »Ich kann meine Tochter nicht ins Theater bringen« oder »Mit dem, was die da oben machen, wird irgend jemand zutiefst verletzt«. Aber es ist nie oder fast nie der Mensch selber, der schreibt, es sind immer andere, entweder die Jugend oder gläubige Menschen oder Shakespeare oder die Neger. Die werden alle zutiefst verletzt. Und es ist die Frage, ob es überhaupt möglich ist, im Theater wirklich verletzt zu werden. Ich glaube es nicht. Ich glaube nicht, daß eine Verletzung der Art, wie sie zum Beispiel in diesem Brief angedeutet ist, überhaupt stattfinden kann. Ich kann mir nicht vorstellen, daß ein erwachsener Mensch — außer er ist sehr naiv — in irgendeiner Weise in seinem Glauben durch eine parodistische Kommunionsszene verletzt werden kann. Im Gegenteil, sein Glaube — wenn er echt ist — kann nur verstärkt werden. Wenn ich einen Menschen in irgendeiner Weise provoziere, ob ich es beabsichtige oder nicht, kann seine eigene Haltung nur gestärkt werden. Eine Provokation kann die Haltung eines Menschen nie abschwächen, glaube ich, außer es handelt sich wirklich um einen sehr naiven oder schwachen Menschen, und ich kann mich im Theater nicht von vornherein so verhalten, als ob ich in einem Hospital spielte. Verletzt kann eigentlich nur die Eitelkeit der Menschen werden, besonders die Eitelkeit der verschiedenen Klubmitglieder, ob Bundeswehrklub, Spießerklub, Kirchenklub oder nur der Klub traurig verheirateter Ehemänner.

Auch mit der Aufforderung an das Publikum, für etwas Neues ganz offen zu sein, kann man Haltungen und Empfindungen von Menschen nicht überspielen. Solche Dinge sind nicht kaputt zu machen, am wenigsten von der Bühne oder von irgendeinem Kunstwerk her. Sie sind dadurch nur zu verstärken. Aber wo sie verstärkt werden, wo ich wirklich so eine Haltung anstoße, da kann natürlich eine Auseinandersetzung ausgelöst werden. Das ist keine intellektuelle Auseinandersetzung, wenigstens nicht in der Hauptsache, aber es werden gewisse Dinge ausgelöst wie bei dem erwähnten Professor, wo er meinte, verletzt zu sein. Weniger gläubig ist er jetzt bestimmt nicht.

Am wenigsten aber müssen Shakespeare, am wenigsten Schiller vor irgendwelchen Übergriffen beschützt werden; die können sich sehr gut verteidigen und die werden immer so und so gespielt. Und ich meine eigentlich, das billigste Argument, das man von Kritikern hören kann, ist, daß »dieser arme Shakespeare« oder »dieser arme Büchner« jetzt auf der Strecke liegen geblieben ist. Und wenn schon! Wir sind nicht da, um irgend etwas zu erhalten. Entweder erhält es sich selbst, oder es soll eben kaputt gehen. Wenn es nicht die Kraft hat, sich selbst zu erhalten, ist nicht viel daran verloren. Und ich glaube auch nicht, daß eine Aufführung von Shakespeare oder von Schiller, die sehr rüde mit diesem Stück umgeht, 50 andere Aufführungen in irgendeiner Weise beeinflussen kann. Und wenn sie beeinflußt werden, dann liegt da ein guter Grund vor. Es mag zum Beispiel sein, daß ein Dichter oder ein Dramatiker auf der Bühne aus irgendeinem

Hans Peter Hallwachs, Edith Clever in
Nora oder ein Puppenheim, Bremen, 1967

Grund zu einer bestimmten Zeit uninteressant geworden ist. Das kann zehn Jahre dauern, und dann wird er vielleicht wieder interessant. Oder es kann sein, daß ein Aspekt eines Dramas plötzlich besonders interessant wird. Warum soll ich dann diesen Aspekt nicht so betonen, wie es mir im Moment für richtig erscheint.

Nicht weil da unten jetzt das Publikum ist, das erwartet, daß irgend etwas getan wird oder daß man jetzt etwas aktualisieren will. Es ist mir oft unterstellt worden, daß ich probiere zu aktualisieren. Das habe ich, glaube ich, noch nie getan. Ich finde das absurd. Es ist absurd, Shakespeare zu spielen und Leute in ein modernes Kostüm zu stecken und zu sagen »Jetzt spielt das heute«. Das ist dummes Zeug. Wenn bei einer Aufführung wie *Maß für Maß* ein Kritiker als Überschrift schreibt »Shakespeare in Jeans«, weil zwei Leute Jeans getragen haben, dann ist es nur ein Zeichen, daß der Kritiker dumm ist. Der Kritiker in diesem Fall machte das, was leider die meisten Menschen tun: sie suchen schnell ein Schubfach für das, was sie nicht verstanden haben.

Ich möchte eigentlich jetzt abschließen und nur noch einmal betonen, was mir in diesem Zusammenhang am wichtigsten erscheint. Ich glaube, man sollte, wenn man Kunst macht oder wenn man irgend etwas mit Kunst zu tun hat, sie nur an sich selbst messen oder höchstens an anderen Kunstwerken. Man sollte die Courage haben, als Kritiker oder Zuschauer Qualität zu beurteilen. Man sollte sich hinstellen und sagen »Ich finde das gut« oder »Ich finde das schlecht«, »Ich finde das ganz schlecht« und aus diesem Grund oder jenem Grund oder noch einem Grund. Und wir, die wir Theater machen, sollten uns nicht mit den Tabus der Gesellschaft beschäftigen, sollten sie weder gezielt vermeiden noch sie polemisch provozieren. Daraus kann sich nur Opportunismus ergeben. Und das ist wohl das Schlimmste, was es in der Kunst überhaupt gibt.

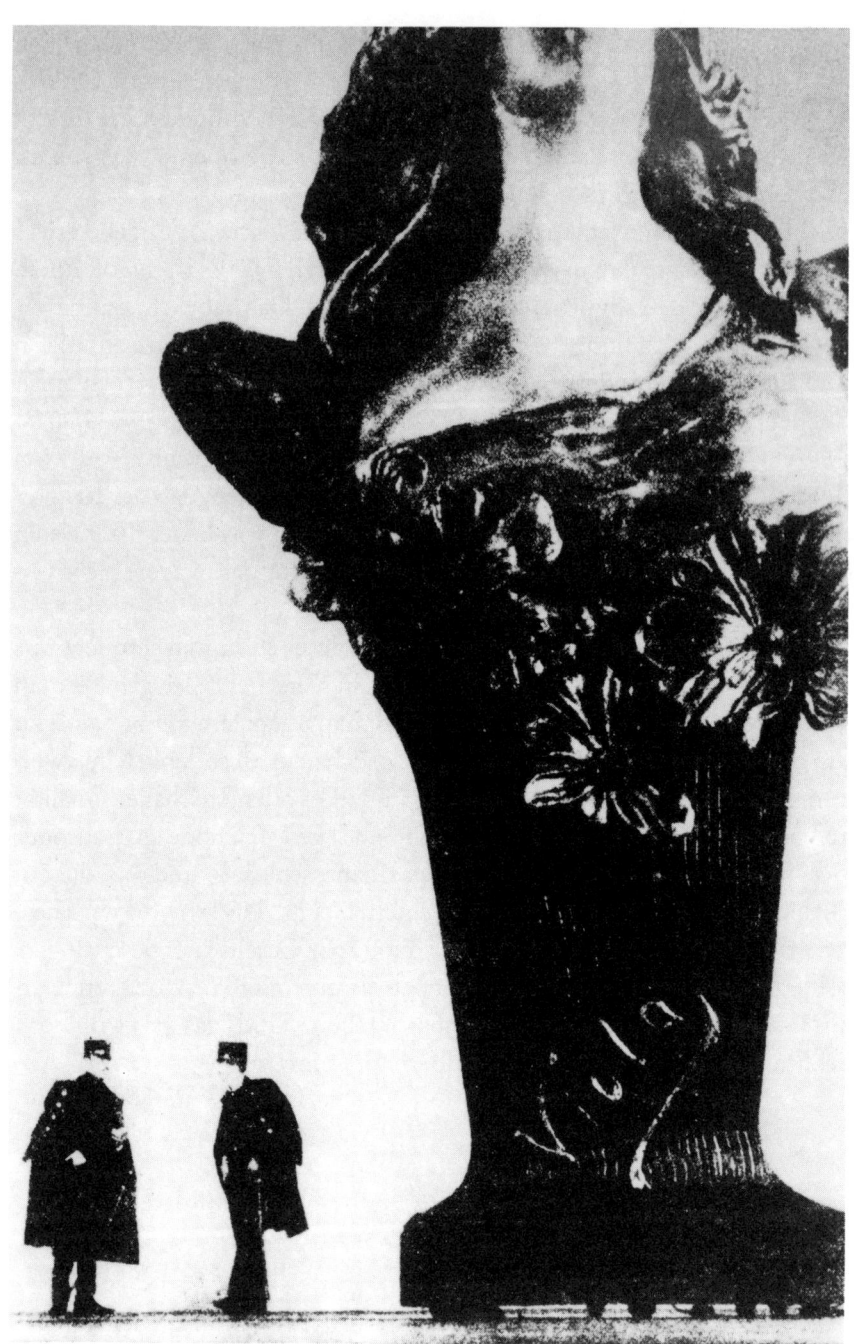

Ein Patriot für mich, Bremen, 1966

Von Elefant zu Intendant
1972

Während *Rotmord* noch sehr von Tankreds Stück bestimmt war und der *Pott* immer noch ein sehr allgemeines Statement machte, wurde *Ich bin ein Elefant Madame* mein persönlichster Film, überhaupt meine persönlichste Aussage bis dann. Er war erst einmal ein erster deutlicher Kommentar zu meinen ersten zehn Jahren Deutschland. Auch beschrieb der Film meine eigene Deutschheit, wie ich dazu stand und wie andere dazu standen. Er rechnete ab mit dem Bremenerlebnis, mit dem Einbruch der Studentenbewegung und der neuen Linken, die ein Klima schafften, das unser Bremer Theater nicht mehr intakt ließ. Die aufopfernde Begeisterung mit der alle – nicht nur Kurt Hübner, Wilfried Minks und ich – dort arbeiteten, wurde (vielleicht zu Recht, aber zum Nachteil der Theaterarbeit), gestört durch *politische Schulung* von Peter Stein und durch politische Hysterie und die Ausnützung von politischen Situationen von den unschöpferischsten Mitarbeitern (wie der Schauspieler und Regisseur Rolf Becker), um sich selber in den Vordergrund zu manipulieren. In der Figur im *Elefant* beschrieb ich eigentlich die Situation des Künstlers, unter Druck sich zu engagieren, seine Tendenz zur Anarchie und, wenn der Druck zu stark wurde, zum Albernen, zur Absurdität. Der Film würdigte das Infantile des Künstlers, seine Aggressivität, seinen Humor und seine ideologische Ungebundenheit. Ich ließ mich ausführlich aus über die deutsche Ordnungsliebe, den Bildungswahn, den Reinheitsfimmel. Der Produzent mußte eine »heiße« Liebesszene kürzen, weil mein Held im richtigen Moment ein Präservativ aus der Tasche zog und das Ende des Films durfte (auf Einspruch des mitproduzierenden WDR) nicht so wie ich es geplant hatte, enden – nämlich mit Rull hockend am Hamburger Dammtor-Kriegsdenkmal. Er sollte hinter dem Namen von jedem Gefallenen das Wort »Arschloch« schreiben. In Sachen Sex würde wohl heute niemand an dem Präservativ Anstoß nehmen, aber ich glaube nicht, daß ein Regisseur, der öfters vorhat, bei einer Fernsehanstalt zu arbeiten, solch eine Szene wie die damals gestrichene Kriegerdenkmal-Szene überhaupt ins Drehbuch schreiben würde.

Die Entstehungsgeschichte vom *Elefant* ist kompliziert gewesen, so kompliziert wie der Film selbst. 1964 gab Kurt Hübner mir den Roman die *Unberatenen* von Thomas Valentin in die Hand. Ob man daraus ein Stück machen könnte? Ich meinte ja, und wir baten Valentin zu uns nach Bremen. Der Roman war über die Schule Ende der fünfziger Jahre, Valentin ein ehemaliger Lehrer, der nach diesem Roman persona non grata in der Penne war, und nun vom Schreiben lebte. Das Buch zeichnete ein scharfes, kritisches und überzeugendes Bild der Schule der fünfziger Jahre, seine politische Indifferenz, seine noch faschistoiden Tendenzen, seinen Konflikt mit frischen Gedanken aller Art. Der Rull der *Unberatenen* war noch ein Idealist, sehr deutsch, wie Valentin selber, wahrheitssuchend und liebend, direkt, ehrlich und humorlos. »Little Luther« nannten ihn seine Freunde. Valentin, der theaterbegeistert war — eine Art von masochistischer Begeisterung für diesen introvertierten narzistischen Menschen — kam nicht nur zum Bearbeiten, sondern auch gleich als Dramaturg. Die Bearbeitung fand ich nicht sehr gut, nachdem er seine erste Fassung gemacht hatte. Die Figuren hatten vis-à-vis dem Roman an Wahrhaftigkeit und Leben verloren. Mein Freund, der englisch-deutsche Autor Robert Muller, war gerade zu Besuch. Er hatte viele Jahre Erfahrung mit Theater und Fernsehen, das Thema interessierte ihn, wir holten ihn dazu, die nächste Fassung zu machen. Der darauffolgende Kampf-Krampf zwischen Valentin und Muller, mit mir als Vermittler und gezwungenerweise als Richter, dauerte viele Monate und kostete viel Nerven. Aber das Resultat, das Theaterstück *Die Unberatenen*, war gut. Ich inszenierte es mit Bruno Ganz in der Hauptrolle, Valentin als Berater im Bühnenbild von Minks, ein technisches Wunderwerk. Ein Riesenerfolg, und in Abwesenheit irgendwelcher größeren deutschen Stücke über die Gegenwart, wichtig. Wir gastierten in London und in Ost-Berlin, Wolfgang Heinz, damals Intendant des Deutschen Theaters in Ost-Berlin, fragte mich, ob ich die *Die Unberatenen* nicht bei ihm inszenieren würde. Ich antwortete, »Nein, ich will kein Stück in Ost-Berlin inszenieren, das sich mit Schulen in der Bundesrepublik auseinandersetze. Aber wenn er ein kritisches Stück bestellen würde über Schulen in der DDR, würde ich das gerne inszenieren.«

Die Unberatenen war eigentlich die letzte meiner Bremer Inszenierungen von der man sagen kann, daß sie mit den ganzen Kräften des Theaters gemacht war. *Nora* (mit Edith Clever) und *Maß für Maß* (mit Edith Clever, Bruno Ganz, Werner Rehm, Jutta Lampe, Wolfgang Schneider, Konstantin Paloff) waren alle beide zwar in Bremen, aber schon merklich in großer Unruhe und teilweise im Widerspruch zum Theater entstanden. Politische Unruhen gab es in Bremen nur in Form von Straßenbahnpreiserhöhungsdemonstrationen. Also von Schülern, nicht von Studenten. Und aus Berlin hörte man es rumoren. In dieser Zeit ist der Gedanke und dann das Buch *Ich bin ein Elefant Madame* entstanden.

Ich hatte den Einfall, die *Unberatenen-Story* auf heute 1968 umzubauen, schon einem Produzenten verkauft — auch wieder durch die Anstrengungen von Rohrbach, übrigens — und entschied mich jetzt Valentin ganz draußenzulassen und die Arbeit mit Muller allein zu machen. Robert und ich gingen auch dann monatelang brav jeden Tag mit unserem Tonbandgerät und Notizblock in die Schule (Das Humanistische Gymnasium, Bremen). Das Denouement der Story (in *Unberatenen* hatten Provokateure ein Hakenkreuz an die Schulmauer gepinselt, damit der Amok-Läufer dafür beschuldigt wurde) wurde geändert: Rull malte sein eigenes Hakenkreuz an die Schulmauer, weil ihm das (im Jahr 1968) als einzige wirkliche Provokation gegen Lehrer und Mitschüler vorkam. Und wir, die wir den Film machten, malten ein Hakenkreuz an die Mauer des Bremer Senats und machten Live-Interviews mit den Leuten, die meinten, das Hakenkreuz sei echt. Wir hatten Glück. Von dem jungen Israeli der hysterisch schrie »SECHS MILLIONEN! Und jetzt schon wieder« und der sich erst beruhigte, als wir ihm die versteckte Kamera zeigten, bis zu dem Herrn »von drüben«, der dem Kameramann vor Wut die Kamera aus der Hand schlug, von dem jungen Mädchen, das fragte, »Ist denn heut' ein besonderer Tag?«, bis zu dem alten Mann der, gefragt, was er mit dem Hakenkreuzschmierer machen würde, antwortete »Aufhängen!«. Und als Guido Baumann, der Interviewer, fragte, »Selber? Mit eigenen Händen?« antwortete er, »Ja, natürlich.« »Aber woher können Sie das denn?« fragte der geschockte Guido. »Aus dem KZ« war die knappe, überzeugende Antwort.

Diese ganze Szene, die sich von dem poppigen Farbfilm durch schwarzweiße Dokumentaraufnahmen absetzte, wirkte gleichzeitig wie ein reales Beweisstück zu einem sehr artifiziellen Kunstwerk, zugleich auch, durch seinen Realitätsgehalt, denunzierend. Um beide diese Dinge, die ich für schlecht hielt, zu vermeiden, mischte ich in dieses dokumentarische schwarz-weiß-Material einige deutlich erfundene Sequenzen, mit pseudo-dokumentarischen Äußerungen von anderen Schauspielern, die der Zuschauer aus dem Film vorher als Schüler erkannte.

Wenn man den Film heute sieht — er wird öfters in Kunstkinos wiederholt, da er eine der ganz wenigen Filme aus der deutschen Studentenbewegung ist — wirkt Bremen sehr schön, die Stimmung in der Schule erregt, manchmal hysterisch, aber bewegt und lebendig. Man wünscht sich, damals dabei gewesen zu sein, statt heute nur noch Examen zu ochsen. Aber für die Schüler damals war der Film, mit seinem frechen Witz, seiner ironischen Haltung zu allem und seinem starken Gefühl für Genuß von Anarchie, ein Affront. Und einer von ihnen sagt das auch im Film selbst.

Hartmut Gehrke und ich (er war mein Mitarbeiter an allen Filmarbeiten von *Rotmord* bis zu *Van der Valk und das Mädchen*) saßen dann fast ein Jahr am Schnitt. *Elefant* ist noch heute für mich meine beste Filmarbeit, subjektiv, engagiert, über Menschen — artifiziell — einen historischen Moment wiedergebend. Und genüßlich. Entertaining. *It's Entertainment.*

Mit dem *Pott* und *Elefant* trennte ich mich nach fast zehnjähriger Zusammenarbeit von Minks (*Rotmord* und *Maß für Maß* waren unsere letzten gemeinsamen Arbeiten, bis wir 1976 die *Geisel* noch mal machten). Meine neuen Partner waren beim *Pott* der Zeichner Guy Pellaert, dessen *Jodelle* mich begeisterte und beim *Elefant* der Kameramann Gerard Vandenberg, der auch von der Graphik und der Photographie kam, und mit seiner fast lässigen jüdisch-holländisch-amerikanischen Mixtur für mich eine neue Art von Partner war, entspannt, heiter, nicht so schrecklich ernst wie die Bremer Mannschaft. Bei Pelleart und Vandenberg fand ich das Spielerische, nach dem ich immer Sehnsucht hatte, aber was meine sehr deutsche Ernsthaftigkeit oft nicht zum Zuge kommen ließ.

Und *Piggies*, den nächsten Film, den ich mit Gerard Vandenberg nach einem Buch von Dorst machte, machte sich lustig über eine andere Art von Spiel, ein Spiel das ich nie mochte, das mir nie lag — das Kulturspiel, das Spiel der deutschen Kulturszene. Der Film hatte scharfe und schöne traurige Szenen, auch böse und witzige, aber er blieb unentschieden und etwas sentimental. Tankreds Identifizierung mit der Szene war zu stark, seine Dichterpose zu endgültig, um wirklich viel Wahrheit in den Film hineinzulassen und wir wurden uns nie ganz einig, worüber der Film eigentlich war. Er befriedigte im Grunde niemanden — weder den WDR, Canaris und

Rohrbach, noch das große Publikum, für das es zu esoterisch war, noch die Piggies selber, die sich weder genug ärgerten über die Denunziation noch sich wirklich freuten über die Erkenntnis. Wir hatten allerdings viel Spaß beim Drehen — der sich in den Film übersetzte — Hannelore Hoger war ganz fabelhaft als frustrierte Goldschmiedin, die, in ein Piggy verliebt, eigentlich Piggies nicht ausstehen konnte. Die zentrale Geschichte vom Film — ein guter Reißer über einen Filmregisseur, der krank war und von keiner Versicherung mehr versichert wurde, also nicht mehr arbeiten konnte und durchdrehte — verlor sich in vielen schönen Details. Den Film könnte man noch mal besser machen, glaube ich.

Nach *Piggies* und während der Zeit, in der ich einen großen Film vorbereitete, *Der Zauberberg*, einen Film, der nach über einem Jahr konzentrierter Arbeit — hauptsächlich mit Leo Lehman am Drehbuch — brutal und willkürlich abgebrochen wurde, durch die verschiedenen opportunistischen Verhaltensweisen von Dr. Kirch, dem Chef der *Beta* Film und Golo Mann, der, obwohl Katja zugestimmt hatte, sich mehr von einem Visconti-Film als von einem Zadek-Film versprach. Vielleicht mit Recht, aber dann hätte er sich früher einmischen sollen. Auf jeden Fall endete hier erstmal mein Interesse am Filmemachen und ich begann, mich wieder ernsthaft im Theater umzusehen. (Es endete übrigens auch das Filmprojekt *Zauberberg*, das bis heute noch nicht gemacht worden ist.) Und ich fing dieses Kapitel an, nämlich in Stuttgart 1970 bei Gottfried Greiffenhagen. Da entschlossen wir uns, es mal mit einem eigenen Theater zu versuchen. Das heißt, ich würde mich mal als Intendant bewerben.

Ich lernte meinen ersten deutschen Intendanten in England kennen, irgendwann Anfang der fünfziger Jahre. Oscar Fritz Schuh gastierte mit einer Aufführung von Strindbergs *Traumspiel* im Sadlers Wells Theatre. Schuh erstaunte mich — als Typ. Ich hatte so einen Theatermann noch nie kennengelernt. Er war Professor und wirkte auch so. Die englischen Theatermanager, die ich kannte, waren entweder reine Geschäftsleute, die durch Zufall und einen guten Riecher ihr Geld beim Theater verdienten, oder, im Ausnahmefall, intuitive Theatergenies, wie der legendäre »Binkie« Beaumont, Manager des (damals) größten kommerziellen Managements H.M. Tennants Ltd., das in der Nachkriegszeit oft bis zu zehn verschiedenen Long Runs in London gleichzeitig laufen hatte.

Beaumont war vom Kassierer aufgestiegen, wurde ein genialer allround-Theatermann, der selber nie direkt produktiv war (zum Beispiel als Regisseur) aber gegebenenfalls die Knopffarbe von der Bluse eines seiner Stars einen Tag vor der Londoner Premiere änderte. Den mit Samt gefütterten Ein-Mann-Fahrstuhl zu seinem Büro zu betreten war eine Zeitlang in London der einzige echte Weg zum Erfolg. So war Schuh nicht. Und so war der zweite deutsche Intendant, den ich bei einer Party in London Ende der fünfziger Jahre kennenlernte, auch nicht. Er hieß Boleslaw Barlog, und erinnerte mich eher an den Trainer einer erfolgreichen Fußballmannschaft. Ich hörte, er sei ein sehr erfolgreicher Intendant und ein exzellenter Regisseur. Ich fand ihn laut, aufdringlich bis zur Peinlichkeit, und sehr »nett«. Die dritte Begegnung fand in Köln statt, 1959. Herbert Maisch, der meine Ionesco-Inszenierung am Kölner Theater am Dom (damals ein Zimmertheater) gesehen hatte, bat mich, an den Städtischen Bühnen *Ein verlorener Brief* von Caragiale zu inszenieren. Maisch war ganz einfach ein General. Fair, anständig, nicht feige, organisierte er seinen »Laden« wie ein Regiment. Daß in diesem Regiment solche Querköpfe wie ich oder Hans Bauer (mit seiner ganz wunderbaren *Wupper*-Inszenierung) vorkamen, verstand ich nicht. Wie ich ähnliche Kuriositäten bei dem scheinbar recht unsensiblen Arno Wüstenhöfer oder Harry Buckwitz oder Hans Schalla auch nicht verstand. Eine Generation von Generälen, die Theater machten — und nicht schlecht, muß man unwillig zugeben, gar nicht schlecht. Aber sie hatten einen Führungsstil, der an die Vergangenheit erinnerte, ein bißchen wie alte Pauker — die alten Pauker, die in der Übergangszeit der sechziger Jahre diejenigen waren, an die sich die Schüler, die was lernen wollten, halten konnten und sich hielten. Natürlich ist dieser Führungsstil heute nicht mehr möglich. Diese Abhängigkeit von den Launen des Prinzipals ist nicht mehr zeitgemäß. Und doch ... ohne Problem ist die veränderte Art von Theaterleitung auch nicht. Die verschiedenen Arten von Mitbestimmung im Theater, die als Resultat von 1968 auch im Theater versucht worden sind, sind zumeist gescheitert. Das spektakulärste Desaster war Palitzsch's Theater in Frankfurt. Palitzsch arbeitete schon seit den Anfängen — zur selben Zeit wie ich — bei Kurt Hübner in Ulm. Als zur Zeit des Mauerbaus die bundesdeutschen Theater aufhörten, Brecht zu spielen, machte Hübner mit Palitzsch als Regisseur in Ulm Brecht. Proteste — aber eine wichtige Runde war gewonnen für die künstlerische Unbefangenheit in diesem Land. Später wurde Palitzsch's Stuttgarter Theater wichtig und berühmt, löste praktisch das Bremer Theater als Mittelpunkttheater in Deutschland ab. Palitzsch's Arbeit basierte auf seiner Interpretation von Brecht, und er hatte ein engagiertes hervorragendes Ensemble um sich versammelt. Schauspieler und Schauspielerinnen wie Roggisch, Hannelore Hoger, Buhre, Höper, Elisabeth Schwarz, Hans Mahnke, Günther Lüders. Aber sein wichtigster Dienst dem deutschen Theater gegenüber war sein Bestehen auf neue deutsche Autoren: Hochhuth, Kipphardt, Walser, Asmodi und viele andere fanden bei Palitzsch zum ersten Mal ein Theater, daß ihre Stücke kontinuierlich spielte — auch mal ein Stück, das nicht ganz erstklassig war. Als Palitzsch nach Frankfurt ging, institutionalisierte er die Mitbestimmung, die eigentlich schon sehr stark vorhanden war in Stuttgart. Palitzsch glaubte wirklich daran, daß nur so ein demokratisches Theater zustande kommen könnte. Er mag recht haben, was das demokratische Theater angeht. Nur Theater ist, glaube ich, gar kein demokratischer Vorgang. In anderen Theatern lief die gesellschaftskritische Welle auch auf Hochtouren, Anfang der siebziger Jahre. Stücke und Aufführungen wurden auf ihren gesellschaftsrelevanten Inhalt geprüft. Regisseure von großer Begabung wie Konrad Swinarski, ein Poet der Regie, verließen ihren stimmigen Weg und wurden Weltverbesserer. Martin Sperr, ein ruppiger bayerischer Poet, der mit einem kleinen Meisterwerk anfing, *Jagdszenen aus*

Gerettet, Berlin, 1968

109

Niederbayern, und dessen zynisch ironisches Temperament ihn zu den wenigen Sophisticates des deutschen Theaters reihte, traf Karl Heinz Braun, der ihm zeigte, wie man ein Stück verständlich, pädagogisch und spießig macht. Sperr hat sich von dieser Begegnung nie erholt. Braun, ein guter Lektor, wurde eine Weile Guru der Gesellschaftskritiker und Boß des Verlags der Autoren, ein an sich exzellenter Einfall, nämlich einer Autorenkooperative, der aber bald sich umfunktionierte in einen Verlag der Gleichschreiber. Wie auch der »Bremer Stil« im Bremer Theater das fatale Ergebnis hatte, das jeder Regisseur scheinbar ganz ohne Absicht, der in Bremen inszenierte, im Bremer Stil arbeitete, so schrieben all die weniger berühmten Autoren des Verlags dieselben Dialoge über dieselben Themen, fast würde man sagen mit derselben Seitenaufteilung. Die Begegnung mit Braun war auch für Peter Weiss tragisch. Braun zeigte mir eines Tages (noch während ich in Bremen Schauspieldirektor war) ein Theaterstück von einem mir unbekannten Autor, Peter Weiss. Es hieß *Marat*. Braun zeigte es mir, weil er wußte, daß ich mich ausführlich mit Genet beschäftigt hatte. Dieses Stück, das ich dann mit Begeisterung las, hatte starke Ähnlichkeiten zum *Balkon*. Es war chaotisch, wüst, von einer Überfülle von ausgefallenen und zum Teil recht unappetitlichen Einfällen. Eine Art historischer Alptraum. Ich las dann auch Weiss' *Abschied von den Eltern*, ein zärtliches, schönes, infantiles Buch, das den Eindruck eines nicht erwachsen gewordenen Autors verstärkte. Ich ließ Braun wissen, daß das Stück mich interessierte. Aber Braun, Weiss und Swinarski hatten schon die »Verbrechtung« begonnen, die dann auch die Readers Digest Qualität dieses Stücks so unterstützte, daß ein schicker Welterfolg daraus wurde. Erst Peter Brook in seiner Londoner Inszenierung fand manche von den verlorenen Wüstheiten wieder, leider zu wenige. Und so marschierte Peter Weiss in das Niemandsland des gesellschaftlichen Theaters, das dann in einer solchen Idiotie wie seinem *Trotzki* kulminierte.

»Schauspielerei ist, die Menschen in die Menschen verliebt und auf sich selber neugierig zu machen. Der Zuschauer soll nicht erzogen oder verbessert werden. Er soll in einen Spiegel sehen und sich dann selber in Ordnung bringen.« *Jürgen Fehling*

Neue Intendanten wurden zu dieser Zeit nicht mehr gewählt, sondern *geheart*. (In Hearings — ein amerikanisches In-Wort der sechziger Jahre, das bedeutete, daß jeder ignorante Depp das plötzliche Recht hatte, jeden Kandidaten solange mit schwachsinnigen Fragen zu belästigen, bis der Kandidat durchdrehte, um dann von dem sich in der Mehrzahl befindenden Ignoranten als »autoritär« oder »faschistisch« genannt zu werden.) Auf diese Weise wurden Intendanten oft ganz einfach von der zahlenstärksten Gruppe in Theater (sei es der Opernchor, oder die Technik, oder beide zusammen) »demokratisch« gewählt. Ein solcher Fall war Waidelich in Essen, dessen Anspruch auf den Intendantenstuhl aus Arbeitsstundenkürzungen bestand. Die Auslese von Intendanten dieser Jahre war kurios und willkürlich, oft durch die Unsicherheit der Kulturbehörden und durch ihre Angst, undemokratisch zu erscheinen. Theater ist zwar ein Produkt für Minderheiten, aber ein Debakel im Theater kann einem verantwortlichen Lokalpolitiker ganz schön zu schaffen machen. Also das Resultat von mehr oder weniger demokratischen Intendantenwahlen brachte Nagel (den progressiven Ästheten) nach Hamburg, Müller (den katholischen Reaktionär) nach München, Ulli Brecht (den enthusiastischen Kunstkenner) nach Düsseldorf, Palitzsch nach Frankfurt und mich, in einem Verfahren, das kein Hearing, sondern eine Verhandlung mit Stadtvätern war, nach Bochum. (Bei einem demokratischen Hearing in Kassel war ich schon rausgeflogen, als ich auf die Frage, ob ich an Mitbestimmung glaube, antwortete »Nein, nicht im Theater.«) Im Mai 1972 sagte ich im Rias dann folgendes zu diesem Thema: »Wie wir Sachen herstellen, das interessiert keinen Menschen. Es interessiert ihn nur, daß was wir herstellen, immer langweiliger wird. Und es ist eine Frage von den Persönlichkeiten, von den Fantasien, von der Qualität, von der Kraft, von der Erotik, von tausend Dingen, die so ein Mensch hat. Und entweder hat dieser Mensch, wer er auch immer ist, die Möglichkeit, Leute mitzureißen und Leute zu interessieren, und die Intelligenz, ihnen Dinge klarzumachen und den Humor, sich mit ihnen auseinanderzusetzen zu können, ohne zusammenzubrechen oder beleidigt zu sein, oder er hat sie nicht, und wenn er sie nicht hat, dann ist es egal, ob irgendwelche Mitbestimmungsrechte ein- oder ausgeräumt werden, weil: es funktioniert ganz bestimmt sowieso nicht, kann es gar nicht.«

Hans Mahnke, Günther Lüders

Der Kaufmann von Venedig in Bochum
1972

Das Mittel der Inszenierung ist eigentlich das Mittel von Hohn, von Spott, wobei ich nicht meine, daß Porzia Witze über die Leute macht. Porzia verulkt sich und ihre Partner (ähnlich wie Shylock an anderen Stellen im Stück). Sie provoziert sie durch künstliches Verhalten, durch permanent künstliches und unerwartetes Verhalten. Sie verhält sich in der Prozeßszene albern, wenigstens hat es den Anschein. Und mit ihrer Albernheit zwingt sie die anderen zu Reaktionen, zu Äußerungen, die sonst nicht passieren würden. Jetzt kommt aber noch ein Punkt hinzu, unser eigentlicher Ausgangspunkt: Auch der Zuschauer wird verunsichert. Er wird genauso angegriffen, sowohl von Shylock (in früheren Szenen) als auch von Porzia (in dieser Szene). Er wird veralbert, provoziert und verunsichert. Also: das Chaos findet nicht nur auf der Bühne statt, sondern auch im Zuschauerraum. Das Mittel ist dem Zuschauer bekannt, doch in diesem Zusammenhang wird er es als verwirrend, deplaziert, ja geradezu peinlich empfinden: oberflächliche, plumpe Komik in Relation zum »heiligen« Begriff der Gnade ist geschmacklos, eine Frechheit. Die etablierten Vorstellungen von Gnade, Recht, Christlichkeit, Güte und (gerade in der Gerichtsszene) von einer Porzia als dem rettenden Engel Gabriel geraten gefährlich ins Wanken. Denn Porzia erfüllt absolut nicht ihr Klischee — aber gerade jetzt verhält sie sich normal und auch für den Zuschauer verständlich naiv. »Ich will mal den Mann spielen«. Und die Bosheit des Zuschauers ist dieselbe Bosheit ihrer Partner, denn jeder wird sich sagen, daß es gar nicht um die Äußerlichkeit ihrer Verkleidung geht, sondern darum, daß sie Recht ausübt, wie auch immer. Und sie spielt den Mann so blöd und so extrem — zusammen mit Nerissa —, bis eine Situation auf der Bühne hergestellt ist, wo alle nur noch im Alleingang agieren und ihre eigenen Vorstellungen (Idées fixes) in extremster Form aus- und weiterführen. Das Wichtigste dabei ist, daß die Verwandlung und die dazu gewählten Mittel für jeden verständlich sind. Es braucht keine besonderen Kenntnisse oder gar Shakespeare-Experten, um zu begreifen, daß eine Frau, die einen Mann spielt, große Schritte macht, mit tiefer Stimme und ganz laut redet, sich burschikos gibt oder eine gewisse Schärfe und männliche Ironie benutzt, ja sogar alle Varianten bis zu einer Art Schwulität durchspielt. Genauso muß und wird auch jeder Mensch, der an seinen etablierten Vorstellungen von Recht und Ordnung hängt, den Antonio verstehen, der ja immer wieder darauf pocht: »Gebt mir mein ordnungsgemäßes Recht«, der sich also gegen jedes Unrecht wehrt: »Bitte bringt mich doch um«; denn so will's die Ordnung.

Und er ist fast empört, wieso das niemand gefälligerweise jetzt gleich tut. Trotzdem wird sich natürlich jeder ordnungsliebende Mensch erst einmal daran stoßen. Doch bieten wir ganz bewußt dem ordnungsliebenden Menschen, der sich daran stößt, eine vielleicht unerwartete Möglichkeit an: das Gelächter. Er darf lachen. Das wird ihm, auf eine sehr befreiende Art, angeboten, vorausgesetzt, der Zuschauer ist gewillt, seine Vorstellung von Recht und Ordnung für zehn Minuten wegzuwerfen. Ein ungeheuer befreiender Vorgang, auch für ihn. Ob das gelingt oder nicht, ist eine andere Frage, aber das ist der Ansatzpunkt. Ein Ansatz, der sehr schwer zu finden ist.

Im Probenstadium ist so etwas kontrollierbar. Wir haben ein oder mehrere Male in dieser Richtung probiert. Dann kam es zu einem Punkt, wo eine Schauspielerin aus genau denselben Gründen, die der Zuschauer haben wird, anfing, Bedenken zu äußern: »Ich kann das eigentlich nicht. Ich habe darüber geschlafen, ich habe nachgedacht, das geht nicht, das ist zu oberflächlich.« Daraufhin hab' ich gesagt: »Na gut, dann machen wir es jetzt einmal nicht oberflächlich. Laß uns die Szene auf eine ganz differenzierte Weise probieren.« Das haben wir auch getan, vier Stunden lang. Und ich habe nicht versucht, das in irgendeiner Weise zu untergraben, sondern sehr ernsthaft gearbeitet, denn nicht nur sie, sondern viele der Schauspieler hatten das Gefühl, das müßte doch eigentlich differenzierter sein. Aber die Schauspieler selbst wurden im Verlauf der Arbeit immer enttäuschter. Sie erinnerten sich an Momente, die sie vorher gefunden hatten. Sie merkten, daß sie sich nicht mehr hingeben konnten, daß die Vorgänge alle viel zu klein blieben und daß die Fantasieausschweifungen, die vorher möglich waren, plötzlich unmöglich wurden. Dann haben wir am Ende der Probe, als eigentlich schon die Stimmung herrschte, na ja, lieber ein anderes Mal,

114

gesagt: »Probieren wir's doch noch einmal, so wie wir's vorgestern angefangen haben.« — Und dann kam geradezu eine Explosion, weil die Schauspieler wie befreit waren: Befreit von der eigenen Wunschvorstellung bzw. Vergewaltigung ihres Unterbewußtseins. Nach der Enttäuschung und Gehemmtheit der vorangegangenen Probe wurde ihre Fantasie immer stärker (immer lustvoller), und sie haben die Prozeßszene — sozusagen in einem Rutsch — durchgespielt auf der höchsten Ebene von Drastik und Komik, die man sich überhaupt vorstellen kann. Also all das, wovon ich vorhin gesprochen habe, fand plötzlich statt. Es war da, ergab sich einfach, obwohl wir die Szene nicht einmal genau gestellt hatten. Ein differenziertes, ungeheuer kompliziertes Bild war entstanden. Und am Ende der Probe saßen alle da und sagten: »Ja ...«

So etwas immer wieder zu erreichen ist ungeheuer schwierig. Man darf sich nicht darauf verlassen, daß der Schauspieler jeden Abend dieselbe Stimmung oder dieselbe Fantasie hat, damit so etwas passiert. Nun beginnt der Prozeß, das alles erst wieder abzubauen und es dann so genau zu machen, daß der Schauspieler es in jeder Stimmung wieder herstellen kann.

Man müßte sich noch mal mit dem Thema Peinlichkeit beschäftigen. Das

Rosel Zech, Brigitte Janner, Hans Mahnke

hängt ja mit den Dingen zusammen, über die wir uns unterhalten haben. Mit dem Wort peinlich verbindet sich sehr viel: Unangenehmes, Widerliches, Scheußliches, Unfeines, Unnuanciertes, Undifferenziertes usw....

Ich komme jetzt langsam immer mehr zu der Überzeugung, daß die Schauspielerei überhaupt erst dort anfängt, wo sie der Schauspieler als peinlich empfindet. Ich habe das selten in Inszenierungen erlebt. Der Schauspieler hatte automatische Sicherungen, auch der Regisseur und auch der Zuschauer, die dafür sorgen, daß es nicht peinlich wird, denn man fürchtet das berühmte Wort, mit dem der Zuschauer aus dem Theater geht: Schmiere.

Natürlich gibt es einen Unterschied zwischen Schmiere und Schmiere und peinlich und peinlich. Es gibt »peinlich« aus Unbeholfenheit und Mangel an Fantasie, und es gibt »peinlich« aus der Tatsache, daß ein Schauspieler sich traut, etwas aufzudecken, was in unserer Gesellschaft nicht aufgedeckt werden darf.

Es ist unmöglich, die Widerstände durch Argumente abzubauen, durch Erklärungen, Besprechungen oder durch Einigung. Du kannst sie nur abbauen, wenn du den Schauspieler dazu bekommst, in einer Probe diesen Moment der Peinlichkeit einmal zu erreichen und du seine Umwelt, die Gruppe von Schauspielern, in der er arbeitet, soweit konditionierst, daß sie ihm immer wieder den Mut gibt — indem sie es auch selbst mit der gleichen Drastik tut — und er den Mut zur Wiederholung hat, daß er weitergeht anstatt zurückzuschrecken.

Für beide, für den Zuschauer wie für den Schauspieler, ist es eine Art Reinigungsprozeß. Es ist ein sehr gefährlicher Prozeß, weil der Schauspieler sich mit Dingen auseinandersetzt, die er sonst nicht bereit ist, irgendeinem Menschen zu erzählen. Jetzt wird von ihm verlangt, daß er jeden Abend darüber spricht, und zwar im Original.

Es geht um die Echtheit und die Sauberkeit der Fantasie und nicht um die Echtheit des Verhaltens. Das Verhalten ist in dieser Inszenierung unlogisch und artifiziell. Es geht um die Echtheit der Fantasie des Schauspielers. Was hat sich der Schauspieler vorgestellt, was hat er sich wirklich vorgestellt in dem Moment, wo er sagt: »...und jetzt werde ich dir das Messer in den Bauch stoßen«? Diese Vorstellung des Schauspielers wirklich sinnlich zu übersetzen, jedesmal und drei Stunden am Abend...

Hamlet
1977

Das Schauspiel-Theater … das Gewissen, die Seele, der innere Mensch. Das Theaterspiel, das der Mensch braucht, um auf tausend Umwegen sein echtes Wesen, das Innen, seine Seele zu finden, darum geht's im *Hamlet*. Das Schauspiel im Schauspiel ist nicht umsonst Mittel- und Höhepunkt des Stückes. Hamlet sagt von sich selber, wie großartig er spielt, Polonius war mal Schauspieler an der Uni, König Claudius (»lächelt und lächelt und ist ein Schurke«) hört nie auf, sich zu verstellen. Wie im Leben, alle spielen Rollen wie verrückt, um zu verhindern, daß andere sie erkennen, und in der Hoffnung, dadurch herauszufinden, wer sie selbst sind.
Laurence Olivier inszenierte seinen Hamlet-Film als »Mann, der sich nicht

Ensemble

117

Ilse Ritter

Ulrich Wildgruber

entscheiden konnte«. Mein Hamlet lebt in einer chaotischen Welt, einer Schein-Welt, und spielt Rollen, beobachtet andere, die Rollen spielen. Er befragt die Welt, die nie lange genug stillhält, um überzeugende Antworten zu geben. Warum hat meine Mutter (die behauptet, meinen Vater geliebt zu haben) so schnell nach des Vaters Tod meinen Onkel geheiratet? Warum werde ich von meinen Freunden Rosenkranz und Güldenstern bespitzelt? Wir fragen: wird er bespitzelt, will man ihm nicht eher helfen? Sind die Väter, die ihre Söhne und Töchter in diesem Stück drangsalieren, autoritäre Dummköpfe?

Oder sind die Söhne und Töchter schwächliche, unvitale Kinder, die ihre Pflichten nicht erfüllen können? Aus Eitelkeit, Bequemlichkeit, Feigheit?

Bereitsein ist alles, sagt Hamlet. Auf den Tod? Auf das Leben? Oder meint er: Bereitsein, sich über das Schauspiel, das das Leben ist, zu mokieren?

Fragen, Fragen ... die uns angehen. Die Antworten, die das Stück Shakespeares gibt, zerfließen wie Vexier-Bilder vor unseren Augen.

Nein, es geht nicht darum, in diesem großen, fantastischen, komischen, gräßlichen, wilden Gedicht über unser Leben Fragen zu beantworten. Es geht darum, die Fragestellung in ihrer Eindringlichkeit sinnlich und poetisch auf der Bühne zu formulieren.

In unserer Arbeit haben wir das Stück über die Schauspielerei der Menschheit befragt und die Schauspieler über ihre Schauspielerei. Was erlebt ein Schauspieler, der den Hamlet spielt, verrückt spielt – vielleicht um seine Angst vor Verrücktheit zu kaschieren – wenn er konfrontiert wird von der Schauspielerin, die als Ophelia verrückt wird – durch seine, durch Hamlets Schuld?

Die Frage ist interessant, wenn sie bei dem Zuschauer dieselben oder ähnliche Fragen auslöst, seine Fantasie sozusagen an diesem Punkt anzapfen kann.

Das Suggestive und, wie ich glaube, der wesentliche Bestandteil von Theater kann in vielen Formen und Verkleidungen Teil des Vorgangs sein. Das ist es, was Theater zu Dichtung macht, zu mehr als das simple äußere Spiegelbild. Suggestion ist das Ertasten des Kanals zwischen der Fantasie des Künstlers und des Zuschauers. Sie ist der Weg, Bilder, Gedanken, Träume in den Kopf des Zuschauers zu setzen, die sich oft nicht decken mit dem, was er auf der Bühne sieht, die ganz verschieden sein können von dem, was er physisch sieht und erlebt.

Ein Hut rollt über eine leere Bühne. Sein Eigentümer ist kurz vorher zum Tode durch das Beil verurteilt worden. Ist der Hut sein Kopf? Bestimmt nicht, aber uns suggeriert er, daß er es ist. Dann kommt der Verurteilte hinterher und holt seinen Hut. Er ist nicht geköpft worden. Das Publikum ist erleichtert. Der Schauspieler fängt plötzlich an zu weinen. Warum ist er traurig? Er lebt doch noch! Er verrät uns den Grund: sein Zwillingsbruder wurde geköpft, der Hut war seiner.

Eine Komödie vom »Hut«? Oder die Tragödie vom »Zwillingsbruder«? Der Begriff Komödie beschreibt nicht den Pegel des Gelächters, sondern den Abstand, die Art von Distanz zwischen Schauspielern und Rollen und auch zwischen Bühnenvorgang und Zuschauer. Tragödien können blöd, Komödien ernst sein. Hamlet ist für mich so eine ernste Komödie. Ich denke da immer wieder an Oscar Wilde, dessen größte Komödie *Bunbury* ja eigentlich heißt: »The importance of being Earnest« — »Die Wichtigkeit ernst zu sein.«

Volkstheater
Interview mit Wolfang Ruf
1988

WR Herr Zadek, zum zweiten Mal leiten Sie ein Theater; aber wie schon in Bochum haben Sie nun auch in Hamburg die Lust an dieser Aufgabe verloren, wollen Sie nicht weitermachen. Was vergrault dem Theatermacher Zadek die Intendantentätigkeit?
PZ Die Bochumer Situation von damals ist mit der heutigen in Hamburg überhaupt nicht zu vergleichen. Das war auch eine ganz andere Zeit. Nach Bochum bin ich 1972 mit der Absicht gegangen, ein Ensemble zusammenzustellen, mit dem man gern arbeitet, eine produktive Arbeitsatmosphäre zu schaffen und ein Publikum zu gewinnen, mit dem man zusammen über ein paar Theaterjahre gehen kann. Das ist gelungen. Ich habe dann aufgehört, weil mir nach drei Jahren erfolgreichen und populären Theaters – für mich eine lange Zeit – die Spannung, die Herausforderung zu klein wurde. Das mag auch damit zu tun haben, daß Bochum eben doch nicht die Großstadtatmosphäre hat, die ich auf Dauer brauche. In Hamburg kam ich in ein größeres Theater mit einer schwierigen Vorgeschichte und in überaus komplizierte Verhältnisse, von der politischen Situation bis hin zur Publikumsstruktur. Aber ich kam dabei auch in eine Stadt, in der ich jahrelang mit großem Erfolg und großem Genuß als Regisseur gearbeitet habe, aber als Gast. Da bin ich eigentlich mit denselben Absichten angetreten: 1400 Plätze allabendlich, das muß ein populäres, ein Volkstheater werden. Denn es wäre doch idiotisch, in einem so großen und so hoch subventionierten Haus wieder so ein kleines und elitäres Theater zu machen. Gewiß haben wir unter der Intendanz von Ivan Nagel wunderschöne Aufführungen zustande gebracht, aber letztlich blieb es doch hochgestochenes Bildungstheater.
WR Und das sollte nun anders werden ...
PZ Also Mitte der 80er Jahre fand ich das völlig überholt und uninteres-

Kleiner Mann was nun?
Verfilmung durch den WDR

Bochum, 1972

sant. Ich wollte für Hamburg ein Volkstheater machen, so wie uns das in Bochum gelungen war. Aber ich habe dann feststellen müssen, daß niemand außer dem Publikum, zu großen Teilen auch ein neues Publikum, in Hamburg solches Theater will. Mir genügt es aber nicht, daß nur das Publikum, das in *Andi* oder in *Lulu* von überall her strömt, dieses Theater will. Ich vermisse auch nicht die Unterstützung der Kritik. Aber die der Elite dieser Stadt, die freilich weniger eine Kultur- als eine Finanzelite ist. Ich spreche dabei nicht von finanzieller Unterstützung, sondern vom Klima, in dem ich arbeite. Im Gegensatz zu Bochum, wo unsere Arbeit voll von der Stadt getragen wurde, wo wir richtiggehend verwöhnt wurden, fehlt mir hier dieser Rückhalt. Was wir machen, ist denen einfach nicht repräsentativ genug. Die wollen ihr Pelzmantel-Theater haben. Sie behaupten zwar, sich darüber zu freuen, die *kids* aus Barmbek in *Andi, Macbeth* oder *Lulu* sitzen zu sehen. Aber wenn ich die Eintrittspreise so zu senken versuche, daß dieses Publikum überhaupt 'reinkommt, oder zu egalisieren, daß es keine riesigen Differenzen und dadurch Klassenschranken im Zuschauerraum gibt, wenn ich also ein Publikum ins Theater locken will, das in Deutschland über lange Zeit malträtiert wurde oder schon gar nicht mehr ins Theater ging, stoße ich auf Widerstände.

WR Ist das der Grund für ihren Rückzug?

PZ Nun, dieses neue Publikum ins Theater zu holen, ihm mit dem Theater eine Alternative zur ekelhaften Ödnis seiner von den Medien vereinnahmten Freizeit zu bieten und damit auch dem Theater einen Ausweg aus seiner Stagnation zu weisen, das ist schon ein riesiger Kraftakt. Denn das ist ja über die eigentliche Produktion hinaus auch mit einer umfangreichen PR-Arbeit verbunden; man muß für einzelne Inszenierungen genauso effektvoll werben, wie für große Filme geworben wird, denn man will dieses Kino-Publikum erreichen. Wenn ich dabei aber nicht zumindest das Gefühl habe, das man bei den Verantwortlichen für die Kultur in dieser Stadt auch will, wird mir das zu anstrengend. Das ist der ausschlaggebende Grund dafür, daß ich meinen Vertrag trotz eines Angebots nicht verlängern möchte.

WR Hat das nicht auch mit Geld zu tun? Kürzlich ging es bei Ihnen doch um Einsparungen von drei Millionen Mark ...

PZ Ich spreche in diesem Zusammenhang gar nicht von Geld. Das Problem mit dem Geld liegt hier doch anders. Die jüngste Auseinandersetzung mit der Stadt Hamburg hat damit zu tun, daß acht Monate, nachdem unser Wirtschaftsplan verabschiedet worden war, plötzlich Einsparungen verlangt wurden. Daß das so nicht ging, hat man auch eingesehen. Und inzwischen ist dieses Problem weitgehend gelöst. Allerdings mußten zwei große Produktionen storniert werden, darunter eine Shakespeare-Inszenierung von Grüber, worüber ich natürlich nicht glücklich bin. Trotzdem können wir weiterarbeiten. Daß hier und überall die Theatersubventionen weniger werden, finde ich nicht besonders schrecklich. Wenn man's lang genug vorher weiß, kann man sich darauf einstellen. Man wird verstärkt nach Sponsoren suchen müssen, man wird mehr *en suite* spielen, man wird mit dem Theater ökonomischer umzugehen lernen ... finde ich all das gar nicht schlimm.

WR Manche Ihrer Kollegen warnen allerdings vor der großen Hoffnung auf Sponsoren.

PZ Ich habe gar keine Angst vor ihnen. Ich kann mit Leuten, die ganz genau wissen, was sie wollen, und ganz sachlich ihre Interessen am Theater, an Publicity und an Prestige — artikulieren, besser umgehen als mit Leuten, die so tun, als würden sie sich für Kultur interessieren. Was mich am meisten irritiert, sind Leute oder Städte, also die Stadt Hamburg in diesem Fall, die so tun, als ginge es tatsächlich um Kultur. Aber in Wirklichkeit interessieren auch sie sich nur für ihr Prestige. Und zwar viel Prestige für möglichst wenig Geld. Da sind mir Verhältnisse wie in England schon lieber: da gibt es etwa ein *Texaco*-Theater, ein Tourneetheater, das Shakespeare spielt. Ich hätte überhaupt nichts gegen ein *Aral*-Theater: es kommt nur darauf an, was man da spielt.

WR Sie sind zwar ein prominenter, aber doch kein Einzelfall. Von Kiel bis Zürich verlassen Intendanten von sich aus den Sessel, der Frust scheint größer als die Lust. Hat das auch mit unserem Theatersystem zu tun?

PZ Gewiß, aber deswegen braucht man nicht deprimiert zu sein. Das Theater hierzulande ist dabei, sich zu wandeln. Das mag zwar ein schmerzhafter Prozeß sein, ist aber notwendig. Seit den späten 70er Jahren ist das Theater doch schon *on the way out*. Ich bin allerdings der Meinung, daß das nicht nur ein Strukturproblem ist, sondern die Frage, welches Theater gespielt wird. Die großen Häuser werden nur überleben können, wenn sie Theater für das große Publikum machen. Sonst läuft ihnen dieses in kommerziell produzierte Musicals weg, wie in *Cats* oder demnächst in Bochum in *Starlight Express* . Ich habe gar nichts gegen diese Musicals, die längst schon das amerikanische und englische Theater überschwemmen, aber sie sind kein Ersatz für das Schauspiel-Erlebnis. Ich glaube nicht, daß sich die Struktur der Theater zuerst sinnvoll verändern kann. Zunächst muß sich der Impuls des Theaterspiels ändern. Man muß wissen, was man mit Theater machen und wen man erreichen will. Deswegen kann die notwendige Veränderung des Theaters nicht von Gremien ausgehen, sondern nur von den Machern. Und diese müssen weg von ihrem Mini-Publikum, sie müssen ein anderes Publikum gewinnen, dazu brauchen sie auch andere Autoren. Ich versuche das ja permanent und lerne dabei auch, daß man große Kompromisse machen muß. Man muß sie eben wie in England beim Fernsehen suchen und dann allmählich dazu erziehen, für dieses neue Theaterpublikum zu denken und zu schreiben. Gewiß kann es neben den großen Bühnen dann auch noch subventionierte kleinere Bühnen für das Theaterexperiment geben. Das ist genauso wichtig. Aber das Experimentiertheater muß aus diesen großen Häusern 'raus. Denn die werden doch nicht subventioniert, damit wir herausfinden können, ob wir *Hamlet* rückwärts oder auf Rollschuhen spielen können.

WR   Sie meinen, daß sich durch eine solche Entwicklung auch das derzeit in vielen Fällen verkrampfte Verhältnis zwischen den Theatermachern und denen, die Subventionen vergeben, entspannen?

PZ   Ich glaube schon, daß die Unruhe, die Schlechtgelauntheit, die zur Zeit über dem Theater liegt, dann schwinden könnte. Schauen Sie, heute sind doch alle, die mit dem Theater zu tun haben, schlecht gelaunt: die Theatermacher selbst, die Geldgeber, die Kritiker. Das liegt daran, daß der eigentliche Impuls fürs Theater außer Sicht geraten ist. In den 60er Jahren war das noch anders. Da waren zwar die Interessen der Geldgeber mit denen der Theatermacher nicht immer identisch. Aber fortlaufend wurde einem im Theater etwas Neues, eine Überraschung geboten. Da hat sich dann der Einsatz, auch der finanzielle, doch gelohnt. Mittlerweile wird aber von allen Seiten nur noch genörgelt. Und weil die Kritiker die geringsten Erfolgserlebnisse haben, sich am wenigsten noch zu profilieren vermögen, nörgeln sie am meisten. Als Theatermacher kann ich mich zumindest noch über eine gelungene und vom Publikum angenommene Inszenierung hin und wieder freuen. Aber für die Presse ist das heutige Theater doch überwiegend eine Serie unangenehmer und langweiliger Veranstaltungen. Als Kritiker, der sich all das ansehen muß, würde ich mich wahrscheinlich erschießen.

WR   Sie arbeiten demnächst wieder als gastierender Regisseur, der im

Rahmen der jeweiligen Bedingungen frei schalten und walten kann. Wenn man nun aber auf Sie zukäme mit dem Angebot, nicht nur diesen Shakespeare und jenen Ayckbourn zu inszenieren, sondern wieder ein ganzes, ein schönes und großes Theater.

PZ   Ich hab' zwar schon nach Bochum gesagt: Nie wieder! Jetzt sage ich: Ein großes Theater, ganz bestimmt nie wieder! Da ich gern mit einem Ensemble, mit einer Gruppe bestimmter Schauspieler über längere Zeit zusammenarbeite, werde ich es als freier Regisseur nicht leicht haben, die dann für eine Zusammenarbeit zu versammeln. So könnte ich schon mal wieder einen festen Ort suchen, an dem ich diesen Kreis ständig zusammenhalten kann. Aber das wird kein großes Theater sein. Da denk ich schon an eine ideale Situation, wie sie etwa Peter Brook in Paris mit seinen *Bouffes du Nord* hat, oder auch Roberto Ciulli offensichtlich mit seinem Theater an der Ruhr in Mülheim. Das scheinen mir auch zeitgemäßere Strukturen. Daß man jedoch hunderte von Leuten fest beschäftigt, ist vom Standpunkt einer Stadt, die Arbeitsplätze erhalten will, verständlich. Aber es ist für die kreative Theaterarbeit einfach absurd. Ich kann mir zwar — und das hat mit meinem Alter zu tun — nicht vorstellen, daß ich mit einer Theatertruppe ständig herumreise wie Ciulli; ich kann mir das eher an einem festen Ort vorstellen, aber nicht mehr innerhalb einer riesigen Organisation.

WR   Knebelt unsere komplizierte Theaterstruktur, dieses gewachsene Geflecht von unterschiedlichen Arbeitszeitregelungen, ausgehandelten Tarifen, Kollektivverträgen, gar das Theater?

PZ   Das ist nicht *der* Knebel, das ist aber eine von den Sachen, die einfach nicht mehr zeitgemäß sind. Wenn man nicht zusieht, daß mit diesen riesigen Theaterapparaten Aufführungen entstehen, die ein noch viel breiteres Publikum erreichen, gerät das Theater zunehmend in Legitimationsnöte. Dann muß man halt auch Unternehmungen wagen wie Robert Hossein, der *Julius Caesar* im Pariser Sportpalast für ein vieltausendköpfiges Publikum spielt. Ich halte aber die Diskussion über unsere veralteten Strukturen nicht für das Wichtigste. Sie sind nicht die Ursache etwa für den Besucherrückgang, für den geringeren Reiz, den das Theater ausstrahlt. Der Grund dafür ist eher, daß wir noch nicht genau wissen, wohin sich das Theater entwickeln könnte. Wenn man das freilich herauszufinden versucht, stößt man auf zuviel Widerstände. Einer von ihnen sind die veralteten Apparate mit ihren blöden Strukturen. Aber wenn der Impuls, der uns etwa damals

127

in Ulm beflügelt hat, stark genug ist, kann nicht einmal ein Schreckensapparat aufregendes Theater verhindern. Man erlebt das ja noch mit einzelnen Inszenierungen, mit Peymanns *Richard III.* oder unserer *Lulu.* Und ich finde die Leistungen, die dieses deutsche Theatersystem in der Zeit, in der ich es kenne, hervorgebracht hat, so enorm, daß man sehr behutsam mit ihnen umgehen sollte. Bevor man anfängt, es aufzugeben, muß man versuchen, es zu verändern. Wenn ich 15 Jahre jünger wäre, würde ich hier auch weitermachen. Dann würd' ich sagen, daß mich die Leute, denen mein erfolgreiches Theater nicht paßt, am Arsch lecken können. Aber ich habe nicht mehr genug Energie, das hier durchzukämpfen und dabei noch zu inszenieren. Wenn ich mich auf künstlerische Arbeit konzentriere, kann ich nicht dazwischen noch mit Stadtvätern, Senatoren und irgendwelchen anderen Fuzzys permanent argumentieren.

WR   Mit den Jahren wächst also das Gefühl, daß man immer weniger Zeit zu verlieren hat ...

PZ   Sicher, je älter ich werde, um so mehr muß ich mich konzentrieren.

Hannelore Hoger, Heinrich Giskes in
Kleiner Mann was nun? Bochum, 1972

128

Früher dachte ich auch beim Inszenieren, ich müßte mich um alle möglichen Kleinigkeiten am Rande kümmern. Heute ist mir vor allem wichtig, wie der Mittelpunkt einer Inszenierung aussieht. Genauso ist es im Ganzen. Mich fünf Monate auf eine Schauspielerin zu konzentrieren, die *Lulu* spielt, ist meine eigentliche Arbeit. Und Sachen, die mich dabei stören, müssen weg. Ich wollte dieses Problem ja zunächst lösen, indem ich Ivan Nagel für die Leitung dieses Theaters wieder zu gewinnen versuchte. Er hat aber gesagt, daß er nichts mehr machen will, was er nicht persönlich verantworten kann. Auch das wird einem wichtiger, wenn man älter wird. Und dazu muß man den Rücken frei haben. Am Ende ist es schon so, daß ich das hier hinwerfe, weil ich wirklich das Gefühl habe, die wollen dieses Theater nicht, diese Stadt will ein Hoftheater, nicht ein wirkliches populäres Theater. Denen wird es schlecht, wenn sie diese ekelhaften Leute aus Barmbek plötzlich auf ihren wunderbaren roten Plüschsesseln sitzen sehen. Und da wird mir aber schlecht ...

Rosel Zech, Brigitte Janner, Ulrich Wildgruber in
König Lear, Bochum, 1974

Rosel Zech, Magdalena Montezuma, Ulrich Wildgruber in
König Lear, Bochum, 1974

VOLKSTHEATER
SHAKESPEARE

Coghill, Shakespeare
1980

Meine erste Begegnung mit Shakespeare war noch vor dem Krieg. Zwei Aufführungen mit Peggy Ashcroft: Die eine, *Was ihr wollt*, trägt dazu bei, daß ich dazu neige, Viola und ihre vielen Nachkommen in der englischen Literatur und auf der Bühne als jungfräuliche junge Damen aus der englischen Oberschicht zu sehen, knabenhaft in der Figur, hochflötend in der Stimme, lächelnd, quick und blauäugig. Dieselbe fabelhafte Peggy Ashcroft sah ich dann in derselben Saison als Portia in einer Aufführung, in der John Gielgud den sicherlich widerlichsten Shylock spielte, den ich je sah — bis Alec Guiness ihn als Fagin im Oliver Twist-Film verkappte, viele Jahre später.* Gielguds Shylock gegenüber der reinen, empörten, charmanten, aber sehr entschlossenen Portia der Ashcroft gesehen zu haben, war wichtig. Seit '45 war es lange nicht mehr so leicht, verständlicherweise, besonders in Deutschland. Die zwei Male, daß ich den *Kaufmann* in Deutschland inszenierte, erst mit Norbert Kappen als Shylock und Elisabeth Orth als Portia (in Ulm 1960), und das zweite Mal in Bochum mit dem herrlichen Hans Mahnke als Shylock und Rosel Zech als Portia, unterliefen die Hauptdarsteller mein Vorhaben. Beides waren deutsche (nicht jüdische) Schauspieler, die die Nazizeit entweder direkt oder gerade noch so erlebt hatten. Beide waren nicht imstande, obwohl sie einsahen, daß es richtiger wäre, es zu tun, »böse«, »schmierige«, »Stürmer« Juden mit Überzeugung darzustellen. In beiden Versionen spiegelte sich der Kampf in dem Schauspieler selbst, zwischen dem Künstler, der sah, wieviel größer die Kraft des Stückes ist, wenn es nicht um Sympathie, sondern um Recht geht, und bei dem Deutschen, der sich mit einem »anti-semitischen« Juden nicht vor ein deutsches Publikum stellen wollte. Immerhin genügte wohl trotzdem das Negative der Darstellungen. Hellmuth Karasek, damals Kritiker der

* Und Hermann Lause in Zingers *Kaufmann* Aufführung, Köln, 1979: Lauses Shylock erfüllte das erste Mal meine Vorstellung von der Rolle.

»Stuttgarter Zeitung«, meldete sich bei mir nach der Ulmer Vorstellung und fragte mich, »Wie können Sie, als Jude, so etwas tun?«. Na ja, wenn ich, als Jude, es nicht tue, wer denn dann? Und wenn es niemand tut, wie lange wollen wir noch die Aggressivität, die die Deutschen mit ihrem schlechten Gewissen den Juden gegenüber haben, schüren? Heute ist das Problem allerdings weitgehend in der Praxis gelöst, da Israel und Juden ja zwei ganz verschiedene Dinge sind, und es »progressiv« ist, Anti-Israelisch und Pro-Arabisch zu sein. Daß das der späte Ausläufer des verdrängten Schuldkomplexes der Deutschen sein könnte, gilt als reaktionäre Meinung. Bei dem Berliner Theatertreffen, allerdings, löste Mahnkes halbherzig antisemitischer Shylock noch im Jahre '73 einen echten Skandal aus. Die Berliner Presse — immer fünf bis zehn Jahre hinter der Bundesdeutschen — konnte sich gar nicht mehr beruhigen. Die Jury, die die Aufführung nach Berlin geholt hatte, war blamiert. Auf dem Fest, das nachher stattfand, bei dem peinlich berührte Mitglieder der Jury in irgendwelchen Ecken standen und versuchten, unsichtbar zu werden, lernte ich den höhnisch, freudig auflachenden Daniel Spoerri kennen, der vor Freude über den Sieg singend mit mir durch den Saal tanzte. (Seitdem haben wir, zwar nicht immer singend, aber immer freudig, zweimal Theater zusammen gemacht: einmal *Professor Unrat* [Variationen über die Deutschen] und *Das Wintermärchen* in Hamburg).

Es wäre unwahr zu behaupten, daß Shakespeare mich als Junge oder als Jüngling besonders interessiert hat. Als Junge las ich überhaupt nur Kampffliegerromane, und als Jüngling siebzehn Mal *Vom Winde verweht*. Überhaupt hat mich Theater nicht besonders interessiert, solange als Alternative im Kino *Captain Blood* mit Errol Flynn zu sehen war. Dazu kam bei Shakespeare für mich die Schwierigkeit mit der Sprache — schwer genug Englisch lernen zu müssen, aber dann noch das unverständliche Shakespeare-Englisch dazu! Die Sache mit den Sprachen war überhaupt ein Problem. Ab 1933, das Jahr in dem wir nach England auswanderten, wurde kein Wort Deutsch mehr zu Hause gestattet. Teilweise, damit das Kind schneller Englisch lernt, teilweise, weil die Deutschen plötzlich unsere Feinde geworden waren. Die deutschen Bücher, die ich normalerweise langsam von den Bücherregalen meiner Eltern gelesen hätte (die unanständigen zuerst, natürlich), interessierten mich immer weniger, und geschenkt wurden mir als Junge nur englische Bücher. (Einzige Ausnahme war übrigens Erich Kästner, den meine Eltern mir aus Deutschland besorgen ließen. Der war wohl O. K. Da ich aber mit zehn schon jeden Kontakt zu Berliner Spaßvögeln wie Gustav mit der Hupe oder Gottfried Klepperbein, den Schweinehund, verloren hatte, klappte das auch nicht so ganz). Ich lernte zwar gezwungenermaßen recht schnell Englisch, fand aber natürlich erst Zugang zu simpler Lektüre, und jeder Versuch, mich für englische Literatur von Shelley bis zu Dickens zu begeistern, scheiterte. Also ging ich ins Kino. Und ins Theater – aber nur wenn keine Klassiker dran waren. Die paar Ausnahmen waren gemeinsame Theaterbesuche mit meinen Eltern. Da aber meine Eltern, wenn sie englische Klassikeraufführungen erlebten, wie die eben erwähnten Auftritte von Peggy Ashcroft, im besten Falle immer Vergleiche mit der Bergner und dem Bassermann anstellten, (immer zum Nachteil der englischen Stars, versteht sich) wurde mein Enthusiasmus für Shakespeare auch nicht besonders gefördert. Wie das englische Theater das neue Leben in den griechischen Stücken Professor Gilbert Murray's zu verdanken hat, so war die Arbeit von Nevill Coghill in Oxford und George Rylands in Cambridge, beide in den vierziger und fünfziger Jahren, wesentlich für das Verständnis von Shakespeare der Generation, die während und nach dem Krieg Shakespeare als Studium oder, wie ich, Shakespeare als Entdeckung des aufregenden Theatermanns der Weltgeschichte spürten. Die Lüftung und Entmiefung von Shakespeare, die Regisseure wie John Barton, Peter Hall und Johnathan Miller als direkte Folge ihrer Arbeit in Cambridge und Tynan, der Kritiker, und Peter Brook, die aus Oxford kamen, über Jahre vornahmen, hatte nicht wenig mit Coghill und Rylands zu tun. Rylands kannte ich nicht, Nevill Coghill hingegen, obwohl ich fachlich an der Uni nichts mit ihm zu tun hatte, war für mich die wichtigste Begegnung während der zwei Jahre, die ich, einmal während des Krieges, einmal direkt nach dem Krieg, in Oxford verbrachte.

Weder das erste Mal, daß ich an die Uni ging – mit 18, viel zu früh – um im St. Johns College Französisch und Deutsch zu studieren, noch das zweite Mal, 1946, als ich mein Studium beenden sollte, aber nach knapp einem Jahr das Ganze hinschmiß, um an die neu gegründete Old Vic Theatre School zu gehen – beide Male war die Uni für mich eine Pleite, oder sie wäre es gewesen ohne die Oxford University Dramatic Society (OUDS genannt) und, last not least, ihren Chef, Mentor, Guru und Regisseur, Nevill Coghill. Die gezwungene häusliche Enthaltsamkeit in Sachen deutsch und Deutschland und auch deutsche Literatur, hatte schon früher dazu geführt, daß Germanistik mein Hauptthema wurde fürs Abitur. Das blieb es, mit französischer Literatur zusammen, auch an der Uni. Ich holte in rasender Schnelle lesend ein, was mir im Deutschen über die Jahre gefehlt hatte. Büchner und auch Balzac und Molière beschäftigten mich wie moderne Autoren, und die akademischen Vorträge über Literatur langweilten mich ungeheuerlich. Außerdem beschäftigte mich Geigespielen fast ausschließlich, und die damals sehr versnobte Studentenschaft (während des Krieges), welche überalterte, und die nur schnell ihr Examen machen wollte (nach dem Krieg), hatte ganz andere Probleme und Interessen als ich. Kein Wunder, daß ich schon aus gesellschaftlichen Gründen bald bei der Dramatic Society landete. Hier fanden denn meine ersten und (mehr oder weniger) letzten schauspielerischen Versuche statt. Ich war immer ein miserabler Schauspieler und wurde als solcher bestimmt nur geduldet, weil ich als Typ etwas ausgefallen war. Coghill liebte besonders die verschrobenen schwierigen Stücke von Shakespeare — in *Maß für Maß* und im *Wintermärchen* spielte ich kleine Rollen und lernte zum ersten Male wie heiter und frei man mit Literatur umgehen konnte, wenn man sie verstand und liebte. Daß Coghill mit größter Kompliziertheit seinen Shakespeare und seinen Chaucer verstand, ist außer Frage. Wie heiter er damit umging, läßt sich am besten daran messen, daß der Nevill Coghill später mit Martin Starkie die Musical-Bearbeitung von *Canterbury Tales* machte, die sogar die deutschen Bühnen erreichte und ein Welterfolg wurde. Daß er auch der Entdekker von vielen Schauspielertalenten wie Richard Burton, der in *Maß für Maß* den Angelo spielte, war, wissen nicht so viele.

Was war die besondere Qualität seines Umgangs mit Shakespeare, als Gelehrter und als Regisseur? Ich wünschte, ich könnte es knapp und pointiert formulieren, da es bestimmt noch heute der stärkste einzelne Einfluß auf meine Shakespeare-Arbeit und mein Shakespeare-Verständnis ist.

Über die *Maß für Maß* Aufführung Coghills In Oxford
von Stanley Parker
1944

»Ich sehe Shakespeare gern von begabten Amateuren gespielt, denn er braucht die glatte Sicherheit der Profis nicht ...« so schrieb ich vor einem Jahr, nachdem ich Mr. Nevill Coghills Inszenierung von *Was ihr wollt* gesehen hatte.

Viele Leute — besonders professionelle Schauspieler — dachten, daß ich dummes Zeug rede, und sagten es auch. Jetzt höre ich, daß meine Meinung von einem Mann, der nicht nur einfach Schauspieler, sondern einer der ganz Großen seines Berufes ist, von niemand geringerem als Mr. John Gielgud, unterstützt wird. Gielgud bat Coghill, den *Sommernachtstraum* für ihn in London zu inszenieren.

Gestern morgen saß ich in York und dachte: es ist doch Ironie des Schicksals, daß so ein »lautstarker« Freund von Mr. Coghill wie ich es bin, seine neueste Produktion für die »Freunde der OUDS« nicht sehen soll.

Aber Gedanken sind bisweilen lähmend, wenn sie Taten nicht ermöglichen. Innerhalb der nächsten halben Stunde war ich im Zug, und innerhalb von neun Stunden war ich in Oxford, eine weitere Stunde später in Wien, während der Renaissance.

GUTE BÜHNE

Mr. Coghill hat seinen Spielort klug gewählt, das Kloster der Christ-church mit seinen efeubewachsenen Wänden, seinen langen Treppen und den endlosen Korridoren läßt das Wien aus Shakespeares Träumen, wenn auch nicht das Wien aus dem Baedeker, vollkommen wiederentstehen. Und wenn er es mit ausgelassenen Leuten (von Miss Valerie Johnson lustig und unpedantisch angezogen) füllt, und von Harfen und Pauken erklingen läßt, dann kann selbst der Anblick eines Erstsemesters, der in einiger Entfernung sein Rad vorbeischiebt, einen nicht entzaubern. Auch die Natur unterstützte Mr. Coghill. Die »unsichtbaren Winde« scheinen hier immer

136

Ferien zu haben, und die schnell ziehenden Wolken haben sich in der Kuppel seines »Zuschauerraums« hoch aufgetürmt, hin und wieder eine Flut von Sonne auf die Steine fallen lassen und so die stürmischen Teile des Stücks noch gesteigert. Besonders als Miss Kathleen Masters, eine echte »Gesegnete Jungfrau« hereingefegt kommt, in ihr eigenes dunkles Haar mindestens so verstrickt, wie in ihr Schicksal; und Mr. Richard Burton, der personifizierte »Stolze Mann«, vom Thron der Gerechtigkeit stürzt, Kämpfe mit seinem niederen Selbst kämpft, sich die Schläfen mit lebenden Schlangen fächelt, und sein scharlachfarbenes Gewand in Flammen aufgeht. (Wir werden mehr von Mr. Burton hören, in größerem, wenn auch nicht bedeutenderem Rahmen.)

Das würde ich von Mr. Paul Haeffner auch sagen, mit seinen ernsten Ansprachen und seinem asketischen Gebaren wird er zum Leitbild der Aufführung, und wenn er seine Mönchskutte abwirft, dann haben wir einmal einen Hauptdarsteller vor uns.

Eine Hauptdarstellerin haben wir in Miss Betty Hughes als Isabella die ganze Zeit gehabt. Sie konnte kaum je von der Bühne, denn, wenn ihr beredter Meister nicht eine zweite Fay Compton aus ihr macht, wird Mr. George Black sie schnappen und in die Fußstapfen von Frances Day stellen, denn sie ist wirklich ein reizendes Geschöpf. Einige Leute sind unzufrieden mit ihrer Besetzung als prüdes Mädchen, aber ich glaube, daß das gerade beabsichtigt war, der zuckrige Überzug der bitteren Pille. Und in der letzten Szene fällt sie auf die Knie und wird so wirklich groß. Ich fand hier alle Protagonisten unerwartet gut.

So war es wirklich. Alle schienen ihren großen Momenten entgegenzuwachsen. Mr. John Wain erweckte unser—wenn auch allem Anschein nach nicht Isabellas—Mitleid als Claudio. Miss Elaine Brunner als Mariana, war für uns, wenn auch nicht für Angelo, eine kostbare Perle. Mr. Arthur Ashby erstaunte uns als Lucio, als seine Stunde kam, durch eine völlig neue Interpretation der Verratsszene, während Mr. Aubrey Russ — ein geborener Shakespeare-Clown — in jedem Moment aus seiner Rolle das Beste machte.

Mr. William Isola gab Bruder Peter lateinische Authentizität, und Harold Hanbury dem Scharfrichter Boris Karloffsche Gruseligkeit (vermengt mit Claude Hulbertscher Trotteligkeit). Den Herren Peter Zadek, Roger Green, George Fulleylove und den Damen Frances Fraser und Daruca Reichsmann gebührt mehr Raum als ich habe. Ich muß trotz allem Platz

137

für Master Tony Neale finden, denn er sang für Miss Elisabeth Godley ein Lied, er sang es so schön, wie es geschrieben ist ...

Sie werden fragen, war die Reise wirklich nötig? Ja! Ein Pilger muß hin und wieder eine Wallfahrt machen — und dies war ein würdiges Ziel.

Anarchie der Gefühle
Ein Gespräch mit Benjamin Henrichs
1976

BH   Herr Zadek, mir ist aufgefallen, daß von den bekannten deutschen
Regisseuren Ihre Arbeiten eigentlich die sind, die die meisten Aggressionen auslösen. Die Arbeiten von Peter Stein und Rudolf Noelte zum Beispiel werden allgemein bewundert auch von solchen Leuten, die den Regisseuren ideologisch mißtrauen. Die Arbeiten von Klaus Michael Grüber
werden zwar nur von wenigen verstanden, aber doch von den meisten so
als etwas Rätselhaftes und Fernes immerhin respektiert. Bei Ihren Arbeiten dagegen kommt es eigentlich fast immer zu den allerheftigsten Reaktionen, zu einer sehr heftigen Begeisterung oder einer heftigen Wut. Was
hat das für Gründe? Was ärgert die Leute so an Ihnen?
PZ   Ja. Ich probiere gerade nachzudenken. Es gibt also Inszenierungen
von mir, bei denen das nicht der Fall war, die fand ich dann auch langweilig.
Ich erinnere mich, ich hab' vor ungefähr zehn Jahren eine Inszenierung gemacht, die ungeheuer gut angekommen ist, überall und auch beim Theatertreffen, das war *Frühlingserwachen*, und die habe ich mir jetzt gerade mal
wieder angesehen — die wurde ausgezeichnet — und die fanden alle toll,
außer mir. Ich fand sie perfekt und langweilig.
BH   Die *Bochumer Möwe* fanden aber auch fast alle toll!
PZ   Ja, das hat mich auch unheimlich irritiert. Das hat mich wirklich verstört. Ja, ich weiß nicht, ich kann das nicht genau beantworten.
BH   Vielleicht können wir's ein bißchen beantworten, wenn ich ein Beispiel dafür sage: Ich erinnere mich an die letzte Hamburger Inszenierung
von Ihnen, das war *Die Wildente*, ungefähr vor einem Jahr. Da spielt Ulrich
Wildgruber den Hjalmar Ekdal. Schon in der Pause waren einige Leute
furchtbar entrüstet darüber, daß der Wildgruber so undeutlich spricht, daß
er sich so unvorteilhaft bewegt. Offenbar ist er vielen Leuten doch sehr auf
die Nerven gegangen an diesem Abend, weil er bestimmten Vorstellungen,

wie ein Schauspieler sich zu verhalten habe, offenbar sehr widerspricht. Wenn Sie sagen können, warum Sie mit einem Schauspieler wie Wildgruber so gerne zusammenarbeiten, dann ist es auch vielleicht ein bißchen eine Antwort auf die erste Frage.

PZ Das weiß ich nicht. Aber ich kann Ihnen auf jeden Fall sagen — das ist natürlich sehr kompliziert, warum man mit einem Schauspieler so gern so oft zusammenarbeitet — aber ein ganz wesentlicher Grund, daß ich gern mit ihm zusammenarbeite, mehr als gerne, fast manisch gerne, ist, daß er die aktivste, lebendigste und weiterentwickeltste Fantasie hat von irgendeinem Schauspieler, den ich kenne, der bereit ist, die ausgefallensten Vorschläge, ob sie vom Stück kommen, ob sie von mir kommen, oder von einem anderen Schauspieler, oder aus Situationen sich ergeben, aufzunehmen, wohl wissend, daß er sie nicht verkörpern kann. Also einen Versuch anbietet mit einer Nebenbemerkung, die, wie mir scheint, eine Art ureigensten Rätsels enthält. Und ich glaube, das ist der Irritationspunkt, der mich interessiert: Er macht etwas, was in sich wirklich künstlich ist, er hat erkannt, daß alles, was Kunst ist, nur absolut künstlich sein kann. Gleichzeitig bewegt er sich andauernd und genau an der gegebenen Realität entlang: Wenn er ein Glas trinkt als Hjalmar Ekdal und dabei schlappert was 'rüber und macht dann eine kleine Zuckung von seinem linken Augenlid oder irgend etwas anderes und dabei einen unverständlichen Satz sagt, der wahrscheinlich der wichtigste Satz im Stück ist — das ist so ein Vorgang, der sehr typisch ist für Wildgruber, dann kriegt der Zuschauer die Information beiläufig mitgeliefert, daß da eigentlich nicht Hjalmar Ekdal ist, sondern das ist Herr Wildgruber, der sich vorstellt oder in seiner Vorstellung herstellt, wie das vielleicht wäre mit Hjalmar Ekdal, um einen extremeren Punkt zu nehmen. Sie sagen, wir arbeiten gerade an *Othello*. Othello ist der Tradition nach ein gerader, nobler, toller, schöner, gutgewachsener und so weiter bißchen dummer Neger. Und der Wildgruber ist ein nicht sehr großer, nicht sehr schlanker, kaputter, intellektuell zerfaselter, verfahrener Spinner. Also wirklich alles genau das Gegenteil. Nur, da ich meine, ihn recht gut zu kennen, schien's mir, daß er mit seiner Fantasie gerade die Naivität von diesem Neger — von diesem Shakespeare-Neger, wohl gemerkt, also kein realer Neger, sondern auch wieder ein künstlicher Vorgang — diese künstlich erfundene Naivität kapieren und aussprechen könnte, ohne den geringsten Versuch dabei zu machen, einen Neger zu spielen.

Eva Mattes, Ulrich Wildgruber in
Othello, Hamburg, 1976

BH   Aber der banale Vorgang, der artistische, was in Hamburg – und ja eigentlich überall wo Wildgruber auftritt – Anstoß erregt, ist so eine Sache. Spricht er schlecht? Finden Sie, daß er schlecht spricht? Merken Sie das, stört Sie das? Arbeiten Sie daran oder interessiert Sie das in der Arbeit mit Wildgruber gar nicht?

PZ   Ja, das ist eine Frage. Im Zweifelsfalle, also im Falle wo ich auszuwählen habe zwischen einer Formalisierung der Sprache, die dem inneren Rhythmus des Schauspielers nicht entspricht, und einer Unverständlichkeit oder Schludrigkeit an manchen Stellen, optiere ich natürlich für die Schludrigkeit. Das tue ich nicht immer und das tue ich, glaube ich, nur, wo die Qualität der Schludrigkeit so groß ist. Ich tue es nicht, wenn das Ihre Frage ist, um irgend jemand zu provozieren. Das heißt, wenn Wildgruber, was er jetzt schon tut – und schafft, was ich das allerschwierigste finde – nämlich seine chaotische Fantasie deutlicher zu formulieren ohne das Chaos kaputtzumachen, ist es noch viel aufregender. Das ist eine Frage von der Entwicklung von Wildgruber. Aber ich arbeite erst eine ganz kurze Zeit mit ihm. Ich arbeite erst seit vier Jahren mit ihm. Das ist für eine Zusammenarbeit mit einem Schauspieler null. Die Arbeit mit Wildgruber ist für mich wie bei nur allerbesten Schauspielern eine andauernde Improvi-

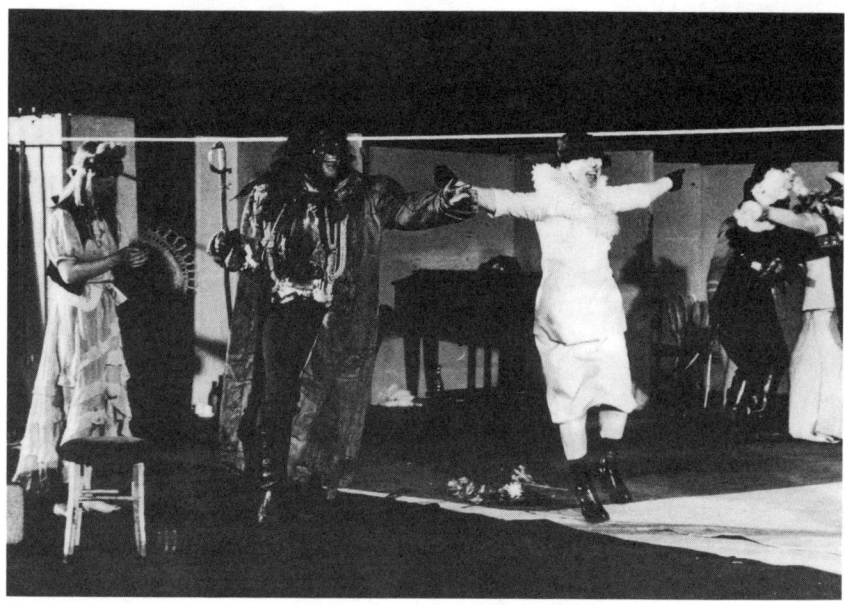

Ulrich Wildgruber, Eva Mattes

142

sationsarbeit, die sich immer mehr auf einen Punkt fixiert. Das heißt: Er arbeitet um eine Idee, um eine Situation, um eine andere Figur oder um irgend etwas herum, was ihm vorschwebt in seinem Kopf, das er auch nicht ganz genau weiß, und ich auch nicht ganz genau weiß, aber so ungefähr, und dann probiert man es noch mal und dann unterhält man sich und sagt, sollte sich der Hjalmar vielleicht in der Szene doch nicht an irgend etwas anderes erinnern, während er all das tut? Und dann arbeitet man von da an weiter und merkt, daß das falsch ist. Aber es bleibt trotzdem was hängen, und langsam kommt es an den Punkt, wo man mehr oder weniger fixiert – ich sag' mehr oder weniger, weil ich eine endgültige Fixierung oder Abgeschlossenheit sozusagen des Kunstwerks nicht will, daran liegt mir gar nichts. Und das will ich weder bei Wildgruber noch bei irgend jemand anders.

BH Aber das ist vielleicht eine Antwort auf meine Anfangsfrage: Was ärgert die Leute an Zadek? Es ist doch eine verbreitete Vorstellung, daß eine Theateraufführung um so besser ist, je näher sie dem Zustand der Vollkommenheit kommt.

PZ Ja, das hat damit bestimmt zu tun.

BH Unvollkommenheit vor allem, wenn die Zuschauer spüren – es ist

Heinrich Giskes, Ulrich Wildgruber

143

eine gewollte Unvollkommenheit — hat natürlich etwas Provozierendes.

PZ Ja, es hat etwas Verunsicherndes, glaube ich.

BH Macht Ihnen dieser Effekt beim Publikum keinen Spaß?

PZ Auch, ja. Als ich zuerst mit Wirkung gearbeitet habe, also als ich so weit war, daß ich meine Inszenierung ungefähr so machen konnte, wie ich sie mir vorstellte, da hat mir das ganz besonders viel Spaß gemacht, das gebe ich zu — der Grad von Verunsicherung beim Zuschauer. Jetzt ist es ein Nebenprodukt, weil ich mich mittlerweile auch gefragt habe, was ich da eigentlich mache. Und ich glaube, das was ich mache oder versuche zu machen, ist, was jeder versucht zu machen, der irgendwas mit Kunst zu tun hat — sein eigene Welt darzustellen. Und da meine Welt, die Welt, in der ich lebe oder ich empfinde um mich, eine wahnsinnig komplizierte und ungelöste Welt ist, probier' ich eigentlich darzustellen, wie die Probleme ungelöst sind und wie die Welt chaotisch oder beängstigend oder auch komisch oder nur blöd ist, aber ohne irgendwelche Antworten auf die Probleme zu geben, Antworten, die ich selber nicht weiß. Die Einladung an den Zuschauer von mir ist, mitzusuchen, wohl wissend, daß am Ende von dem Suchen nur ganz partielle Stückchen vom Finden da sind. Ich bin sicher, daß für einen großen Teil des Publikums, das nicht nur ungewohnt, sondern ganz furchtbar schwierig ist. Das ist richtig. Also wenn mal jemand sagt, »Komm, jetzt gehen wir doch mal hier spazieren«, dann sagen die erst mal »wohin?« Und da sag' ich, »Weiß ich nicht, aber von hier aus sieht's interessant aus, mal sehen«. Und da geht man da so durch oder fährt man erst in irgend so ein Loch 'rein und da sage ich, »Entschuldigung, tut mir furchtbar leid, ich wußte nicht, daß da ein Loch ist«. Ich finde, es ist doch so ein Abenteuer dabei. Für mich ist das immer wieder ein irrsinniges Abenteuer und ich glaube auch für die Schauspieler und für einen großen Teil des Publikums. Ich sage einen großen Teil, es muß ja ein recht großer Teil sein, weil ja, obwohl sie sauer sind, ganz viele Leute 'reingehen und sich das gefallen lassen. Das Empfinden für Abenteuer, wohin es auch immer geht, ob das nun in Ibsenland ist oder ob es unter die Neger auf Cyprus führt — das Empfinden für Abenteuer ist mittlerweile etwas, was nicht mehr bedient wird, und ich meine, das Theater müßte das bedienen. Ein Schauspieler, der sich auf so was einläßt, muß sehr sicher in sich sein, ich meine jetzt nicht in seiner Technik, sondern in seiner Identität. Er muß ein ganz gutes Gefühl von seiner Identität und seinem Selbst haben, um sich auf so ein Chaos einzulassen, wo ihm passieren kann, daß er auf die Probe kommt und er weiß nicht, was ihm an dem Tag passieren wird. Nicht nur, welche Szenen probiert werden, das kann er unter Umständen wissen, aber was innerhalb dieser Szenen passieren wird, weil der andere Schauspieler, der ihm gegenübersteht, genau so frei ist wie er, so frei zu entwickeln. Ich kann mir vorstellen, daß sich die Art vom Theater, die ich im Moment mache, eher dahin entwickelt, daß die Offenheit des Ereignisses auch auf der Bühne jeden Abend noch freier, noch unkontrollierbarer, noch unerwarteter sein wird. Das weiß ich nicht, das will ich hoffen.

BH   Das wäre auch eine Aufführung, in die man immer wieder reingehen könnte.

PZ   Ja, sie wird jedesmal anders. Das wünsche ich mir eigentlich. Die Aufführungen, die ich mache, die ich in den letzten paar Jahren gemacht habe, *Lear, Wildente* und die jetzt auch, die tendieren schon dahin, daß sie ungeheure Variationen haben. Die Variationen sind aber im Moment noch Variationen — sagen wir in dem Empfinden oder in den Gedanken von den Schauspielern, in ihrer inneren Offenheit, nicht so sehr im äußeren Vorgang, weil mich das auch primär interessiert, der freie Raum, den ein Schauspieler hat, wenn er Theater spielt. Das ist meine Hauptbeschäftigung, und das ist, glaube ich, auch das wieder — wenn wir wieder darauf kommen müssen, zunächst mal nur an das anzuknüpfen — was die Irritation bringt, weil auch der Schauspieler nicht definiert. Er ist nicht da, um zu definieren. Er ist da, um den Moment zu erleben, der stattfindet auf der Bühne und wenn möglich, soll der Zuschauer an diesem Moment teilnehmen. Ob der Moment interessant ist oder langweilig, kann ich weder versprechen noch vorprogrammieren. Die Chancen sind, daß, wenn es ein Wildgruber ist, daß der Moment interessant und spannend ist, und wenn's ein langweiliger Mensch ist, dann ist es ein langweiliger Moment.

BH   Aber es ist ein riskantes Unternehmen. Ein Schauspieler will ja auch aus ganz egoistischen Gründen Erfolg haben, und das drängt ihn doch vielleicht dazu, während einer Probenarbeit herauszufinden, mit welchen Definitionen habe ich Erfolg und mit welchen Definitionen falle ich durch beim Publikum. Also ist das nicht ein Widerstand, daß Schauspieler Sicherheiten haben wollen?

PZ   Das ist richtig. Das ist natürlich eines der Probleme. Die Schauspieler, mit denen ich arbeiten kann, sind eigentlich nur ganz bestimmte, oder es sind Schauspieler, die auf die Arbeit eingehen und die in irgendeiner Weise ein Interesse oder eine Faszination daran haben, so daß diese Oberfläche, die Sie jetzt beschreiben, diese Art von Oberflächeneitelkeit sehr bald weg ist. Wissen Sie, das ist so mit der Psychologie im Theater, wir sind gewohnt durch das Theater vom 19. Jahrhundert, eine Vorstellung zu haben, daß es möglich ist, eine nahtlose Aneinanderreihung von psychologischen Ereignissen darzustellen und zwar so *nahtlos* — so schreibt der Kritiker, das ist wohl das Wort — daß das eine *dichte* Aufführung war. Und was das bedeutet, ist, daß ein Blick dem anderen folgt. Der Zuschauer wird sozusagen an einer psychologischen Linie entlanggeführt, die der Regisseur mit den Schauspielern zusammen bestimmt und die nahtlos ist. Dann geht man 'raus und hat es absolut verstanden, alles was zu verstehen ist. Was man aber nicht verstanden hat, ist das Simpelste über die Realität: daß Psychologie überhaupt nicht so ist, sondern daß ein Mensch in jedem Moment Millionen von Dingen erlebt, denkt, spinnt, fühlt und so weiter und so fort. Wenn dieser Freiraum — so meine ich wenigstens, ich will da keine Theorie für irgend jemand anderes machen, das ist einfach mein Empfinden für Theater — wenn dieser Freiraum eingeengt wird, dadurch, daß der Schauspieler gezwungen ist, sich abzuschließen gegen alles andere, um diese berühmte Dichte und Konzentration und diese Message rüberzukriegen in diesem Moment, dann ist der Schauspieler, der Mensch Schauspieler, für mich auf dern Bühne tot und uninteressant. Ich guck dem ja in die Augen und wenn man jemanden in die Augen guckt, kann man sehr schnell kontrollieren, was da passiert, ob der wirklich zuhört, ob sein ganzes Wesen hinter ihm steht, hinter den Augen, oder ob da nur jetzt ein stilisierter Blick stattfindet, den der hergestellt hat, um diesen psychologischen Moment genau darzustellen. Und darum geht's, glaube ich. Für mich ist das im Moment mein Hauptproblem, dem Schauspieler diese Freiheit zu geben, daß er mit seinem vollen Wesen andauernd auf der Bühne sein kann, wobei er immer nur gewisse Dinge abschwächen muß, weil er weiß, daß die jetzt im Moment nicht so wahnsinnig gebraucht werden. Wenn wir hier herum sitzen und uns unterhalten, weiß ich, es wäre unsinnig, jetzt gerade auf- und abzuspringen, weil das zu viel Geräusche machen würde für die Mikrofone. Deswegen tue ich es auch nicht, aber der Gedanke, das zu tun, der läuft trotzdem parallel in meinem Kopf, besonders, wenn ich hier Ihnen gegenüber sitze. Und wenn ich diesen Gedanken dem Schauspieler sage, »Denk doch mal parallel dazu, daß du eigentlich hier nicht sitzen, sondern das Gegenteil machen willst«, dann sagt er, »Ja, Herr Zadek« und denkt das parallel dazu. Und damit sind dann alle anderen fünfzigtausend Gedanken, die er wirklich dazu denken müßte ausgeschlossen in dem Moment und er ist überhaupt kein Mensch mehr, sondern eine dieser scheiß Maschinen, die wir andauernd auf der Bühne sehen.

BH Sie sagen damit, daß Ihre Inszenierungen eigentlich nie fertig werden, gar nicht fertig werden sollen. Was mich dann interessiert, ist, ob sich das nicht ein bißchen bei Ihnen auch verändert hat gegenüber früheren Arbeiten. Ich habe eine davon mit Bewußtsein gesehen, das war in München die Bond-Inszenierung *Der schmale Weg in den tiefen Norden*. Ich weiß nicht, inwieweit die typisch war für Ihre damalige Arbeit. Ich hatte aber das Gefühl, daß es doch eine viel perfekter durchorganisierte, viel mehr zu Ende gebrachte Veranstaltung war, als beispielsweise der Bochumer *Lear* oder die Hamburger *Wildente*.

PZ Das ist absolut richtig. Das hat sich verändert. Meine Arbeit in Bremen war im Endeffekt bei dem Punkt *Frühlingserwachen* unheimlich genau, aber auch die Abgeschlossenheit war so, daß dieser komische Freiraum von dem Schauspieler wirklich gesperrt wurde. Bei dem Bond, da haben Sie recht, da habe ich eigentlich was anderes probiert. Und das hatte damit zu tun — das war so eine perverse Angelegenheit — das hatte damit zu tun, daß das Stück mir eigentlich nicht so wahnsinnig gefiel. Es hat mich interessiert, aber es lag irgend so eine oberflächliche Gemeinheit in dem Stück, die mich geärgert hat. Und ich bin hinterhergelaufen, dieser oberflächlichen Gemeinheit, um herauszufinden, was das ist. Mich hat Bond eigentlich mehr interessiert als das Stück. Und da habe ich dann irgendwas gemacht, was ich eigentlich jetzt gar nicht mehr so richtig kontrollieren kann. Bestimmt war es keine sehr gute Inszenierung von dem Stück. Es war eine ungeheuer verkrampfte, gequälte Angelegenheit, wie ein Horror-Trip war dieser ganze Abend, der vielleicht irgendwo interessant war. Ich hatte ja schon mal Bond gemacht, *Gerettet* in Berlin, und da ist auch so was passiert, und dann habe ich es gelassen.

BH Nur, man hatte nicht das Gefühl, daß die Schauspieler da besonders frei waren. Man hatte das Gefühl, daß sie bestimmte Einfälle, die Einfälle eines anderen, nämlich des Regisseurs zum Beispiel, mit größtmöglicher Genauigkeit ausführten.

PZ Ja, das hat eben teilweise mit Bond und mit meiner Beziehung zu Bond zu tun, die nicht sehr gut ist — ich meine jetzt das Schreiben von Bond, ich kenne ihn persönlich gar nicht — und teilweise damit zu tun, daß ein Haufen Schauspieler da war, von denen ich sehr wenig kannte. Die

Clever und der Hallwachs waren die einzigen beiden, mit denen ich vorher viel gearbeitet hatte und die Rolle, die die Edith Clever da spielte, war im Grunde eine Edelcharge und zudem eine recht penetrante Rolle.

BH Sie sprechen jetzt von dieser einen besonderen Produktion, da möchte ich ein bißchen wegkommen, weil Sie ja sagen — davon abgesehen — daß eine Veränderung passiert ist in Ihrer Beziehung zu Schauspielern.

PZ Die Veränderung hat nicht in meiner Beziehung zu Schauspielern stattgefunden, ich glaube, es hat sich in den Mitteln und dem Weg, mit Schauspielern zu arbeiten, etwas ganz wesentlich verändert. Ich habe früher mehr gezeigt. Ich habe früher sehr gerne vorgemacht, das hat mir viel Spaß gemacht, das zu tun. Jetzt bin ich eigentlich scheuer, überhaupt in die Arbeit einzugreifen. Ich such' mir die Momente, den Zeitpunkt sehr genau aus, irgend etwas sozusagen zu arbeiten — ich tue das, wenn ich merke, daß ein Schauspieler überhaupt nicht fertig wird, das kann ja wohl sein, daß es einen Moment in einer Rolle gibt, wo der Schauspieler immer wieder versucht und nicht rankommt, und dann erzähle ich ihm Sachen, ich zeig' ihm Bilder, so assoziative Dinge. Ich bringe haufenweise Platten und Bilder auf die Proben, und wir spielen sehr viel Musik und schauen uns Bücher an, auch Bücher, die gar nicht direkt auf diese besondere Rolle bezogen sind, aber wo ich das Empfinden habe, daß das irgend etwas damit zu tun hat und daß der Schauspieler über seine Intuition, seine hoffentlich sehr starke Intuition — sonst wäre er sowieso kein Schauspieler für mich — schon spürt, was ich da meine. Ich bin sehr vorsichtig beim Definieren, weil ich das Gefühl habe, daß Definieren in der Kunst — also in der künstlerischen Arbeit — zerstört. Um ein praktisches Beispiel zu geben, in den letzten paar Inszenierungen, so ist es auch jetzt bei *Othello* und so war es auch beim *Lear*, habe ich keine Kostümentwürfe gehabt, da habe ich immer furchtbar viel Kostüme auf die Proben bringen lassen. Die Schauspieler haben sie sich angezogen, ganz nach Wahl und so 'rumprobiert, ja, wie man sich eigentlich so verkleidet, was der Urimpuls von Schauspielerei ist, nicht? Auf die Bühne gehen und was anderes sein.

BH Und Sie hatten auch kein Bühnenbild, das vor der ersten Probe auch nur in Annäherung fertig war?

PZ Nein. Beim *Othello* gar nicht. Beim *Lear* kann man eigentlich auch nicht über Bühnenbild reden — da standen nur sechs Kulissen. Und dann haben wir irgendwann mal entschieden, da müßte vielleicht noch eine Leiter hin oder so.

BH   Und wie funktioniert das, so eine Arbeit ohne Bühnenbild!

PZ   Das Bühnenbild entsteht. Es entsteht durch Notwendigkeit, und ich arbeite ja mit einem Bühnenbildner, und der ist ständig bei den Proben. Es ist sehr anstrengend. Mein jetziger Bühnenbildner, der bisher immer nur Kostüme gemacht hat und hier das Bühnenbild und die Kostüme mit mir macht, ist von zehn Uhr morgens bis zum Ende der Probe jeden Tag da, und er sieht alles, was passiert. Er nimmt teil an jeder Arbeit, auch an Textarbeiten, gerade beim *Othello* haben wir tagelang nur am Text gearbeitet, und umübersetzt und verändert. Er ist dabei, obwohl es ihn direkt nicht betrifft, und er paßt auf, er macht Vorschläge, und er merkt, daß sich da eine Rolle beispielsweise von einer kleinen Nutte in einer gewissen Richtung entwickelt und dann bringt er am nächsten Tag fünfzehn Hüte verschiedener Art und fünfzehn Röcke und fünfzehn Paar Schuhe und legt sie hin. Und wenn das Mädchen es sich nicht selber anzieht, schlägt er es ihr vor. Aber die machen es schon alle von allein, weil es ihnen nämlich Spaß macht, einen unheimlichen Spaß, glaube ich, dieses Spiel. Wildgruber ist immer eine dreiviertel Stunde früher da und malt sich an. Der hat sich von der dritten Probe an angemalt, in allen Variationen, die man sich vorstellen kann, wie man sich als Neger anmalen kann und da haben wir zum Beispiel festgestellt, daß es abfärbt. Und das ist ein ganz wesentliches Element dieser Inszenierung geworden.

BH   Heißt das, daß die Schminke abfärbt?

PZ   Ja, Schminke färbt halt ab, schwarze Schminke färbt ab.

BH   Und das soll man merken?

PZ   Ja. Ich erinnere mich, ich hab' da zufälligerweise — wie so Zufälle sind — mal so eine Werbung aus dem 19. Jahrhundert für Seife gesehen. Da ist ein kleines Baby, ein Negerbaby, und das wird gerade in so einen Topf gesteckt und da steht »Pears soap« oder irgendwas daneben und dann kommt das nächste Bild, da wird es gerade rausgeholt und da ist es weiß. Und da mich so die préjudices, die Voreingenommenheiten, die Bilder, die Menschen im Kopf haben, zum Beispiel über Neger in diesem Fall, sehr beschäftigen und sehr interessieren, wird das bestimmt in irgendeiner Weise ein Teil von dieser Inszenierung bleiben. Der Gedanke im Kopf, den ich auch, und ich glaube, jedes Kind, jedes weiße Kind, als erstes hat, ist: »Wenn man Neger anfaßt, geht das ab Mutti?« Und ich glaube, diese Dinge bleiben, die bleiben bis man ganz alt ist und werden verarbeitet, verdrängt und so weiter und so fort, und haben alle trotzdem sehr viel damit zu tun,

149

wie wir uns zu Negern verhalten. Das fängt als Spaß an. Wenn ich mir denke, ich wär' Schauspieler, und ich will jetzt einen Neger spielen, dann ist der erste Spaß, den ich als Schauspieler habe, mich schwarz anzumalen. Das ist überhaupt gar keine Frage. Oder wenn ich jetzt einen Cowboy spiele, brauche ich einen Revolver, aber schnell, und einen Hut und vielleicht ein Pferd auch dazu. Also das ist ein unheimlicher Teil von der ganzen Angelegenheit, glaube ich, und damit dann zu spielen und es dann zu benutzen und zu denken, was es eigentlich bedeutet — was bedeutet anmalen, was bedeutet Schwarzheit, was ist ein schwarzer Mann, was ist dieser böse schwarze Mann? Das ist eine Gedankenwelt, in der wir alle jetzt seit Monaten leben, die uns zu solchen absurden Dingen bringen, daß zum Beispiel der Neger irgendwann sich eine schwarze Maske aufsetzt, um sich zu verstecken — so eine schwarze Karnevalsmaske, bitte fragen Sie mich nicht, was es bedeutet, ich weiß es nämlich auch nicht, es stimmt nur in der Situation, aber da gibt es allerhand Möglichkeiten. Ich kann die nicht konstruieren, es gibt — und das ist wirklich nicht zynisch oder ironisch gemeint — es gibt ganz bestimmt andere Regisseure, die auf genau dieselben Einfälle oder ähnliche Einfälle kommen an ihrem Schreibtisch und sie vorprogrammieren können und sagen, da faßt er mit der Hand ans Gesicht und berührt da eine Wand und da färbt das ab in diesem Moment. Ich kann nur nicht — ich konnte noch nie so denken — ich konnte immer nur ausgehen von Dingen, die da sind und von Dingen, die ich sehe und rieche und erlebe. Wogegen sich alles bei mir sträubt, ist, einem Schauspieler zu sagen: jetzt tu' mal das aus dem Grund auf diese Weise in diesem Moment und du da gegenüber reagier' mal folgendermaßen ... Da kann der ganze Vorgang nur ein absurder sein, weil das wirkliche Empfinden von dem Schauspieler nicht geweckt ist. Eine Reaktion ist etwas, das *passiert*, und dann kann man sie führen oder entwickeln, aber sie muß erst einmal *passieren*. Wir arbeiten zum Beispiel gerade sehr konzentriert an einer Szene, in der der Othello seine Frau ohrfeigt in Gesellschaft, und da gibt es viele Probleme, wie Leute darauf reagieren. Es hat sehr viel damit zu tun, wie doll er sie schlägt zum Beispiel, oder wie wenig er sie schlägt, und ich bin ganz vorsichtig zum Beispiel, der Schauspielerin, der Eva Mattes, die die Desdemona spielt, jetzt irgendetwas über ihre Reaktionen dazu zu sagen, bis ich sehe und gesehen habe, wie stark ihre Reaktionen sind und in welchen Richtungen die laufen, wo ich dann schon mal meine Präferenzen äußere. Wenn ich dann irgendetwas finde, was mir Spaß macht, sage ich es. Die Schauspieler haben,

150

glaube ich, auch genug Vertrauen mittlerweile, daß sie
Teile von dem, was ich ihnen
anbiete, akzeptieren und Teile
einfach nicht akzeptieren, ohne daß sie sagen, »O nein, das
will ich nicht machen«. Die
Unterhaltung findet wirklich
nicht mehr statt. Ich mache
einen Vorschlag und der
Schauspieler kann es sein lassen oder nicht.

BH Ist Ihre Art zu arbeiten
durch die Bochumer Zeit verändert worden, durch eine Art
von Gruppe — jetzt sage ich
mal das Wort Gruppe — die
sich so langsam zusammengefunden hat?

Ivan Nagel
Hamburger Intendant, 1972-1979

PZ Ja. Ganz bestimmt. Einer
der wesentlichsten Gründe, daß ich Intendant geworden bin in Bochum,
war, daß ich seit zehn Jahren in Deutschland an verschiedenen Theatern
mit denselben Schauspielern gearbeitet habe, immer mal wieder. Und ich
dachte mir, wie schön das wäre, wenn man die alle mal zusammen in
einem Haus hätte. Jetzt hat man jahrelang mit denen gearbeitet, man hat so
ein Verständnis mit der Hoger, der Zech oder vielen von den Schauspielern, und dann habe ich sie halt zusammen, und die kamen auch fast alle,
und die sind immer noch da und kommen und gehen, aber eigentlich ist
jetzt mittlerweile wirklich so eine Gruppe da, und da hat sich die Arbeit
schon wahnsinnig verändert, weil man natürlich als Regisseur ein ganz anderes Empfinden hat, wenn man nicht alles von vorne jedesmal erklären
muß.

BH In den Arbeiten von anderen Regisseuren — ich nenne jetzt mal
Noelte und Stein — spür' ich immer so ein großes Bedürfnis nach Schönheit, eigentlich sogar ein Bedürfnis nach Harmonie. In Ihren Inszenierungen spüre ich was ganz anderes — auch ein Interesse an Häßlichkeit und ein
Spaß am Unharmonischen.

151

PZ Das ist richtig.

BH Das ist eine Frage, die vielleicht blöd ist: Sie haben die letzten paar Jahre in Bochum gelebt, das gilt ja für eine sehr häßliche Stadt, macht es Ihnen was aus, in einer häßlichen Stadt zu leben? Oder finden Sie schöne Städte schön?

PZ Das ist eine gute Frage. Es macht mir nichts aus, in einer häßlichen Stadt zu leben. Ich hab' mich zum Beispiel sehr unglücklich gefühlt in München. Und ich würde mich wahrscheinlich in Salzburg noch unglücklicher fühlen. In dieser Art von Schönheit geht's mir überhaupt nicht gut. Also von den Städten, die ich in Deutschland kenne, fühle ich mich am wohlsten in Hamburg, weil es einen Hafen gibt und weil es viel Dreck gibt und weil es kuriose Dinge gibt, andauernd, die mich faszinieren.

BH Es gibt auch so ganz aufgeräumte Gegenden.

PZ Da geh' ich nicht oft hin (obwohl ich in einer wohne). Mich fasziniert schon das Durcheinander und das Chaos, obwohl ich eigentlich von Natur aus ein so recht vorsichtiger Mensch bin. Ich schlag mich nicht in Kneipen und ich bin eigentlich kein Mensch, der so mit Wucht an das Leben 'rangeht. Aber in meiner Fantasie ist es schon sehr chaotisch und verrückt, und mich interessiert eigentlich mehr die Diskrepanz, also die Sachen, die nicht zusammenpassen. Auch in der Kunst. Mich interessiert auch dann manieristische Kunst stark und deswegen interessiert mich Theater eigentlich fast überhaupt nicht. Das letzte Mal, daß mich Theater interessiert hat, war, als das Living Theatre, vor ungefähr zwölf Jahren, in der Welt 'rumlief. Die fand ich sehr aufregend.

BH Haben Sie so gar nicht diese vielleicht kleinbürgerlichen Sehnsüchte nach Harmonie und nach Schönheit und schön Geordnetem?

PZ Nein, da werde ich verrückt. Da werde ich wahnsinnig.

BH Oder haben Sie sogar eine Trotzhaltung dagegen?

PZ Ich kann das schwer beurteilen, aber da fühle ich, daß ich ersticke. Ich meine, in der äußerlichen Situation, die Sie beschreiben. Ich weiß nicht, ob Sie *Kleiner Mann was nun* gesehen haben — da ist ja genau die Sehnsucht nach kleinbürgerlicher Existenz sehr stark, da läuft es aber über ein anderes Empfinden. Auf der einen Seite dieser kleinbürgerliche Mief, der mir einen Horror gibt, auf der anderen Seite die kleinbürgerliche Sicherheit und die Geborgenheit, diese Sehnsucht. Die ist bestimmt irgendwo bei mir da. Ich glaube sogar, daß ich mich unheimlich davor bewahren muß, immer wieder dagegen wehren muß, nicht in solche Situationen im Leben hineinzu-

152

kommen, weil ich da ganz unproduktiv wäre. Ich kann sehr lange so in der Ecke sitzen und gar nichts tun, wenn ich in so einer Situation bin. Aber das Äußere davon erfüllt mich immer nur mit Horror.

BH Noch eine Unterscheidung zu den anderen Regisseuren. Man sieht, etwa in einer Stein-Inszenierung, immer auch so etwas wie eine Tradition, eine große bürgerliche Kulturtradition. Ich will das jetzt nicht genauer definieren. Man sieht in Ihren Inszenierungen immer auch eine andere — viel mehr plebejische Tradition. Man sieht Einflüsse von Zirkus, von Catcherwelt und Musical. Also auch die ordinären Vergnügungen treten in irgendwelchen Handlungen bei Ihnen immer wieder hervor. Das Resultat ist natürlich, daß so eine Inszenierung dann nie so eine einheitliche Kunst- und Geschmacksebene hat, sondern etwas Chaotisches, Anarchistisches behält, bis zuletzt. Hat das irgendwelche Wurzeln in Ihrer Biographie?

PZ Ja, bestimmt. Ich bin in Deutschland geboren, dann bin ich mit fünf Jahren ausgewandert, dann bin ich in England aufgewachsen, war nie glücklich in England, habe mich nie wohlgefühlt, habe mich nie als Engländer empfunden, obwohl ich fünfundzwanzig Jahre in England gelebt habe und englischer Staatsbürger bin.

BH Haben sich Ihre Eltern als Engländer empfunden?

PZ Überhaupt nicht. Nie. Aber sie haben sich auch nicht als Deutsche empfunden. Sie haben sich aber auch nicht als Juden empfunden. Sie waren Juden. Ich bin auch Jude, aber ich bin auch wie die meisten liberalen Juden. Ich wußte nichts von Judentum oder so etwas, bin also schon — ohne Wurzeln ist blöd — natürlich mit Wurzeln, aber ohne ein Bewußtsein von solchem Irgendwas, wozu ich gehöre. Im Krieg war ich Deutscher, und noch dazu deutscher Jude in England. Nach dem Krieg bin ich dann naturalisiert worden, danach bin ich aber nach Deutschland gegangen. Also die Bindung — es gibt keine. Ich fühle mich am wohlsten mit Deutschen, auf irgendeine Weise. So entstehen die größten Spannungen. In England war ich ein Deutscher, so ein komischer Deutscher, ein überernsthafter Mensch, während ich hier genau das entgegengesetzte Image habe. Sie sagten eben Entertainment und Tralala, sagen Sie das mal einem Engländer, der mich vor zwanzig Jahren in England gekannt hat, der lacht sich tot und glaubt, man rede über verschiedene Leute.

BH Sie haben sich ja ziemlich oft abfällig über eine bestimmte Sorte von deutschem Theater geäußert, was man so Bildungstheater nennt, über die falsche Vornehmheit und über das belehrende Getue dieses Theaters öffentlich aufgeregt. Ich hab' ein bißchen den Verdacht, daß Sie eigentlich ganz froh sind, daß es so etwas gibt, weil Sie da immer einen Gegner haben, einen Gegner, der Ihre Wut auslöst und zu dem Ihnen Witze einfallen.

PZ Bestimmt, da haben Sie recht. Bestimmt haben Sie recht. Ich mag natürlich die permanente Auseinandersetzung. Bezogen auf die Unterhaltung über England und Deutschland, die Crazy-Show ist in England üblich, und die Belehrung ist etwas, was den Engländern sehr fremd ist, so daß da wenig Spannung für mich entsteht, im Gegenteil. Hier ist genau das Gegenteil der Fall, und die Opposition, da hab ich bestimmt einen sehr großen Genuß daran. Obwohl, jetzt in letzter Zeit ist der Genuß und auch die Opposition weniger geworden. Eine Zeitlang war mein Theater sehr bezogen auf das Publikum. Mich hat es ganz besonders interessiert, wie und wann das Publikum auf was reagiert. Aber der Vorgang des Krachs oder der Spannung mit dem Publikum ist eigentlich relativ weniger geworden. Es ist jetzt mehr in die Arbeit selber eingeflossen und findet eigentlich mehr zwischen Schauspieler, Autor und mir statt, als zwischen uns allen und dem Zuschauer.

BH Das heißt, Sie suchen sich dann unter den Schauspielern, mit denen Sie arbeiten, Angriffspunkte. Passiert so etwas wie Aggressivität in Ihren Arbeiten?

PZ Das variiert sehr. Zum Beispiel in der Arbeit an der *Möwe* und in der Arbeit am *Lear* war nur ein Minimum davon da, obwohl ich mir immer meinen »Feind« suche, nicht?

BH Kann man den Unterschied zwischen noch kontrollierten Aggressionen, und solchen, die ins ganz Private hinübergehen, einhalten? Soll man den überhaupt einhalten? Oder sollen die Auseinandersetzungen eben ganz nah werden, also gar nichts mehr mit Shakespeare und Othello zu tun haben, sondern damit, daß man sich in dem Moment widerlich findet?

PZ An den Punkt ist es auch gekommen. An den Punkt kommt es in so einer Arbeit, wenn man wirklich die Arbeit macht und sie konsequent macht. Die Grenzen werden verwischt, ohne Frage. Nicht andauernd, sonst wären wir im Irrenhaus. Sonst wäre es ja gar nicht durchzuhalten. Es passieren immer wieder Situationen, wo es nicht mehr feststellbar ist, ob der Schauspieler privat oder in der Rolle reagiert. Und das sind die Momente, auf die ich hinarbeite, genau diese Momente. Aber der Schauspieler muß auch die Sicherheit empfinden, daß ich dann weiß, was ich mit dem

Moment anfange. Das heißt, daß ich ihn nicht da plötzlich spinnen lasse, weil da wirklich Dinge passieren können, die nicht mehr besonders lustig sind.

BH Ich möcht' noch mal von der *Wildente* reden. Das ist ein Stück eines aufklärerischen Autors, eines pädagogisch argumentierenden Autors, der ziemlich genau weiß, worüber er sein Publikum mit diesem Stück belehren will. In Ihrer Inszenierung haben sich nun diese Ibsenschen Modellfiguren in ziemlich krause Individuen verwandelt, die viel widersprüchlicher, chaotischer reagiert haben, deren Gefühle viel anarchischer waren, als es so eine Lehrstück-Dramaturgie, wie die von Ibsen, eigentlich zugeben kann. War diese Aufführung eine Kritik an Ibsen oder war sie sogar noch mehr? War sie eine Kritik an aufklärerischer Pädagogik überhaupt?

PZ Nein. Ich muß Sie da auch enttäuschen. Die Aufführung ist anders geworden, als ich sie geplant hatte. Die Aufführung hat ihren Anfang vor zwanzig Jahren, wo ich mal eine *Wildente* gesehen habe in England, in der Adolf Wohlbrück den Hjalmar gespielt hat, wo mir aufgefallen ist, daß das eine Komödie ist, aber eine ganz andere Art von Komödie als das, was ich hier inszeniert habe. Und das hat mich unheimlich fasziniert, daß das Stück eigentlich von einem ganz boshaften Witz war und das einzige, was in meinem Kopf übrigblieb, war die Kombination von dieser grausamen Geschichte von diesem kleinen Mädchen, das sich erschießt, und diesen eitlen versponnenen witzigen absurden Menschen Hjalmar Ekdal. Beide Figuren sind mir unheimlich im Kopf geblieben. Ich hab dann gedacht, sehr spannend, ich mach jetzt mal so eine Komödie. Und dann habe ich angefangen, zu arbeiten, und obwohl ich immer noch sehr viel Komik und Witz und so weiter fand, hat mich dann, wie jeden wahrscheinlich, die Sturheit vom Text interessiert, also die Unmenschlichkeit von diesem Text von Ibsen.

BH Worin besteht diese Unmenschlichkeit?

PZ Die Leute sagen nie das, was sie sagen würden, sondern nur, was opportun ist in einer Situation, um eine Idee zu verkaufen. Also der Ibsen führt seine Dramaturgie wie ein guter Krimischreiber, und an einem gewissen Punkt muß irgendwas gesagt werden, sonst funktioniert der Krimi nicht. Das meine ich jetzt nicht in der oberflächlichen Weise, sondern es ist wirklich ein Krimi, nicht? Ein echter Krimi, *Die Wildente*. Die Lehrstück-Dramaturgie, das ist richtig, ist ganz stark wie eine »Rede« formuliert, wo sich zum Beispiel Hjalmar, indem er etwas sagt, selber fertigmacht, und der

Zuschauer, wie es so ist, da sitzt und sagt, »Hahaha, na ja, guck mal, der Idiot«. Und das liegt mir nicht so sehr, im Gegenteil, ich mag das nicht. Ich mag es nicht sehen, wie ein Mensch gezwungen wird, weil der Autor es ihm vorschreibt, oder weil der Regisseur es gerne hat, sich als Figur auf der Bühne offensichtlich zu denunzieren, damit der Zuschauer als Besserwisser sagen kann, »Siehste, ich hab's ja die ganze Zeit gewußt, das ist ein Arschloch«. Was mich interessiert, ist Menschen in der komplizierten Form zu zeigen, die mir einfällt und die möglich ist in den Grenzen, die gesetzt werden von der Figur im Stück und von dem Schauspieler und dem Zuschauer. Mich interessiert, hinzugucken und zu sagen, also was ist im Moment, jetzt — liebt der denn seine Tochter dieser Hjalmar oder nicht? Was ist denn eigentlich los? Und in dem Moment, wo der Autor mir das beantwortet oder der Schauspieler es mir mit seiner Spielweise beantwortet oder der Regisseur es mir beantwortet, indem er den Schauspieler kommentieren läßt, was eigentlich gemeint ist, da fühle ich mich wie ein Pennäler behandelt, der eigentlich ein Idiot ist, da es mir ja erzählt werden muß, oder was noch schlimmer ist, ich fühle mich wie ein Komplize von dem denunzierenden Regisseur. Und das will ich nicht sein.

BH   Aber das ist doch die Tragik aller Aufklärer, daß sie in die Rolle des Schulmeisters flüchten müssen. Und die Unlust, zu belehren, ist das nicht auch ein Verzicht, als aufklärender Pädagoge tätig zu sein?

PZ   Ja, meinen Sie, daß ich als aufklärender Pädagoge tätig sein sollte, oder was? Ich empfinde mich überhaupt nicht als aufklärender Pädagoge, wirklich nicht. Ich empfinde mich schon in einer gewissen Weise als Moralist, weil ich glaube ...

BH   Meine Frage hat einfach unterstellt, daß Sie dazu einfach gar keine Lust haben, Leute zu belehren, zumindest nicht auf dem Theater.

PZ   Ich hab nur Lust, sie zu Entscheidungen zu zwingen, dazu zu zwingen oder zu überreden, genau hinzugucken auf die kuriosen Dinge, die passieren im Leben und bei Menschen, und ihre eigene Entscheidung mit Courage zu machen. Das ist eigentlich das einzige, was mich interessiert. Ich habe gerade ein Stück gemacht, *Eiszeit*, über einen alten Nazi, über Knut Hamsun, der ein Nazisympathisant war und nach dem Krieg in irgendeiner Weise bestraft werden sollte. Dieses Stück hat mich interessiert, typischerweise natürlich, wegen der Unlösbarkeit des Problems, daß ein Mann neunzig ist und es ist absurd, einem Neunzigjährigen Vorwürfe zu machen für Dinge, die er mit dreißig gemacht hat, was soll das? Es ist absolut ab-

156

surd und trotzdem steht daneben ein Mann, der in einem KZ gesessen hat und scheinbar das Recht hat, einen solchen Vorwurf zu machen. Ich glaube, da gibt es keine Lösung, aber zu erkennen, daß die Diskrepanz da ist zwischen der Situation dieses neunzigjährigen Mannes, für den man Sympathie haben kann, weil er krank und alt ist, und daß er vierzig Jahre zuvor eine Schweinerei gemacht hat, das finde ich aufregend und wichtig. Autoren, die sich mit solcher Thematik beschäftigen, Tschechov, O'Casey zum Beispiel. O'Casey, obwohl er Marxist war, hat sich immer wieder zu solchen Figuren in einer Weise verhalten, daß die nicht mehr genau einzuordnen waren. Sogar ein Mann wie Arthur Miller hat einmal ein Stück geschrieben, wo ihm eine solche Figur aus der Hand gerutscht ist, das ist auch das einzige Stück, was mich von ihm interessiert. Das ist *Der Tod eines Handlungsreisenden*, wo plötzlich eine Figur, mit der er vorhatte, einen bestimmten sozialen Zustand zu demonstrieren, zu einem Menschen wurde, zu einer komplizierten widersprüchlichen Figur, so daß man nicht mehr sagen kann, worum es geht. Und das ist die Qualität von dem Stück. Deswegen finde ich auch Tschechov zehntausendmal besser, interessanter, künstlerischer und toller als Ibsen. Aber Ibsen fasziniert mich trotzdem, weil die Gemeinheit von dem Ibsen etwas ist, was eine Spannung in mir hervorbringt und deswegen kann ich in irgendeiner aufregenden Weise, für mich wenigstens, und vielleicht auch für andere, damit umgehen.

BH   Also hatten Sie wieder einen Feind?

PZ   So ist es.

O.E. Hasse, Ulrich Wildgruber in
Eiszeit, Berlin, 1974

Paulas Geheimnis
Eine Nacherzählung im Lore-Roman-Stil
von Shakespeares *Wintermärchen* als Idee für einen Film
1976

Heinz und Charles sind Freunde seit ihrer Jugend. Jetzt sind sie beide vierzig, erfolgreich und wohnen in Hamburg und München. Heinz ist Anglist an der Hamburger Universität und seit acht Jahren verheiratet. Seine Frau, Hester, eine Engländerin, zwölf Jahre jünger als er, ist Gartenarchitektin. Schön, dunkel, etwas herb und schweigsam; Heinz liebt sie sehr. Es ist eine glückliche Ehe. Sie haben einen Sohn, Gottfried, sieben Jahre alt. Hester ist schwanger im achten Monat, und beide freuen sich sehr darüber. Geldsorgen haben sie nicht, sie leben gut, aber unaufwendig. Sie lieben ihren Beruf und verbringen die Zeit, die sie nur können, zusammen.
Freund Charles ist Filmstar, Junggeselle und immer noch sehr attraktiv. Man sagt, er sei schwul, aber die Frauen umschwärmen ihn und: von wem sagt man das nicht. Charles ist kein typischer Filmstar. Er ist gebildet, zivilisiert und eigentlich nicht sehr extravagant. Seit fünf Monaten in Hamburg, wohnt er im Atlantic Hotel. Er spielt in einem amerikanischen Film über den Zweiten Weltkrieg mit. Heinz und Charles kommen viel zusammen, er ist fast täglich bei Heinz und Hester, zum Essen oder zum gemeinsamen Ausgehen.
Auch ist Paula dabei, eine junge Ärztin und Hesters beste Freundin. Paula, eine kühle Hamburgerin aus guter Familie, hatte sich, als sie noch an der Universität war, in Heinz verliebt. Als sie dann merkte, daß Heinz ganz mit Hester beschäftigt war, hat sie ihre Zuneigung sozusagen auf Hester verlagert. Jetzt gehört sie quasi zum Haushalt — doch die Beziehung zwischen ihr und Heinz ist etwas angestrengt. Meistens trifft sie sich allein mit Hester und die beiden machen lange Spaziergänge. Paula, 24 Jahre alt, lebt in der Lüneburger Heide mit ihrer Mutter und mehreren Hunden. Sie hat Freunde, auch Liebhaber, aber keinen festen Partner. Sie ist Augenärztin an einer großen Hamburger Klinik.

Die Geschichte:

Der amerikanische Film ist abgedreht, Charles verabschiedet sich von Heinz. Heinz, der gerade Ferien hat, will ihn überreden, noch eine Woche bei ihnen zu bleiben und zu entspannen. Charles muß aber nach München zurück. Heinz drängt sehr, aber Charles bleibt stur. Heinz reißt Witze über Freundin, vielleicht auch einen Freund, in München. Schließlich fordert er Hester auf, Charles zum Bleiben zu überreden. Sie redet mit Charles, der nachgibt.

Heinz und Paula sind zusammen. Er ist sichtlich verstört. Paula, voll Mitgefühl, fühlt sich gebraucht und fühlt die Sympathie, die von Heinz ausgeht. Heinz, auf einmal wuterfüllt, sagt ihr, daß er glaubt, daß Charles ein Verhältnis hat mit Hester. Er zittert vor Aufregung. Paula lacht ihn aus, sie findet den Gedanken absurd. »Außerdem interessiere sich Charles sowieso nur für kleine Jungs«. Das beruhigt Heinz keineswegs. Riesenszene zwischen Heinz und Hester. Hester, getroffen, aber mit ganz reinem Gewissen, sagt Heinz, wie glücklich sie ist über die Eifersucht von Heinz nach acht Jahren Ehe, aber daß es sie traurig macht, daß er so wenig Vertrauen in sie hat. Heinz regt sich immer mehr auf. Er geht zu Charles ins Hotel und beschuldigt ihn. Charles, ganz verstört, versucht seinen Freund zu beruhigen. Aber Heinz, der schon etwas zu viel getrunken hat, macht in der Hotel-Lobby einen Skandal. Dann schlägt er auf seinen Freund ein.

In einer Kneipe in St. Pauli unterhält sich Heinz mit einem Zuhälter, den er, wie es scheint, gut kennt. Heinz, kaum wiederzuerkennen, bietet Campi, dem Zuhälter, eine Menge Geld, wenn er jemand für ihn beseitige. Campi denkt, sein alter Bekannte mache Witze, doch er fragt, wie und wen. Heinz erklärt ihm, daß es sich um Charles Grosse handle und schlägt Campi einen perfekt ausgedachten Plan vor. Campi hat begriffen, daß Heinz durchgedreht ist und es ernst meint. Um Heinz zu beruhigen und um Zeit zu gewinnen, verspricht er ihm, sich die Sache zu durchdenken und nimmt auch die beträchtliche Summe, die ihm Heinz angeboten hat.

Zuhause geht der Krach zwischen Hester und Heinz weiter. Er wirft sie aus dem Haus und schmeißt ihre Sachen aus dem Fenster.

Paula hat Hester zu sich geholt und versucht, sie zu beschützen. Sie hat Angst, daß Hester etwas zustößt in ihrem Zustand und nimmt sie deshalb mit aufs Land. Heinz bleibt allein mit Gottfried zurück. Der Junge ist verstört, Heinz schimpft auf Hester.

Campi ist zu Charles gegangen, der gerade abreisen will. Campi erzählt

159

ihm von Heinz' Plan und spielt das Band vor, auf dem er die Unterhaltung mit Heinz mitgeschnitten hatte. Er will jetzt beide erpressen: Er würde das Band an den Rektor der Universität weitergeben, droht er. Charles will seinen Freund nicht kompromittieren lassen und fragt, was Campi für das Band haben wolle. Campi will eine Rolle in Charles' nächstem Film. Charles bietet Campi Geld, aber das lehnt er ab.

Heinz, immer verbissener, ist bei seinem Anwalt, um herauszufinden, ob er seine Frau wegen Ehebruchs verklagen kann. Der Anwalt meint ja, aber er hält es für altmodisch und unklug. Heinz würde sich lächerlich machen.

In Paulas Haus: Sie öffnet den Brief des Anwaltes mit der angedrohten Klage. Hester geht es nicht gut. Sie will zu Heinz zurück, der, wie sie meint, krank sei. Aber Paula und ihre Mutter verhindern, daß sie geht. Ihre Verantwortung gehöre jetzt dem noch nicht geborenen Kind. Doch ihre Gedanken kreisen um Gottfried.

Paula erkundigt sich bei einem Anwalt, ob Hester Heinz zwingen kann, Gottfried zu ihr zu lassen. Der Anwalt hält es für möglich, wenngleich auch für kompliziert. Er fragt, ob eine Scheidung beabsichtigt ist. Sicherlich, meint Paula, doch zunächst müsse Hester ihr Kind kriegen. Der Anwalt teilt diese Auffassung: wenn keine akute Gefahr für den Jungen bestehe, sollte man's vielleicht tatsächlich abwarten. Außerdem wäre die seelische Belastung des Jungen in dieser Situation zu groß.

Währenddessen ist Heinz, mit Gottfried im Auto, zu Paulas Haus gefahren. Der weinende Junge steht dabei, als der besessene Vater seine Mutter anschreit, beschimpft, bedroht. Paulas Mutter ruft die Polizei.

Der Dorfpolizist kommt angeradelt, gerade, als der verzweifelte Gottfried in den Wald rennt. Es ist Nacht. Man begibt sich auf die Suche nach dem Jungen. Am Siedepunkt der mittlerweile hysterischen Suchaktion erscheint Paula. Hester wird ohnmächtig. Paula fährt sie ins Krankenhaus. Heinz und der Polizist finden Gottfried, der sich an seinem Gürtel erhängt hat.

Krankenhaus.

Heinz, nurmehr am Rande eines Zusammenbruchs, in der Wartehalle. Paula kommt und erklärt ihm, daß Hester ein Mädchen geboren hat, aber daß ihr Zustand sehr bedenklich sei. Von Gottfrieds Tod weiß sie nicht.

Krankenhaus, einen Tag später.

Heinz schaut sich um; an einer Wand hängt ein Kasten mit schmalen Fächern, für die Briefe der Patienten. Heinz steckt einen an Hester adressierten Brief in eines der Fächer. Dann begibt er sich in den Raum, wo die Säuglinge untergebracht sind. Er will seine Tochter sehen. Hesters Zustand ist immer noch kritisch. Heinz überredet die diensthabende Schwester, das Kind einen Moment im Arm halten zu dürfen. Dazu muß er eine Maske und Handschuhe anziehen. In einem günstigen Augenblick flieht er mit dem Kind aus dem Krankenhaus.

Heinz in St. Pauli, bei Campi — mit viel Geld und dem Baby. Campi soll es umbringen. Er nimmt das Kind und das Geld.

Krankenhaus.

Eine Schwester, es handelt sich um ein katholisches Krankenhaus, reicht Hester einen Brief. Sie öffnet ihn: darin, ausgeschnitten als Silhouette, ein Junge, der an einem Baum hängt. Darunter ein Kreuz und die Worte: »Gottfried Leber, Selbstmörder, sieben Jahre alt«. Durch den Korridor hört man einen schrecklichen Schrei. Nonnen laufen auf Hesters Zimmer zu.

Heinz ist zu einem Kollegen an der Universität, einem Psychiater, gegangen. Er erklärt ihm, daß Heinz krank sei, Wahnvorstellungen habe und sich in Behandlung begeben müsse.

Als Heinz nach Hause kommt, findet er dort Paula. Sie teilt ihm unter Beschimpfungen mit, daß Hester gestorben sei. Sie beschuldigt ihn des doppelten Mordes. Nun verlangt sie, das Baby zu sehen. Heinz, kaum noch seiner selbst mächtig, sagt, er habe das Baby zu Verwandten gegeben. Paula insistiert und droht mit der Polizei.

Die doppelte Beerdigung von Hester und Gottfried. Heinz wird verhaftet.

Beim Gericht.

Heinz ist wegen Entführung und vermeintlichen Mordes an seinem Baby angeklagt, vermeintlich, da ja bisher die Leiche nicht gefunden wurde. Doch Paula, die Zeugin, sichert ihm das Alibi für die Zeit der Entführung. Der Richter glaubt ihr, im Gegensatz zu der Krankenschwester, die Heinz identifiziert hat: Heinz wird freigesprochen.

Sechzehn Jahre später

Eros Center.

Ein gut aussehender junger Mann mit leicht bayerischem Akzent zusammen mit einer sehr jungen Nutte. Sie heißt Phyllis, er heißt Randolph. Randolph ist Charles' unehelicher Sohn. Charles, der gerade wieder in Ham-

161

burg filmt, ist mit einem Mädchen nebenan. Vater und Sohn waren gemeinsam hierhergekommen. Aber Randolph, jung und romantisch, schläft nicht mit Phyllis, sondern verliebt sich in sie und will sie aus dem Eros Center herausholen. Daraus ergibt sich eine beklemmende Situation zwischen Charles, seiner ordinären Nutte, die einem Strichjungen zum Verwechseln ähnlich sieht, und den beiden jungen Leuten. Charles spielt plötzlich den schweren Vater, aber mitten im Krach haut Randolph mit Phyllis ab.

Campi, dessen Nutte Phyllis ist und der die Szene genüßlich beobachtete, sagt Charles, daß Phyllis die Tochter von Heinz und Hester ist und daß er, anstatt sie umzubringen, wie Heinz es ihm befohlen hatte, ihr das Leben gerettet und ihr einen richtigen Beruf beigebracht hatte.

Heinz lebt allein. Er hat seine Arbeit an der Universität infolge des Skandals aufgeben müssen. Nun schreibt er ein Buch über die Liebe. Er empfängt niemand. Außer Paula, sie allerdings sehr oft. In einer langen Szene zwischen ihnen bekommen wir ein Bild von dem Leben, daß sie in den vergangenen sechzehn Jahren geführt haben.

Paula, immer noch die vorwurfsvolle Freundin der toten Hester, erinnert ihn andauernd an sein Verbrechen. Heinz braucht sie, um sich von ihr immer wieder beschimpfen und bestrafen zu lassen. Sie hat ihm das Versprechen abgenommen, nie wieder zu heiraten. Das Haus ist voller Bilder und Fotos von Hester. Paula geht auch gelegentlich durch das Haus in Hesters Kleidern. Heinz läßt sich von ihr schlagen und erniedrigen.

Zu Hause bei Paula.

Hester, sechzehn Jahre älter, lebt hier. Der Sarg bei dem Begräbnis war leer. Inzwischen starb Paulas Mutter, und nun ist es an Hester, sie Paula zu ersetzen. Paula, gerade von Heinz kommend, berichtet genau, Wort für Wort, Schlag für Schlag über ihren Abend mit ihm. Es klingelt. Charles steht vor der Tür, Phyllis, Randolph und Campi. Hester wird versteckt, Paula öffnet die Tür. Charles erklärt, daß er zu ihr kommt, um ihr Phyllis, die Tochter von Heinz, vorzustellen und sie zu fragen, ob es richtig wäre, dem für verrückt gehaltenen Heinz die Tochter zurückzubringen. Paula rät ihm, es nicht zu tun. Heinz würde damit nur überfordert. Doch Phyllis will unbedingt. Hester hört die Unterhaltung von nebenan. Sie kann sich kaum beherrschen, als Paula zu ihr kommt. In der Auseinandersetzung sagt Paula verächtlich, daß sie sich doch wohl nicht sechzehn Jahre zurückgehalten habe, um jetzt einfach aufzugeben. Hester beschuldigt Paula, das Ganze

162

aus eigenem Interesse inszeniert zu haben, daß sie Heinz immer geliebt und auf diese Weise ihn sechzehn Jahre lang gehabt hat, doppelt so lang als die Ehe zwischen Hester und Heinz gewesen war.

Unterdessen ist Phyllis verschwunden. Jetzt, da sie weiß, wer ihr Vater ist, will sie ihn sehen.

Heinz und Phyllis.

Sie besucht ihn, ohne sich jedoch kenntlich zu machen. Statt dessen schützt sie eine Bewerbung als Haushälterin vor. Heinz, der seit vielen Jahren keine Frau gesehen hat außer Paula, findet die zarte Phyllis plötzlich attraktiv. Er bittet sie in die Wohnung.

Charles, Randolph und Campi im Auto auf dem Weg zu Heinz.

Paula versucht, Hester mit Gewalt zurückzuhalten. Die Frauen schlagen sich.

Phyllis, ausgezogen, liegt auf dem Bett von Heinz. Er ist im Morgenrock.

Charles, Randolph und Campi vor Heinz' Tür.

Paula hat Hester an einem Stuhl festgebunden. Hester ist dabei, sich unmerklich freizumachen.

Heinz schläft mit Phyllis.

Charles, Randolph und Campi haben eine offene Hintertür gefunden.

Randolph betritt als erster das Zimmer: Er wirft sich auf den nackten Heinz und reißt ihn brutal vom Bett.

Hester, nachdem sie sich freigemacht hat, erschlägt Paula mit einem Feuereisen und läuft in den Wald.

SCHAUSPIELER

Arbeit mit Schauspielern
1983

Arbeit mit Schauspielern ist im Wesen nicht anders als Arbeit mit einem Autor, mit dem Bühnenbildner, mit einem Musiker. Sie besteht aus mehr Elementen als man beschreiben oder analysieren kann – aus soviel wie der Kontakt zwischen Menschen eben besteht. Man könnte so einen Satz schreiben: die Projektion des Regisseurs auf den Schauspieler und die Umsetzung in Aktion.

Die Projektion ist sicherlich der Ausgangspunkt einer Zusammenarbeit zwischen Regisseur und Schauspieler. Ein großartiger Schauspieler zu dem mir nichts einfällt, kann mich nicht interessieren – in meiner Inszenierung, allerdings. Wie bei jedem Menschen besteht meine Fantasie aus Figuren, Symbolen einer ganzen Welt, die, je älter ich werde, mehr und mehr festgelegt ist. Zum Teil ist sie eine Art von Familienalbum, in dem sich immer wiederholende Muster die ganze Skala von menschlichen Beziehungen aus meiner Erfahrung und aus meiner Fantasie zu einer Gruppe zusammengefunden haben. Die Welt, wie ich sie sehe, ist da versammelt – Väter, Söhne, Autoritäten, Freunde, Freundinnen. Natürlich überschneiden sie sich öfters, spiegeln sich ineinander, verändern sich von bösen zu guten Figuren und umgekehrt. Wenn ich anfange, ein großes Stück zu besetzen, denke ich oft nicht zuerst an Rollen, sondern an die Gruppe von Schauspielern, die ich mir für dieses Stück denke und wünsche. Allerdings ist der erotische Mittelpunkt die wesentliche erste Entscheidung, und wenn diese Entscheidung nicht sofort, mit Auswahl des Stoffes, stattgefunden hat, betrachte ich den Stoff anschließend mit viel Mißtrauen. Der *Lear* und der *Othello* haben beide stattgefunden, weil meine Projektion auf die zentrale Figur vollkommen mit meinem derzeitigen Empfinden für Wildgruber übereinstimmt. *Kleiner Mann was nun* ging von Hannelore Hoger als Lämmchen aus (und es war sehr typisch für die brutale Realität der Fantasie, daß ich nach einer ganz kurzen Probenzeit ihren Partner austauschte, weil seine Erotik mit Hannelore nicht stimmte, und auch nicht mit meiner). *Hedda* ist entstanden aus einem gewissen Frauenbild, das ich zu dem Zeitpunkt genau mit Rosel Zech identifizieren konnte. Allerdings waren die kindliche Ballettänzerin Cordelia und der volksnahe Narr auch Projektionen der Rosel Zech und der Hoger, aber bestimmt für mich sekundäre, da sie nicht die große Intensität der *Hedda* und vom *Lämmchen* in den anderen Rollen erreichten.

Natürlich finden Projektionen auch von den Schauspielern statt. Auf sich selbst, auch auf den Regisseur. Der Schauspieler sieht ihn als Lehrer, als Freund, als Dummkopf, als Feind, als Sadist oder alles das auf einmal. Und die Schauspieler unter einander können sich auch stark beeinflussen durch das Bild, was jeder von dem anderen im Kopf mit sich herumträgt.

Ich habe noch nie den Weg gewußt, diesen Vorgang der Projektionen zu organisieren, künstlich herzustellen, zu erfinden. Wenn die echte Basis der Vision, die man von dem anderen hat, nicht schon vorhanden ist, bleibt jeder Versuch, sich zu arrangieren genauso steril wie der Versuch, sich im Leben zu arrangieren, wenn die Grundlage einer Beziehung nicht (oder nicht mehr) stimmt.

Es gibt sicherlich Regisseure, die mit einem direkten Zugriff—mir fällt kein besserer Ausdruck ein — die Charakterisierung einer Rolle festlegen, also vom Zentrum der Figur aus, und das bewußt und offen im Gespräch mit dem Schauspieler formen. In meiner Arbeit kann ich nur feststellen, daß das nicht so stattfindet. In den meisten Fällen allerdings gibt es bei mir ein Bild oder besser ein Gefühl für das Zentrum einer Figur, einer Person auf der Bühne — genau wie ein Gefühl bei mir existiert für das Zentrum des Schauspielers, mit dem ich arbeite. Dieser Figur bei dem Schauspieler zum Leben zu verhelfen, besteht aus einem langen und geduldigen Vorgang, in dem in Tausenden von Details die Beziehung von der Figur zu mir und zu den Schauspielern und zu den formalen Spielregeln der Bühne sich immer wieder neu definiert. Hans Magnus Enzensberger, als er bei frühen Proben zu seinem *Menschenfeind* zusah, war erstaunt und verwirrt durch die Tatsache, daß jeder Durchlauf einer Szene vollkommen neu und in ganz vielen Dingen sehr verschieden war. Nur so kann es aber in einer echten Arbeit sein, einer Arbeit, die sich dann durch eine Art von Reduktion ad absurdum auf eine Entscheidung, eine Äußerung, eine Form und eine Figur konzentriert. Die Kette von Erlebnissen, in den Situationen des Schauspielers wird im Verlauf der Proben auf ein Erlebnis reduziert. Auf ein Erlebnis, das alle anderen, die er zuvor durchprobiert hat, noch in irgendeiner Weise mit enthält.

Das scheint mir der wichtigste Punkt zu sein – die Erlebnisse der Probenarbeit in dem Resultat zu enthalten, in ihren ganzen komplizierten Verwicklungen, wobei *eine* Eindeutigkeit, eine Entscheidung das Zentrum der Figur ausmacht. Und bei dieser Arbeit gibt es keine Abkürzung, keine vereinfachenden Umwege. Jeder Schauspieler hat sein eigenes Arbeits- Gefühls- und Denktempo. Das läßt sich im Sinne der Rolle beeinflussen, aber nie grundsätzlich verändern. Wer es versucht, macht aus dem Schauspieler einen Kleiderständer, einen Verwandlungskünstler, einen schlechten Kabarettisten. Alec Guiness, dessen Ruhm auf seiner Verwandlungsgabe beruhte, schien mir immer am interessantesten ohne komische Nase.

Man könnte die Probenarbeit mit Schauspielern auch beschreiben als den Kampf um ein Bild – welches Bild wird mehr Kraft haben, das des Schauspielers, des Regisseurs, des Autors, welches wird sich durchsetzen? Wobei in einer langen Arbeit über Jahre mit einem Regisseur und denselben Schauspielern natürlich sich die Kräfteverhältnisse laufend verändern, nicht nur zwischen Regisseur und Schauspielern, sondern auch unter den Schauspielern. Das muß überhaupt keine Minderung der Gesamtqualität bedeuten, sondern einen natürlichen Lebensablauf mit allen seinen Variationen. Ein Regisseur, der sich auf Biegen und Brechen »durchsetzt«, auch wenn seine Vorstellungskraft nicht so stark ist wie die eines Schauspielers, der an das Gegenteil gewöhnt ist, verhält sich wie eine schlechte Regierung – sie versucht mit Macht das zu erreichen, wozu ihre Kraft nicht ausreicht.

Die Ebene, auf der der »Kampf um das Bild« ausgetragen wird, ist ganz wesentlich. Wenn das Machtbedürfnis einer der Partner größer ist als sein Wahrheitsbedürfnis, ist es leicht, die Arbeit zu zerstören. Wenn die Eitelkeit eines Schauspielers, oder seine zeitweilige Schwäche oder Angst zu groß ist, wenn er – was öfters der Fall ist – sein Image von sich, sein Bild von sich als Schauspieler stärker sucht als die Rolle, wird es zu einem Element in der Arbeit, das sie völlig zerstören kann. Auch hier gibt es keine Abkürzungen, keine »klärenden Aussprachen« oder »Spielregeln«, auf die man sich wie unter Erwachsenen einigt. Nur die vordergründigsten Elemente der Schauspielerei sind bewußt und können durch die Intelligenz gelenkt werden. Ich habe mich eigentlich schon immer wie ein Liebhaber dem Schauspieler (und besonders der Schauspielerin) gegenüber gefühlt, nicht wie ein Lehrer. Beziehungsweise nicht mehr Lehrer, als ein Liebhaber es auch manchmal ist.

Die Form dieser Proben läßt sich durch diese Voraussetzungen vorstellen. Eine lange, geduldige Suche, in der der Schauspieler zur Freiheit kommen muß, sich *echt* zu verhalten und auszudrücken, indem der Schauspieler auch jedes Risiko eingehen kann ohne die Angst, sich vor dem Regisseur oder den Kollegen lächerlich zu machen. Diese Atmosphäre herzustellen ist die erste Aufgabe des Regisseurs. Und wenn bei der Probenarbeit Menschen (Schauspieler oder andere) anwesend sind, die er nicht in diesen Freiraum hineinziehen kann, muß er sich von ihnen trennen. Es war bis jetzt meine Erfahrung, daß solche Schauspieler meistens von alleine aus der Arbeit aussteigen. Die Schauspieler müssen genug Vertrauen in die Arbeit und in den Regisseur haben, um die Suche täglich neu zu beginnen, täglich neu das Risiko einzugehen, daß die Arbeit NIE fertig sein wird. Erst seit der *Lear*-Inszenierung habe ich wirklich verstanden, daß es darum geht, für den größten Teil der Probenarbeit den Gedanken an die Premiere vollkommen auszuschalten.

Zerstören kann jede zu frühe Entscheidung. Wenn der Regisseur ungeduldig zu früh sich für etwas entscheiden will, wird sich der Schauspieler auch zu früh festlegen wollen. Ich finde, der Schauspieler, der sich ab der ersten »Stellprobe«, wie er es nennt, Dinge sucht, um sie festzulegen — wie ein fotografierender Tourist, der nie etwas erlebt, weil er damit beschäftigt ist, das Erlebnis einzuordnen oder zu belegen — verfehlt seinen Job. Für den Regisseur ist es allerdings noch viel schwerer, sich von einer solchen Betrachtungsweise der Arbeit freizuhalten: ich bin sicher, daß ein Regisseur erst wirklich arbeiten kann, wenn er sich über lange Zeiten in der Arbeit verliert und sein Ziel, sein »Bild« nur als Vergleich im Hinterkopf mit sich herumträgt.

Wenn Leistung ein wesentlicher Faktor der Theaterarbeit ist, dann überträgt sich von der Aufführung meistens auch genau das: nämlich daß eine Leistung vollbracht worden ist. Daß die Mächtigen unserer Welt, von Königen bis zu Kultursenatoren, lieber ein solches Theater sehen als eines, daß sich um Leistung nicht schert und damit andere ermuntert, Leistung nicht als oberstes Gebot anzusehen, versteht sich. Alle echte Kunst ist im Wesen revolutionär (allerdings ist nicht alle Kunst, die sich revolutionär gibt, echt)!

Da wir am Ende doch unser Theater einem Publikum vorführen wollen, kommt irgendwann (IMMER zu früh) der Moment, in dem die Arbeit abgeschlossen sein muß. Aber das muß nicht notwendig perfektionieren heißen. Jedes Element einer Inszenierung hat seinen eigenen für sich stimmigen Zustand der Fertigkeit. Perfektionieren bedeutet oft, aus originellen, frischen Erfindungen, die aus zehntausend Probenerlebnissen bestehen, Klischees zu machen — Fertigmachen heißt nicht einordnen, nur soweit ordnen, bis die Absichten, Situationen erkenntlich sind und das auch nur auf der Ebene, auf der sie erkenntlich sein brauchen. Fertigmachen hat mit Genauigkeit nichts zu tun: Ein unverständliches Wort ist oft richtiger und wichtiger zu erkennen (nicht von Philologen und Dramaturgen) als ein deutlich gesprochenes. Nicht Sprache oder Mimik oder irgendeine Art von Artistik soll auf der Bühne vorgeführt werden, sondern Essenzen des Lebens, in verschiedensten Formen, manchmal erkennbar wie das Leben, realistisch also, manchmal verzerrt wie im Traum. Bei großen Dichtern wie Shakespeare enthält ein Stück die Spannweite, alle Arten von Ausdrucksformen zu gestatten, mehr zu verlangen. Alle Formen des Theaterspiels, die nicht durch die Scheußlichkeit von Stileinheit eingeebnet werden dürfen. Auch der Zuschauer soll das Wesen der Geduld kennenlernen, lernen, sich in einen Vorgang versinken zu lassen. Theater darf ihn weder bilden, noch ihn zum kleinen Kritiker, noch zum kleinen Intellektuellen machen wollen. Mit all seinen Fähigkeiten soll der Zuschauer erleben, er soll sich so frei fühlen, wie es der Schauspieler in den Proben tat — wenn er's tat — und er soll wenigstens in der Fantasie dieselben Risiken eingehen. Da findet die Verbrüderung von Zuschauer und Schauspieler statt und nicht, wie zum Beispiel sentimentale Studenten von '68 es dachten, in Einigkeitserklärungen zwischen Akteuren und Publikum, und nicht dadurch, wie die sentimentalen Schauspieler des Living Theatre und ähnliche Richtungen meinen, daß das Publikum sich auf der Bühne befindet oder umgekehrt die Schauspieler im Zuschauerraum. Der Regisseur, der dem Theaterdirektor gegenüber (auch wenn er beides in einer Person verkörpert) die Hauptverantwortung trägt, garantiert die Premiere — nicht ohne die Mitverantwortung, versteht sich, der Schauspieler. Aber, im Zweifelsfall, auch gegen sie. Kein Schauspieler kann sich in frühen Probenstadien wirklich frei fühlen, wenn er nicht die Sicherheit hat, daß der Regisseur am Ende die notwendigen Entscheidungen trifft, um eine, wenn möglich, erfolgreiche Premiere zustande zu bringen. Kein Schauspieler sucht wirklich komplizierte Zwischentöne und die differenziertesten Ecken seiner Rolle, wenn er nicht sicher sein kann, daß der Regisseur sie zu schätzen weiß, zu lieben weiß, und ihn die physische Möglichkeit auf der Bühne, die richtige Position, das Licht, alles was nötig ist, findet, um das, was er gefunden hat, genau zu formulieren für das Publikum.

Eva Mattes, Jutta Hoffmann in
Yerma, München, 1984

In dieses Stück *Yerma* von Lorca habe ich mich vor dreißig Jahren verliebt, und es ist durch all die Jahre, während denen ich nie ein Stück von Lorca inszenierte, eine große Liebe von mir geblieben. Es konkurriert (um Liebe) mit *Alice im Wunderland*, *Maß für Maß*, *Peter Pan* und *Bunbury*, mit denen es auf den ersten Blick wenig Ähnlichkeit hat. Oder doch: die verdrängte Homosexualität, die gar nicht verdrängte Sehnsucht nach der eigenen Kindheit, nach Kindheit überhaupt. Wilde, Barrie, Shakespeare, Caroll teilten alle diese Sehnsüchte.

»Manchmal denke ich, daß ich mein eigenes Kind bin«, sagt Yerma. Und in ihrer besessenen Reinheit bekämpft sie den Mann, der ihr das Kind geben könnte, macht sich dabei zu seinem Kind, zerstört ihre Umwelt und zuletzt den Mann. Aus Sehnsucht. Nach einem Kind, in dem sie sich wiederfinden kann.

Ein sehr intelligenter Freund und Schriftsteller, dem ich erzählte, ich würde *Yerma* inszenieren — »das Stück über die Frau, die kein Kind kriegt, aber unbedingt eins will« — sagte lächelnd: »Ach ja, da unten (er meinte am Mittelmeer) regen die sich über dieses Problem noch auf!« Recht hat er. Hier

172

Jutta Hoffmann, Juraj Kukura in
Yerma, München, 1984

aber regt man sich mehr über die Gleichberechtigung auf, als über die Besonderheit von Frauen, nämlich daß sie Kinder kriegen können. Auch diesem Wandel und den Irrwegen des Feminismus hat der weise, intuitive »Mittel«-Dichter Lorca in seinem großen Stück über Frauen, *Yerma*, nachgespürt.

»Du bist keine richtige Frau, Du willst meinen Willen zerstören«, stöhnt der verzweifelte Juan, der Ehemann.

»Ich weiß nicht, wer ich bin«, antwortet Yerma, vierzig Jahre nachdem Nora meinte, es genau zu wissen.

Aber *Yerma* ist kein Stück à thèse — Ideen kommen vor wie Launen, mal werden sie weitergedacht, mal nur berührt. So vieles hat der Dichter García Lorca über Menschen gewußt und geahnt, er hat nie die Not verspürt, es zu beweisen. Er war ja Dichter, wie Shakespeare, nicht Pädagoge.

Soviel ich weiß, ist *Yerma* das einzige bedeutende Stück über eine Frau, die kein Kind kriegt und an der Sehnsucht danach zugrunde geht. Ich glaube, daß Lorca behauptet (hier, in diesem Stück), daß diese Sehnsucht der Grundtrieb der Frau ist. Ich glaube, er hat recht.

173

Günther Lüders
1975

Der Tod von Günther Lüders ist ein Verlust für das deutsche Theater, das Bochumer Theater insbesondere (mit dem er sich in den letzten Jahren stark identifizierte) und für mich. Er war eine der Ausnahmen, einer der wenigen Schauspieler der »alten Garde«, der großes Verständnis hatte für neue, experimentelle Arbeit, der bis zuletzt künstlerische Risiken einging (so wie er überzeugt war), und der bei aller Frische und Modernität (im unmodischen Sinn) nie seinen höflichen, altmodischen Stil aufgab. Seine Anwesenheit bei Proben machte die Arbeit sofort ernst und lustig. Sein Enthusiasmus, seine unzerstörbare Neugier, machte jede Arbeit mit ihm zu etwas Besonderem. Als wir uns in Stuttgart bei der Arbeit zum *Geizigen* trafen, war er erst mißtrauisch. Aber bald, als er merkte, daß mich seine Art Fantasie begeisterte und daß ich seinen Humor genoß, fragte er nur bescheiden, leicht ironisch, und für mich erstaunlich — »Muß ich jetzt wirklich, in meinem Alter, ganz neu gehen lernen?« Und er tat es, weil er es richtig fand und weil er neugierig war, wie man neu gehen kann.

Mich haben die feinen und zarten Töne am meisten fasziniert, die Zurückhaltung, mit der er den Onkel Gayev im *Kirschgarten* spielte oder, am schönsten fast, die undankbarste aller Rollen, die er bestimmt zum Teil seinem Freund Hans Mahnke zuliebe gespielt hat, den Antonio im *Kaufmann von Venedig*.

Es ist beschissen, daß er nicht mehr zu heilen war.

O. E. Hasse
1979

Ich lernte O. E. Hasse vor vielen Jahren in Berlin kennen, an einem Abend bei Jochen Severin, mit dem wir beide befreundet waren. Wir wußten damals sicherlich, daß wir einmal miteinander arbeiten würden. Die Gelegenheit ergab sich aber erst zehn Jahre später. Dazwischen sah ich ihn gelegentlich auf der Bühne (er machte ja prinzipiell kein Fernsehen), und was ich sah, gefiel mir überhaupt nicht. Ich fand ihn eitel und auf sich bezogen. Wenn man als Regisseur lange und in den verschiedensten Situationen arbeitet, gehen einem die Schauspieler, mit denen man gearbeitet hat und wieder arbeiten will, wie auch die Schauspieler, mit denen man zum ersten Mal arbeiten will, viel durch den Kopf. Hasse war da nicht dabei.

Im Jahr 1971, also ein Jahr bevor ich in Bochum meine Intendanz anfing, schickte mir Tankred Dorst, zu der Zeit unser »Haus-Autor« und ein alter Freund und Kollaborateur von mir (wir hatten viele Fernsehabende zusammen gemacht), sein neues Stück *Eiszeit*. Er schickte mir, wie immer, die erste Rohfassung. Bei ihm sind das immer die interessantesten Vorlagen, bevor er in einer ersten Korrektur rauskorrigiert, was später den ängstlichen Zuschauern und den Kritikern unter Umständen nicht gefallen könnte. Dorst meinte, seine Idealbesetzung für die Rolle des alten Hamsun sei Minetti. In Hamburg, wo das Stück auch schon geplant war, würde es Werner Hinz spielen, naheliegend, weil Werner Hinz ein Bewunderer und ehemaliger Freund von Hamsun war.

Dorst hatte das Wunder vollbracht, nicht nur ein sehr gutes Stück zu schreiben, sondern das *erste* wichtige Stück seit dem Krieg, in dem Sympathie für einen Nazi gezeigt wurde, in dem ein ehemaliger Nazi nach dem Krieg behauptete, immer noch einer zu sein und das auch (trotz großer Schäden für ihn selbst) vertreten konnte. Außerdem war es eine grandiose Rolle für einen alten Schauspieler, eine Rolle, die, wie man sagt, »einem nicht oft angeboten wird«. Ich las das Stück, fand es aufregend und dachte an O. E.

Hasse. Hasse war äußerlich und oberflächlich gesehen ganz falsch für die Rolle. Hamsun war ein kleiner, steifer, harter Bauer. Jede Räson sprach für Minetti, ich war aber sicher, daß das Zentrum des Stücks in der Selbstironie, dem Trotzdem-lachen eines alten Mannes lag. Eines alten Mannes, der arrogant und höhnisch die Welt und die Menschen um und unter sich betrachtet. Wie aufregend wäre es, meinte ich, nachdem ich das Stück gelesen hatte, wenn man einen Schauspieler haben würde, der durch seine wirkliche Arroganz und seine echte komplizierte Haltung zu einem autoritären Regime die Rolle gegen das Publikum spielen würde und trotzdem das Publikum zwingen würde, sich mit ihm zu identifizieren. Hasse glaubte an die Macht und Rechtfertigung der einzelnen großen Persönlichkeit, und mit diesem Glauben war er identisch. Hasse war für mich die einzig mögliche Besetzung, und ich sagte Tankred: Hasse oder gar nicht. Ich war ganz sicher, daß Hasse das Stück annehmen würde, wenn es überhaupt zeitlich ging, aber ich hätte das Stück auch auf Eis gelegt, um ihn zu bekommen (auch wenn ich dadurch die Uraufführung verpaßt hätte). Nun ja, Hasse nahm die Rolle sofort an, spielte sie erst in Bochum, dann in Berlin und zuletzt in meinem Film *Eiszeit*. Es wurde eine Rolle, die man mit Hasse identifizierte, und es wurde eine überwältigende künstlerische Leistung. Weil er kompromißlos gegen das Publikum spielte und das Publikum so sehr überzeugte, daß es ihm unwillkürlich großen Beifall zukommen ließ, als er die böseste Rede des »Alten« im Stück sprach.

»Ich bin kein Sozialist. Ich habe niemals Sympathien für den Sozialismus gehabt ... Fortschritt! Fortschritt!« (»Der Alte« im Stück sagt hier vor einer Kommission aus, die nach dem Krieg, als Hamsun schon neunzig war, ihn wegen Kollaboration anklagte.) »Ich bin Individualist ... Ich bin auch gegen die Demokratie von Präsident Truman. In meiner Jugend habe ich die amerikanische demokratische Freiheit kennengelernt ... Taucht in dieser Demokratie einer auf und ist für das Königstum, so ist er ihnen nicht frei genug, sie jagen ihn zum Land hinaus. Und dann habe ich erlebt, daß sieben Leute sich aus diesem demokratischen Mob erhoben, die glaubten an den Anarchismus, der Anarchismus war für sie die zukünftige Gesellschaftsform — die waren ihnen zu frei, und da hat man sie aufgehängt. Was über George Washingtons äußerst einfaches Gehirn hinausgeht ... wird bestraft. So sieht die demokratische Freiheit aus — nicht eine Freiheit für die Person, sondern für die Massen. Ich bin Anhänger des patriarchalischen Systems. Heute wird man als Verbrecher angesehen, wenn man für die pa-

176

triarchalische Ordnung eintritt...Schon in meiner Jugend hat man viel von Freiheit gesprochen. Das spukte so in den Köpfen herum...Ich habe schon damals gesehen, daß sie gar nichts mit ihrer Freiheit anfangen können. Sie machen nur ein Geschrei in den Sportpalästen und starren hypnotisiert auf irgendeinen Filmstar. Sie wollen gar nicht frei sein. Sie wollen bloß immer das Wort schreien: Freiheit. Dann sind sie schon zufrieden. Und man kann mit ihnen machen, was man will. Geschäfte oder auch Krieg. Ja, sie wollen sogar geschlagen werden. Sie wollen ihre Wunden zeigen. Und sie wollen Blut sehen. Der Mensch ist ein blutgieriges Tier, eine brutale Bestie, und nur eine eiserne Hand oder ein großes Unglück hält ihn einigermaßen im Zaun. Eine patriarchalische Ordnung, das ist das Glück der Menschen.«
Indem ich die Rede so ausführlich zitiere, bin ich nicht so naiv, zu denken, daß ein Schauspieler sich je voll und *wörtlich* mit einem Text identifiziert, den er auf der Bühne spricht. Boy Gobert als der opportunistische Manager in meiner Inszenierung von Griffiths *Komiker* (1977) war brillant, *nicht* weil er sich mit dem schwachsinnigen Opportunismus der Figur identifizierte, sondern weil er genug von dem bei ihm angeprangerten Pragmatis-

Hans Mahnke, O. E. Hasse in
Eiszeit, Berlin, 1974

177

mus besaß, um sich jedesmal, wenn er vor seinem Publikum stand, mit seiner eigenen Haltung und seinem Image auseinandersetzen zu müssen. Ähnlich war der Fall bei Hasse. Und diese Rolle war auch widersprüchlich genug, daß seine sehr rege Intelligenz ihm sagte, daß er in dem Stück niemals als programmatischer Reaktionär gesehen würde.

Es ist schwer, den Realitätsgehalt bei einem Schauspieler wirklich ins Spiel zu bringen — aber ohne das ist Theater die langweiligste Sache überhaupt. Aber es verlangt Courage, Humor und große Fantasie, es auf eine so brisante Weise zu tun wie Hasse in *Eiszeit*!

Er kam nach Bochum, wo er umgeben war von lauter »jungen« Leuten, die meisten waren »links« und redeten viel über Freiheit. Damals nannte man es, glaube ich, Mitbestimmung. Sie regten sich auf über die Stargage, die Hasse bekam. Hasse regte sich auf über die schlechte Luft im Ruhrgebiet. Die Arbeit dagegen war nüchtern, professionell und gänzlich unzickig. Hasse erkannte sofort (und nahm auch gleich die Herausforderung an), daß Hannelore Hoger, die trotz ihrer Jugend seine Frau spielte, im größten Spannungsverhältnis zu ihm stand — wie sie auch im größten Spannungsverhältnis zu mir stand und eine Art Identifizierungspunkt für den Freiheitsdrang des Ensembles bildete. Schauspieler sind sich bei mir nicht immer sicher, ob ich »progressiv«, autoritär oder gar nichts bin. Hasse erkannte aber auch das Riesentalent der Hoger, und ich glaube, das war das Ausschlaggebende der Begegnung und am Ende des gegenseitigen Akzeptierens. Sein Instinkt für Kraft, Fantasie und Können im Theater war ganz unfehlbar.

Als wir dann den Film *Eiszeit* in Norwegen drehten, war schon ein wenig die Luft raus. Die abendliche Runde (Hasse, Schmiedinger, Karzau, Dorst, und wer sonst noch grad beim Dreh war) war wie eine Theatererinnerung an alte Zeiten, die mir auch fremd waren und mich während des Filmens, das genug Probleme brachte, nicht sonderlich interessierten. Hasse war von erstaunlicher Zähigkeit, trotz seines Alters. Wir drehten manchmal zehn Stunden am Tag, er war fast ständig (meist in Großaufnahme) vor der Kamera und machte nie schlapp.

Nur einmal drehte er förmlich durch, als ein hart geprüfter Garderobier in der Tasche seines Morgenrocks ein schmutziges Taschentuch, das jemand anders benutzt hatte, steckenließ und Hasse es während einer Szene plötzlich in der Hand hatte. Er wurde bleich, ich dachte, er würde ohnmächtig werden vor Ekel, und weigerte sich, weiterzuarbeiten. Als ich ihn dann

178

doch überreden konnte, wurde aus der Szene nichts. Er stellte sich wohl dabei immer das glitschige Ding in der Hand vor.

Ich habe Hasse weder O. E. genannt noch gedacht. Es bestand zwischen uns weder Freundschaft noch großes intimes Empfinden. Nur Respekt, und das hauptsächlich bezogen auf diese große Zusammenarbeit.

Das O. E. Hasse für mich ganz wunderbar den vertrottelten M'sieur in der *Geisel* sowohl auf der Bühne als auch in dem von ihm verachteten Fernsehen spielte, war ein großes Kompliment für mich und eine größere Qual für ihn. Die Kraßheit und Anarchie der Aufführung schockierten ihn. Außerdem war er nicht absoluter Mittelpunkt. Und das muß der Patriarch dann doch wohl sein.

Hans Mahnke (als Gloster) mit Fritz Schediwy in
König Lear, Bochum, 1974

Hans Mahnke
1978

Mir fällt zu Hans Mahnke überhaupt nichts Kluges ein. So war das auch in der Arbeit. Er war ein einfacher, direkter Schauspieler. Er war aber auch listig und ein Zauberer. Oft wußte man nicht genau, warum er etwas tat oder nicht tat, oft wußte er es selber nicht, glaube ich. Aber das waren meistens die größten erstaunlichen Augenblicke. Er war sentimental, rührend und sehr kalt und berechnend als Schauspieler. Seine Schwächen und kleinen Weh-wehs in den letzten Jahren, in denen ich ihn kannte, waren meistens Tricks, um eine Szene anders zu spielen, um sich Zeit zu geben, etwas anderes zu erfinden. Er wußte, daß ich das wußte, und wir spielten das Spiel sehr ernsthaft. Diskussionen langweilten ihn. Lieber eine deutliche und einsehbare Regieanweisung als eine halbe Stunde komplizierter Erklärung. Also war er die Ausnahme im Ensemble. Er hatte seine Sonderposition, und niemand nahm sie ihm übel. Daß er schon lange nicht mehr viel Text behielt, wußte man. Und man stellte sich darauf ein. Hatte er einen Hänger — im *Kaufmann von Venedig* zum Beispiel — dichtete er improvisiert perfekte Jamben, ohne daß auch ein einziger Kritiker, geschweige denn ein normaler Theaterbesucher es merkte. Dann hörte er plötzlich auf, schaute erstaunt seinen Partner auf der Bühne an (der verzweifelt auf ein nie kommendes Stichwort wartete) und man sah mal wieder, wie schlecht die jungen Leute ihren Text konnten, während der alte Mahnke diese endlosen Reden geradezu sprudelte. Aber er war auch sehr großzügig zu seinen jüngeren Kollegen, wenn er sie mochte. Als Joachim Kaiser einen besonders bösartigen Verriß über Wildgruber in derselben Aufführung schrieb, setzte sich der Achtundsechzigjährige hin und schrieb einen höflichen, aber strengen Brief an den Kritiker. Man solle, schrieb er, behutsamer sein, wenn man junge Schauspieler kritisiere, sonst müsse man damit rechnen, daß sie dauernde Schäden davontrügen.
Hans war der vitale Mittelpunkt des Bochumer Ensembles. Ich liebte ihn

wie meinen Vater und wie ein wunderbares weises Kind — längst nicht so intelligent wie ich, aber viel mehr wissend, ahnend über die wirklich wichtigen Dinge, über die Geheimnisse. Seine Raumverdrängung war unvergleichbar, seine Stimme eine »Röhre« oder auch das zärtlichste, weichste Organ der Welt. Zur Verzweiflung aller Souffleusen war er etwas taub, nur wenn er wollte, versteht sich. Er machte schreckliche Szenen, für die er sich sofort ausführlich und wiederholt entschuldigte. Meine erste Begegnung mit ihm war so: Peter Palitzsch hatte mir vorgeschlagen, den *Kirschgarten* in Stuttgart zu inszenieren. Ich hatte das Stück gerade fürs Fernsehen gemacht mit Rudolf Forster in der Rolle des alten Dieners Firs. Jetzt wollte ich Mahnke für die Rolle und sagte das Palitzsch. »Unwahrscheinlich«, war die Antwort, »Hans ist zu alt und zu überarbeitet.« Ich sagte »Gut — dann vergessen wir die Inszenierung und ich reise ab« und bat Palitzsch, Mahnke das zu sagen. Am nächsten Tag Treffen mit Mahnke. Er war entsetzt: ich könnte doch nicht wegen ihm und dazu in einer kleinen Rolle die ganze Inszenierung wegtun! Doch, ich könnte und würde, riskierte ich. »Ja, dann muß ich's wohl spielen«, sagte Hans. Seitdem haben wir viele große und kleine Arbeiten zusammen gemacht, wobei meine liebste Arbeit mit ihm der Sorin war in der *Möwe*. Palitzsch, der die Aufführung sah, sagte erschüttert: »Hans spielt sein eigenes Sterben.«

Der Ort
1988

Die Auswahl des Spielorts hängt oft vom Produzenten und nicht vom Regisseur ab. Trotzdem haben wir neue Freiheiten gewonnen seit den Sechziger Jahren. Alle Arten von Hallen, Fabriken, Zelten, Kirchen, Kneipen, Kinos sind auf jeden Fall von dem alternativen Theater benutzt worden, in England, Amerika und Frankreich allemal, aber auch in der Bundesrepublik. Gegen Mitte der sechziger Jahre fiel einem das schon auf die Nerven. Der ursprüngliche Grund, neue Räume zu suchen, war fast überholt, das Ziel, ein junges Publikum ins Theater zu holen, die Tempel-Atmosphäre der Staatstheater aufzulockern, weitgehend erreicht. Die harten Bänke der Schaubühne fingen an, ihren Reiz zu verlieren. Heute, in einer Zeit der Reaktion, einer Zeit der Flucht in die Gemütlichkeit, hat sich das alternative Theater mehr und mehr von dem subventionierten Staatstheater abgetrennt. Man spielt wieder in richtigen Theatern, wenn man Neuenfels, Stein, Grüber, Bondy oder Zadek heißt. Wir stehen aber jetzt kurz vor dem Zusammenbruch dieses fetten, satten, reaktionär gewordenen Langweilertheaters und unter anderem wird sich die Raumfrage wieder stellen; auch ist sie nicht zu trennen von der ästhetischen überhaupt. Schon die Akustik von einem Raum, der nicht für Theater erfunden wurde, verlangt andere Schauspielerei, unter Umständen eine Vergrößerung der Mittel. Die Inszenierungen von Ariane Mnouchkine sind nur denkbar im Zusammenhang mit der Vincennes-Fabrik, sowohl von ihrer politischen, ästhetischen Grundhaltung her, als auch bis zu jedem Bühnendetail. Mnouchkines Schauspieler, eine der wenigen langjährig zusammengebliebenen Truppen, haben ihre Spielart für diese Räume entwickelt, wie Shakespeares Truppe es für das Globe gemacht hat. Auf ähnliche Weise haben die Stückformen, auch die Inhalte von Mnouchkines Inszenierungen — wie Shakespeares — einen engen Zusammenhang mit den räumlichen Voraussetzungen, sogar mit der kleinen Entfernung von Paris nach Vincennes.

Wenn *Mephisto* in Mnouchkines Bearbeitung in irgendwelchen Theatern von anderen Schauspielern gespielt und einem anderen Regisseur inszeniert wurde, lag der Mißerfolg nicht zuletzt an der Tatsache, daß die Bearbeitung für einen bestimmten Raum konzipiert wurde.

Zum Umfeld einer Inszenierung gehören die Spielregeln, die Grenzen im physischen wie im psychologischen Sinn: Besonders beeinflußt es nachhaltig Entfaltung und Freiheit (oder Unfreiheit) des Schauspielers sowie der anderen Theatermacher, wo es darum geht, der gegebenen Fantasie am entsprechenden Ort zum Ausdruck zu verhelfen. Es schränkt den Fantasievorgang in bezug auf die Arbeit an einer besonderen Inszenierung ein und grenzt ihn gegen die Außenwelt, die Realität, sogar gegen einen Vergleich mit der Realität ab. Im Gegensatz zu der offenen Arbeitsweise von Brecht, der seine Schauspieler sozusagen abhärtet gegen den Einbruch von Realität, indem er immer wieder Publikum bei den Proben zuläßt – es sogar wünscht –, glaube ich, daß Schauspieler, die zu früh fremden Augen und Ohren ausgesetzt sind, sich zu sehr auf die Erwartungshaltung des Publikums einstellen und dadurch nie zu ihrem eigenen, ganz persönlichen Ausdruck kommen. Sie lernen, »eine dicke Haut« zu haben, die auf den unkomplizierten Zuschauer als »Uneitelkeit« wirkt, aber eigentlich Künstlichkeit in einem frühen Stadium erzeugt. Verfremdung und Distanz, so wichtig sie in einer bestimmten Phase der Arbeit auch sind, dürfen nicht zu einem Mittel der Verallgemeinerung, Klischierung des Ausdrucks werden.

Es geht in erster Linie vorrangig um die Einmaligkeit des schauspielerischen Ausdrucks, der Psyche des einzelnen Menschen. Das ist eine moralische Notwendigkeit, nicht nur eine ästhetische. Vergewaltigte oder kompromißlustige Akteure sind leicht verdaulich, leicht zu definieren und unendlich langweilig. Viel langweiliger als die simpelste Begegnung mit Menschen auf der Straße, deren bloßes Agieren und Reagieren dort jederzeit unerwartet sind.

Das unabgesicherte Umfeld läßt Verallgemeinerung und Stilisierung in einem viel zu frühen Stadium zu, noch bevor die Individualität des Schauspielers die Möglichkeiten seines privaten, persönlichen Verhältnisses zu der Rolle ausgelotet, gefunden hat. Folglich muß das Allerschwierigste geleistet werden: die Schließung und Absicherung des Umfeldes.

Der Rhythmus
1988

Der Probenrhythmus ist am Ende der Rhythmus der Aufführung. Er hängt ab vom innersten Rhythmus des Stücks, vom rhythmischen Empfinden des Regisseurs, von den Gegebenheiten der Inszenierung wie Länge der Probenzeit, Situation der Probenräume, dem gesamten Umfang der Produktion also und, natürlich ganz wesentlich vom rhythmischen Empfinden der einzelnen Schauspieler.

Rhythmus ist Herzschlag, ist auch Tempo, Gleichgewicht, aber es ist im wesentlichen das Lebensgefühl der Inszenierung. Wenn ich Shakespeare inszeniere, weiß ich, daß ich das nicht weniger als im Laufe von drei Monaten kann. Das bedeutet nicht allein eine notwendige Anzahl von Probentagen, sondern es ist auch die Zeit als Sphäre, die elastisch und dehnbar sein muß für die verschiedentlichen Anläufe in den Begegnungen zwischen Text und Person, zwischen Sprache und Ausdruck, für ein langes, vielfältiges Suchen und Formulieren bis hin zur einer ausreichenden Schlußphase. Bei einem großen poetischen Werk, wie es alle Stücke von Shakespeare sind, bin ich darauf gefaßt, daß im Verlauf der Proben neue und unerwartete Erkenntnisse die Arbeit durcheinanderbringen und verzögern. Wenn ich mich in den Proben zu früh festlege, stellt sich oft zu spät irgendein wichtiges neues Element ein, das nicht mehr wirklich verarbeitet werden kann.

In der Inszenierung vom *Wintermärchen* am Hamburger Schauspielhaus von 1978 wußte ich von Beginn an, daß es über den Böhmen-Akt schwierige Entscheidungen geben würde. Wie alle ländlichen Szenen bei Shakespeare, ist auch hier die Geschichte zunächst stark an seine eigene Warwickshire-Landschaft gebunden, die parkähnlichen englischen Felder und Hecken mit ihren wilden Blumen und zahmen Tieren. Aber die Logik des Stücks verlangt eine fantastisch-realistische Welt, in der Bären wie auch Schafe leben. Im manieristischen Ganzen des großen Aktes, zwischen den beiden sizilianischen Bildern, findet dieses kuriose ländliche Idyll — Böhmen am Meer! — statt. In einem recht fortgeschrittenen Stadium der Proben brachte jemand das Kinderspielzeug »Slime« mit, und ich entschied für dieses grüne Zeug als Basis des ganzen Akts. Man rutschte fortan in dieser grünen Plastikmasse herum und war fast gezwungen wie in slow-motion zu gehen. Die Entscheidung für dieses Material bedeutete eine Verlangsamung der Bewegungen dieses Aktes und änderte also den Rhythmus des ganzen Stücks. Der wurde auch ganz einfach länger, als ihn Shakespeare für sein Stück gedacht hatte. Man spürte auch als Zuschauer, da bin ich sicher, die Uneinigkeit hier zwischen Stückrhythmus und Inszenierung. Der Akt langweilte mich denn auch ein bißchen. Dagegen brachte er der Inszenierung ein großes sinnliches Mittel. Ein ausreichendes Mittel, eine ganze Welt darzustellen: Böhmen am Meer! Die endgültige Entscheidung, dieses Mittel doch nicht wieder rauszuschmeißen, fiel ganz kurz vor der Premiere. Die Schauspieler spielten das ganze Stück mit einer dergestalt freien und entfesselten Fantasie (Wildgruber, Lause, Zech, Ritter, Berndl, Giskes usf.), daß das Risiko sich tragen ließ.

Trotzdem, trotz des Erfolges und trotz der eigentlichen Richtigkeit dieser Entscheidung, bleibt (bei mir) der Nachgeschmack von einer kleinen Vergewaltigung, die dem Stück von Shakespeare unnötigerweise aufgezwungen worden ist. Diese Unsauberkeit (sicher eine von vielen natürlich, da Theater von Menschen, nicht von perfekten Instrumenten gemacht wird) hinterläßt die Feststellung, daß man doch noch ein besseres Mittel hätte finden können, das in den rhythmischen Ablauf des Stückes von Shakespeare nicht so schwerwiegend eingriff.

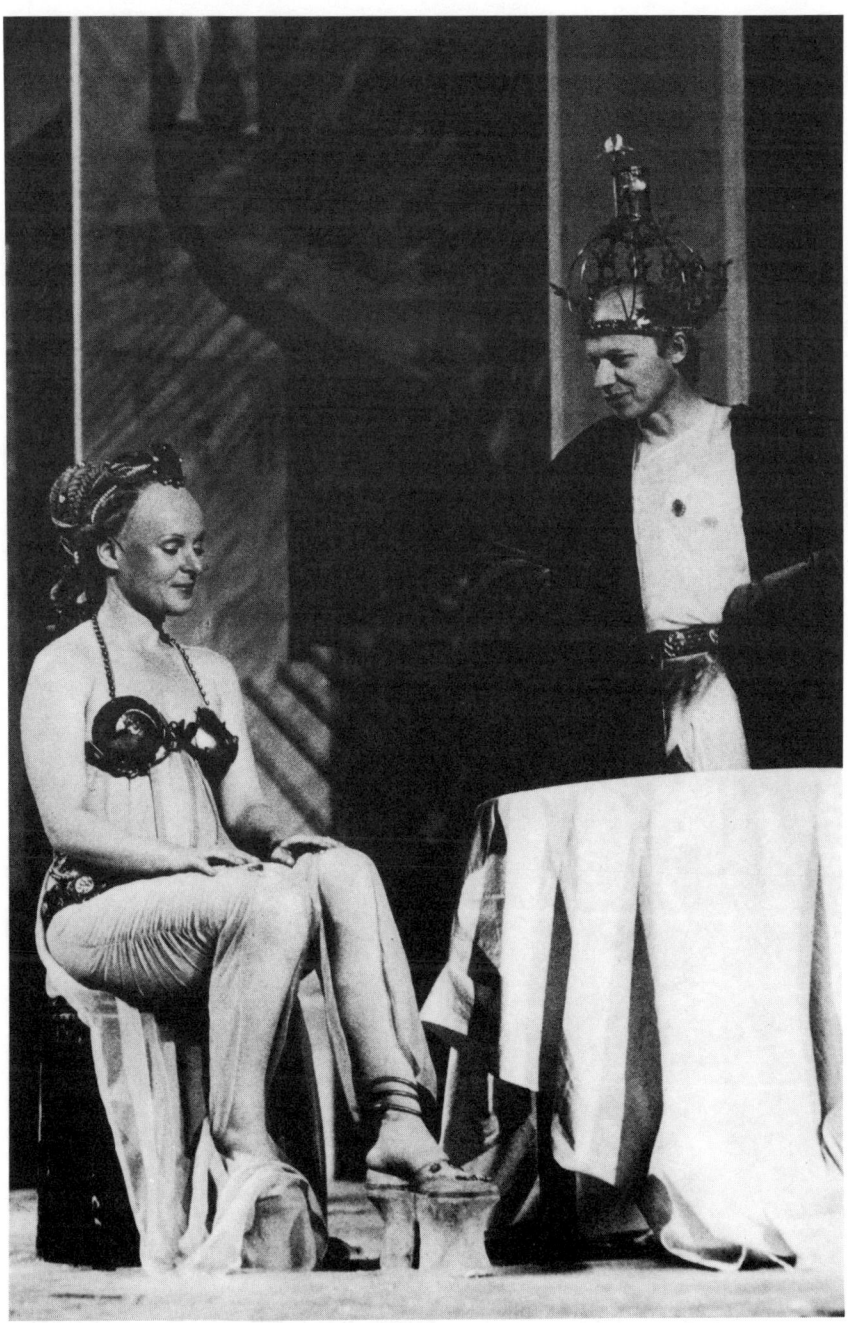

Rosel Zech, Hermann Lause in
Wintermärchen, Hamburg, 1978

Ein Hofnarr spricht
1979

Theater, das ich mag, hat immer etwas von einem Fest. Es ist gut, daß sich in den letzten Jahren die Festivals vermehrt haben und daß sich Festlichkeit mit Theater, das allzu nüchtern geworden war, wieder verbindet. Ich mag auch, daß eine fast unüberschaubare Menge von verschiedenen Theaterabenden in kurzer Zeit aufeinanderfolgen, alle die Einmaligkeit, die Unwiederholbarkeit betonend, die der größte Reiz des Theaters sind. Die Stadt Berlin hat mit dem Satz »Theater ist immer live« Reklame gemacht. Der platteste und richtigste Gedanke über Theater. In unserem Computerzeitalter ist das Theater eine der Kunstformen, die noch erstaunen lassen,

Mit Eva Mattes

188

wo an einem unwiederholbaren Abend ein aufregender Moment passieren kann, vielleicht an einer ganz unbedeutenden Stelle des Dramas, durch die Inspiration eines einzelnen oder einer Gruppe. Solche Momente im Theater zu erwarten, ist fast so spannend wie das Leben selbst. Oscar Wilde schrieb: »Die Kunst ist nicht wie das Leben. Sie ist das Leben. Und ein Londoner Smog ist nur eine weniger wirksame Nachahmung von dem lebendigen Nebel in Turners Bildern.«

Theater ist nicht nur wie das Leben, es ist das Leben und darf sich nicht zu weit aus dem Leben der Nicht-Theaterwelt zurückziehen. Es existiert und gedeiht am besten an der Front. Da ist es allerdings auch am gefährdetsten, wie die Ereignisse des letzten Jahres in dieser Stadt geradezu exemplarisch zeigen. Theater muß Risiken nehmen, um seine Aufgaben zu erfüllen.

Aber eine Gesellschaft, die lieber ihre Ruhe hat, konnte schon immer ganz schwer mit provokativem Theater fertig werden. Lebendiges Theater hat schon immer angeeckt und verunsichert. Man kann scheinbar das Theater immer wieder zerstören und in Ecken drängen, es kommt, wie der Zauberer Merlin, immer wieder in anderer Form, an den unglaublichsten Orten, zum Vorschein.

Trotz aller Freude an Festen stört mich dabei der Ehrgeiz. Der Ehrgeiz, das beste und originellste Festival gemacht zu haben, der Ehrgeiz, die beste Truppe oder Gruppe gewesen zu sein, oder auch das beste Land, oder am besten sein Land vertreten zu haben. Der Ehrgeiz, die meisten Zuschauer und die hymnischsten Kritiken gehabt zu haben. Der Ehrgeiz läuft immer neben so einem Festival her, wie eine Pest.

Und nicht nur beim Festival. Unsere Kunst, unser ganzer Kulturbetrieb, steht heute im Zeichen des Ehrgeizes, vor allem. Der Ehrgeiz nach dem großen Erfolg ersetzt zu oft den Genuß, den das Theatermachen einem an sich gibt. Das Gemachte ist dann auch freudlos und tot. Die Preisträger-Gesinnung hat gesiegt.

Als ich vor ein paar Jahren anfing, hier im Schauspielhaus *Othello* zu inszenieren, begann ich die Proben, wie ich es oft tue, mit Improvisationen. Der Schauspieler, der damals den Jago probierte, fragte mich, ob wir bei der Premiere immer noch improvisieren würden. Ich sagte ihm, daß die Premiere mich zur Zeit noch nicht interessiere. Der Schauspieler, ein exzellenter Schauspieler übrigens, wollte mir das nicht glauben. Ein paar Tage später gab er die Rolle ab. Ohne genaues Ziel konnte er nicht arbeiten. Ehrgeiz. Die Premiere. Das Ziel.

Die Premiere ist nicht das Ziel der Theaterarbeit, sondern das Ergebnis. Der Moment, in dem man arbeitet, jeden Tag, in Proben, Vorbereitungen, Gedanken — das ist das Ziel. Daß diese Momente so voll Kreativität sind wie möglich, daß jeder, der da mitarbeitet, soviel von sich in die Arbeit einbringen kann, wie möglich, das ist das Ziel. Und dann, am Ende, ist sicherlich auch ein Ziel, daß bei der Premiere das Abenteuer, das man in den Proben durchlebt hat, sich so weit und so genau wie möglich übersetzt und daß sich davon so viel wie möglich für das Publikum überträgt. Genauso wenig wie das Ende, das Ziel einer Ferienreise, den Genuß der Ferien ausmacht, genausowenig ist das Endergebnis der Theaterarbeit — die Premiere — ihr eigentliches Wesen.

Theatermacher sind leicht verführbar, ihr Ehrgeiz läßt sich leicht anzapfen. Daß die Kriterien unserer Leistungsgesellschaft — daß jede Tätigkeit ein greifbares und zählbares Resultat vorzeigen muß — daß diese Kriterien nicht gut auf Theater anwendbar sind, ist eine Tatsache, die wir im Theater zu wenig verstanden haben. Daß Erfolg nicht unbedingt mit Qualität identisch ist, daß viele Besucher bei einer Aufführung zwar unser berechtigter Wunsch sind, aber nicht unbedingt ein Maß von Qualität sein müssen — das sind alles schwierigste Punkte, zu vertreten bei einer Kunst, die nicht, wie etwa die Malerei, ganz besonders für ihre Esoterik geschätzt wird, ja, die fast auf der Straße stattfindet (oder stattfinden sollte). Wenn Theaterleiter nicht ehrgeizig wären, wenn Kulturpolitiker nicht damit rechnen könnten, daß wir im Theater ein ähnliches Leistungsempfinden und Konkurrenzdenken haben wie sie, dann würde das Theater ja ganz gefährlich. Dann würden wir ja machen was wir wollen, was uns gefällt und nicht, und darum geht's: Was den meisten gefallen soll, was man im Kulturprogramm versprochen hat und was zu positiven Wahlergebnissen der installierten politischen Partei beiträgt. Machen, was einem selber gefällt und es darauf ankommen lassen, ob es jemand anderem auch gefällt, das ist der Weg des lebendigen Theaters, der lebendigen Auseinandersetzung, und sowieso der Weg aller Arten von Kunst.

Das Bild des Theatermachers als Hofnarr scheint mir immer noch am richtigsten. Theater als ein Freiraum zum Spielen, während die ernsten Leute zuviel Ehrgeiz haben, um sich die Zeit zum Spielen zu nehmen; als Freiraum zum Spotten, während die Erwachsenen mit überernsthaften Gebärden in der Welt ihre Rollen vorführen; und ein Freiraum für Leidenschaft, Exzesse, Verrücktheiten, Wut und Freude — Gefühle, die im Alltag in der Grauheit unserer Zeit nur noch verdünnt wie Schleimsuppe ihren Platz haben. Leider nicht nur im Alltag, sondern eben auch in dem, was sich meist Theater nennt. Schleimsuppe. Theater, dem Fernsehen nachgemacht. Imitierte Schleimsuppe. Obwohl zur Zeit in aller Welt Kultur den Kampf gegen Kunst zu gewinnen scheint, wird dieses Festival uns unter anderem zeigen, wie es das Theater immer wieder erreicht, sich ganz eigensinnig durchzusetzen, allen Moden und anerkannten Kriterien zum Trotz. Wie wir sehen werden, kann auch ein einzelner eine ganze Theateraufführung sein, so abendfüllend und fantasieerregend wie eine riesige Oper mit Hunderten von Statisten und Riesenmaschinerie.

Aber wenn ich hier über Theater nachdenke, es zu beschreiben versuche, rede ich dann nicht von etwas, das längst seine eigentliche Position im Leben von Menschen verloren hat, was zu einem Spezialistengenuß geworden ist?

Als ich vor kurzem aus dem Theatertempel wegging, um in den großen Betonklötzen, die ja für das Massenpublikun gut genug sind, eine Rockmusik-Show zu inszenieren, sagte der Rocksänger Udo Lindenberg, mit dem ich dieses Unternehmen wagte, er hätte mich aus dem Getto geholt. Bei dieser Show lernte ich ein Publikum kennen — vielmehr begegnete ich erstaunt einem Publikum, es waren jeden Abend so zwischen 5.000 und 15.000 von ihnen dabei — das ich zu drei Viertel nicht kannte, das mir neu und fremd war und das zu diesen Veranstaltungen kam, um etwas zu erleben, was es brauchte, was ihm notwendig war, und nicht ein Extra-Leckerbissen für den verwöhnten Gaumen. Ein Publikum, das sicher zum größten Teil kein Theater betritt. Ich hatte auch einige Probleme, mit diesem Publikum fertig zu werden, Dinge für sie zu erfinden, die sie verstehen, die sie angehen und die mich zur selben Zeit noch interessieren.

Es ist sicherlich ganz erstaunlich, daß gerade das Theater — insbesondere das deutsche — sich von diesem Vorwurf, ein Getto zu sein, ins Herz getroffen fühlt. Während jede andere Kunstform, von Musizieren bis zu Lyrik oder Bildhauerei, auf jeden Fall im Westen als Ausdruck der Fantasie des Einzelnen akzeptiert wird, auch wenn die Form der Äußerung noch so esoterisch ist, ist das Theater schon historisch an die große Öffentlichkeit gebunden. Seine Ursprünge sind in großen Festen oder auf dem Marktplatz, sehr sehr nah beim Zirkus. Obwohl diese Öffentlichkeit fast überall degeneriert ist, bleibt eine gewisse Art von Spontaneität sogar in dieser Form noch erhalten. Das Theater ist als Ereignis öffentlicher als Kino oder

Fernsehen, obwohl es viel weniger Leute im ganzen erreicht, weil beim Theater alle Anwesenden von allen anderen abhängig sind. Wenn alle sich nicht einig sein können, eine Vorführung zu Ende zu sehen und zu hören, kann einer gegen alle das Spektakel verderben.

Die Gefahr der Unterbrechung ist sicherlich einer der großen Reize des Theater-Erlebnisses, genau wie es in jeder Begegnung zwischen lebendigen Menschen der Fall ist. Und deswegen auch reizt es manche Theatermacher, sich an den Grenzen des vom Zuschauer Ertragbaren zu bewegen.

Aus dem Getto geholt. Was bedeutet das? Sind Tausende von Abonnenten, die fast routinemäßig ihren Theaterbesuch absitzen, nicht mehr Getto als die zwanzig Zuschauer, die Grotowski zu einem seiner Abende ins Theater läßt, oder die siebzig, zu denen manche von uns bei dem Squat Theatre gehören werden. Ich glaube, daß es nicht darum geht, wie viele Leute angesprochen werden, wenn es um die Bezeichnung Getto geht, sondern um die Haltung, mit der man sie anspricht. Und ich befürchte, daß gerade in Deutschland, dem Land, das mehr als irgendein anderes für sein Theater an Geldern ausgibt, die Haltung, die Theatermacher und Theaterpublikum meistens verbindet, sehr wohl den Titel Getto verdient.

Es ist immer noch weitgehend das Theater der Gebildeten unter sich. Es wiederholt für sich viel zu oft dieselben bürgerlichen Maximen und Formeln. Daß im Theater überall auch Platz ist für Theater, das die alten Werte bestätigt, das den Status quo erhalten will, ist richtig. Aber wenn Theater überwiegend entweder als Bildungsanstalt (wie bei uns) oder als reine Unterhaltungsindustrie (wie in vielen anderen Ländern) stattfindet, dann formieren sich auch schnell die gettoähnlichen Gruppen, die sich mit solchem Theater zufriedengeben, sich davon bestätigt fühlen und es immer wieder ganz genauso sehen wollen. Das Publikum, das dieses Theater unterstützt, und die Politiker, die es fördern, kommen aus allen verschiedenen rechten und linken Richtungen. Gemeinsam ist ihr Wunsch nach Bestätigung, sei es Bestätigung in ihrem Glauben an den Marximus, sei es Bestätigung in ihrem Glauben an die Demokratie oder die freie Marktwirtschaft. Was sie nicht wollen, ist Verunsicherung jeder Art. Das drückt sich aus in ihrer Haltung zu Inhalten, in ihrem Wunsch nach Konzeption und nach »Aussage«. Es drückt sich aus in ihrer Ablehnung einer offenen Dramaturgie (also einer Dramaturgie, die wie im Leben lose Enden herumhängen läßt, Ungereimtheiten, Fetzen, die niemand versucht zusammenzukitten). Es drückt sich aus in ihrer Ablehnung zerstörter lebendiger Sprache.

Sprache, meine Damen und Herren, ist ein Ausdrucksmittel von Menschen, wie Gesten es sind, und der Moment, in dem Sprache Geschrei oder Gestammel wird, kann ihr höchster Ausdruck sein. Sprache auf der Bühne ist im Wesen anders als geschriebene Sprache, als Literatur. Geschriebene Sprache findet ihren Weg direkt zum Leser und zu seiner Fantasie und keiner kann da vorprogrammieren, welche kuriosen Assoziationen jeder einzelne zu einem Satz von Goethe hat. Aber wenn der Schauspieler spricht, spricht er zwar Sätze, die jemand anders ihm vorgeschlagen hat, er läßt seine Fantasie anregen von Ideen und Worten von jemand anders — aber was er dann spricht, ist sein Satz, gefüllt mit seinen Gedanken und seinen Assoziationen. Oder so sollte es sein.

Ich glaube, es ist falsch, daß in einer Zeit von Chaos und Unsicherheit im Leben die Kunst — insbesondere die populäre und vergängliche, das Theater — sich in ihren Tempel zurückzieht und zur Besinnung auf alte Werte aufruft. Daß die Dramaturgie des optimistischen 19. Jahrhunderts noch Ziele und Erklärungen lieferte, ist einsehbar. Daß unser Theater es noch oft versucht — insbesondere unser deutsches Theater —, kann ich nur als zynisch oder weltfremd sehen.

Also Bestätigung und Wiederholung sind der Kunst feindlich, wie jede Imitation. Ich glaube, mit der immer größer werdenden Wichtigkeit des Schauspielers im Theater, der dabei ist, sich von der Übermacht des Regisseurs zu befreien und ihn als Partner zu betrachten, wird der wiederholende, sich selbst imitierende Vorgang des Theaters immer mehr verschwinden. In einer Welt der Konserven kann und wird das Theater als übriggebliebener Freiraum, der jeden Abend jeder neuen Publikumssituation anders begegnet, eine Art lebendiger Insel bleiben. Proben darf nicht mehr Üben sein, sondern probieren, ausprobieren.

Das Spezifische des Theaters, im Gegensatz zu den technischen Medien, ist, daß sich in Wahrheit nichts genau wiederholen kann. Die wenigen Schauspieler, die selbst in einer Shakespeare-Rolle jeden Abend den Eindruck erwecken, daß plötzlich etwas ganz Unerwartetes passieren könnte, sei es ein Schrei oder eine exaltierte Geste, so daß man sie notfalls vom Irrenwächter abschleppen lassen müßte, erfüllen uns immer wieder mit der wirklichen Spannung, die nur das Theater erzeugen kann. Sie sind das Signal für ein Theater, das sich auf seinen verschiedenen Gettos herauskämpfen wird — sie, die Schauspieler.

AUSEINANDERSETZUNG MIT DEUTSCHER KULTUR

Eva Mattes, Ulrich Wildgruber in
Der Widerspenstigen Zähmung, Berlin, 1981

Ist der Boulevard progressiv?
1978

Je unsicherer Menschen sind, desto sicherer wollen sie ihrer Umwelt gegenüber erscheinen. Verständlich. Je weniger sie wissen, was sie wollen, desto derber und pauschaler werden die Schlagworte, die sie benutzen, um ihren Mitmenschen vorzumachen, daß sie ganz zielbewußt agieren. Innerhalb eines Berufsstandes ist das besonders klar zu sehen. Wenn die Ärzte sich gegenüber der Außenwelt – also den Nichtärzten – schwach, unsicher und decouvriert fühlen, werden sie laut, klischeehaft und unpräzis. Dasselbe gilt bestimmt für Metzger und politische Parteien. Ich gehöre zu dem Berufsstand Theater und kann bezeugen, daß es auch hier gilt.

Die Situation im Theater in der ganzen Welt ist zur Zeit nicht besonders gut. Es gibt wenig sehr aufregendes Theater, es fehlen allgemeine Kriterien, es fehlt Bewegung (dafür gibt es um so mehr Unruhe – zwei Begriffe, die ganz verschiedene Zustände beschreiben, aber oft verwechselt werden). Das kommerzielle Theater ist in Ländern wie England und Amerika und Frankreich, in denen es wichtig ist, zu teuer geworden und leidet unter dem Fernsehen und seinem schlechten Gewissen. Das subventionierte Theater ist meistens (auch in England und Frankreich, nicht nur in Deutschland) recht miefig und klotzig. Es leidet unter einem guten Gewissen, und das ist schlecht für Abenteuer. Das »Fringe« oder Experimentiertheater leidet hauptsächlich darunter, daß es kein starkes Establishment gibt, gegen das man opponieren kann und außerdem noch darunter, daß das Establishment schon lange seine eigenen Experimente macht und oft mit größerem Erfolg als die »Fringe«. Man kann nicht einmal sagen, daß das Theater in einer Krise ist. Krisen sind meistens spannend und zur Zeit ist das Problem eher Spannungslosigkeit, Müdigkeit. Menschen, die etwas miteinander tun oder tun wollen und sich eigentlich dabei langweilen, werden schnell zickig, wie müde Eheleute.

So kommt es dann, daß in der momentanen deutschen Theatermüdigkeit

197

schlechtgelaunte Menschen, humorlose und lustlose Menschen mit großen Worten wie »progressiv« und »reaktionär« und »gesellschaftskritisch« und »anarchistisch« und »klassisch« und »modern« und so weiter um sich werfen, ohne klare Definitionen solcher Begriffe für sich selber zu haben, ohne sich die Mühe zu machen, über die Begriffe, die sie gebrauchen, um zu loben oder zu verdammen, genau nachzudenken. Solange die Wirkung so ungefähr richtig ist und so ungefähr das bedeutet, was wir alle meinen, wird das schon gut genug sein. Es sind Theaterleute selbst, die so ungenau reden und denken und Kritiker und auch die, die den Auftrag von der Gesellschaft haben, Theater in diesem Lande zu fördern, die Politiker.

Ich möchte hier eigentlich nur über einen Begriff etwas nachdenken, den Begriff »Boulevardtheater«. Ein Boulevard ist, wie wir alle wissen, eine breite Straße, wahrscheinlich in Paris, mit vielen Geschäften, vielleicht ist eine Baumallee in der Mitte, eine Straße, die viele Leute gern begehen, auf der sie sogar öfters wimmeln. Ein Boulevard gehört in eine Großstadt. In Deutschland gibt es eigentlich nur zwei davon — den Kurfürstendamm in Berlin und die Leopoldstraße in München. Die Reeperbahn ist zu spezialisiert und der Jungfernstieg zu klein, um den Namen zu verdienen. Daß die Deutschen, die nur zwei Boulevards besitzen, im ganzen Land unter Boulevard*theater* etwas Negatives verstehen, ist also verständlich. Besonders, weil der mangelnde Boulevard ja auch in irgendeiner Weise die ganze Misere der Provinzialisierung Nachkriegsdeutschlands geradezu typisiert. Es erinnert daran, wie die Engländer den Begriff »Continental Breakfast« gebrauchen, wobei das Wort »Continental« sowohl eine Entschuldigung für den miserablen englischen Kaffee wie Hohngelächter über die zwei mickrigen Brötchen im Vergleich zu dem üppigen Porridge, Cornflakes, Kipper, Eggs and Bacon »English Breakfast« ist.

Boulevardtheater (wenn man die Definition von Boulevard akzeptieren würde) ist also Theater der wimmelnden Massen, Theater für alle, Theater, das ganz nah an der Straße stattfindet. Und sollte die Beschreibung nicht nur auf das Publikum, sondern auch auf den Vorgang zutreffen, ist es Theater, das die wimmelnden Massen beschreibt und spiegelt. In anderen Worten: sowohl Shakespeare als auch Ibsen und Curt Goetz. Aber so wird der Begriff Boulevard bei uns ganz und gar nicht verstanden. Sondern eher als etwas Oberflächliches, als »reines Entertainment«, was zum Amüsieren. Kintopp (nicht Kunstfilm) ist wie Boulevard. In einem Gespräch mit dem Theaterkritiker Peter Iden, vor ein paar Jahren, meinte ich, daß das deutsche Kategoriedenken (Komödie — Tragödie — Unernst — Ernst) damit zu tun habe, daß die deutsche Theaterproduktion so unlebendig wäre (en gros). Herr Iden meinte damals, daß ich (Zadek) mindestens den Kritikern über die Jahre klargemacht hätte, daß solche Kategorien falsch und oberflächlich sind. Darüber zu reden, hieße jetzt nur noch offene Türen einrennen. Na ja, dachte ich damals, vielleicht bin ich an meinem Vorurteil dem deutschen Theater gegenüber hängengeblieben — ein wirklicher »hang up«.

Aber es stimmt nicht. Vielleicht kann man das nicht lernen. Iden selbst und sein Schüler Peter von Becker (»Theater heute«) haben es uns neuerdings wieder bestätigt. Dieselben Haltungen, dieselbe, nennen wir sie »saubere Haltung« zum Theater, taucht schon wieder auf, trotz jahrelanger Belehrung, nur unter anderen Vorzeichen. Diesmal reden wir über »Häßlichkeit« und »Schönheit«, über »Werte« und »Zynismus«. Als ob diese Begriffe so allgemein verständlich wären, daß jeder, der sie benutzt, sie nicht neu definieren müßte. Als ob diese Begriffe nicht auch dem simpelsten Menschen, der sich mit der Entwicklung ästhetischer Begriffe während und seit der Nazi-Zeit beschäftigt, schnell und eindeutig an den Enthusiasmus erinnern, den die Deutschen den Nazis entgegengebracht haben, als sie die »entartete Kunst« erfanden. Diese Vorstellung von Reinheit und Sauberkeit in der Kunst scheint eine sehr deutsche Sache zu sein, wie auch die Vorstellung von der Reinheit der Rasse eine deutsche Sache war.

Allerdings muß ich zugeben, daß eine große Spannung für meine Arbeit darin liegt, diesen Reinheitsfimmel zu zerstören. Es ist ein wichtiges Element der deutschen Theaterszene — und war es auch in den zwanziger Jahren — daß diese Spannung, zwischen hell und dunkel, zwischen Erbaulichem und Zersetzendem, zwischen Ideal und Realität, so brisant und sichtbar wurde (und ist) wie in keinem anderen Land. Gerade bei Shakespeare, der sich nie vor Dreck und Scheußlichkeit scheute, bei dem die schönsten Blumen auf den obszönsten Misthaufen wuchsen, kämpfen die deutschen Saubermänner, um »ihren« Shakespeare unbefleckt zu erhalten. Entsetzen über den Pups auf der Unterhose. Na ja, solange die keine Partei bilden, ist das ja noch erträglich.

Aber eigentlich wollte ich nur ein paar Erlebnisse im Londoner Boulevardtheater beschreiben und die Frage stellen, warum wir hier nicht einen Millimeter der Verwirklichung ähnlicher Erlebnisse näher sind, mich selber auch noch einmal fragen, warum *Evita*, das Musical über Eva Peron und

199

Che Guevara, das zur Zeit der Publikums- (und Kritiker-) Erfolg in London ist, mich sehr berührt, bewegt, interessiert hat, mich nachdenklicher gemacht hat als irgendeine Aufführung, die ich in zehn Jahren in Deutschland gesehen habe. War es die Musik von *Evita*? Die ist zwar gut, manchmal brillant, aber nicht so melodienreich wie *My Fair Lady* oder *Cabaret*. Die Story: nun ja, Aschenputtel wird First Lady, rührend, aber nicht gerade neu. Die Gesellschaftskritik ist zynisch — Demontage der Eva Peron —, aber nicht originell. Welche viel schärfere Einsicht hätte uns Martin Walser in die Thematik gegeben. Wieviel mehr Witz und Intelligenz hätte Botho Strauß im Dialog entwickelt?

Na, dann war es vielleicht nur die »Präsentation«, die Verpackung, Hal Princes-Inszenierung und das überdimensionale Bild und die freche Choreographie. Zugegeben, das alles war von einer Qualität und Perfektion, von der wir in Deutschland nur träumen können und die auch in England und Amerika außergewöhnlich ist. Bei uns ist das Musical sowieso zur Nichtigkeit verdammt, da ein Musical, das nicht ensuite läuft, seine Perfektion nicht erhalten kann. Und die Nichtgroßstädtigkeit unserer Großstädte garantiert sozusagen von vornherein die Unmöglichkeit eines solchen »Long runs«. Trotzdem denke ich, daß mich äußere Perfektion nur interessiert hätte, während *Evita* mich begeistert hat.

Folgendes ist passiert: eine Demontage auf offener Szene von einer Heldin der westlichen Welt durch einen Kommunisten und Guerilla (Terrorist!), und das auf einer propagandistisch superwirksamen Ebene, nämlich durch ein Musical. Und die Identifizierung des Publikums mit dem Aschenputtel-Schicksal der *Evita* mindert keine Sekunde lang die Absolutheit der Demontage. (Man spiele nur spaßeshalber den Gedanken durch, diese Show wäre ein Gastspiel aus dem Ostblock, und man stelle sich die höhnischen Kritiken im Westen vor, des brillanten, denunzierenden Agit-Prop-Stückes). Dazu die Kombination der Bühnenmittel Musik, Tanz, Film mit großer Fantasie und äußerer Perfektheit, und das Ganze ist ein Stück wirkliches Volkstheater. Wobei die Breite des Publikums, an das sich *Evita* wendet, nicht nur ein Grund für den außergewöhnlichen Erfolg ist, sondern ein Teil des Reizes der Show.

Das Gefühl, im Theater zu sitzen, einer Sache beizuwohnen, die meinen Kriterien von Schärfe und Differenziertheit genügt und trotzdem genug Naivität und Elementarkraft besitzt, um bei einem Publikum anzukommen, das man sicherlich im *Flammenden Inferno* auch vorfinden würde,

das Gefühl macht schon die Hälfte des Ereignisses aus. Endlich mal das Gefühl zu genießen, mit den anderen angesprochen zu werden, auf meinem Niveau sowie auf deren. Und nicht mir immer sagen zu müssen, daß es mich ja eigentlich langweilt, aber »das Publikum« belehrt und beglückt. Auch nicht die Lüge, daß wir (im Zuschauerraum) uns ja alle irgendwie gleich sind und dieselbe einfache Kost lieben (ich liebe einfache Kost durchaus nicht, finde sie meist öde). Nein, bei einer Vorstellung von *Evita* hat jeder ein anderes Verständnis der Geschichte, jeder interessiert sich für was anderes im Detail, aber das ganze vermittelt sich mit großer Eindeutigkeit, trotzdem. Und was noch wichtiger ist: *Evita* ist der Vorgänger, bin ich überzeugt, von dem Kennedy-Musical, dem Watergate-Musical (echte Volksstücke wie *Die Geisel* von Behan waren schon immer Musicals). Die Form, der Sinn, der politisch-historische Ansatzpunkt sind nicht so sehr anders bei Shakespeares *Richard III.* oder (einem der wenigen gelungenen modernen historischen Volksstücke) Shaws *Heilige Johanna.*
Aber so eine Show wie *Evita* kann nur in einem Land entstehen, in dem die Kategorien »Ernst« oder »Unernst«, also »Kunst« und »Boulevard«, sich nicht als immer konstante Kriterien gegenüberstehen. Und der Engländer (auch die besten der englischen Kritiker) macht keine Unterscheidung zwischen verschiedenen Sorten von Langeweile. Bei Klassikern ist Langeweile genauso tödlich wie bei einem Boulevardstück. Entertainment ist, mit anderen Worten, ein Begriff, der sehr ernst zu nehmen ist. Ich glaube, daß solches Volkstheater wie *Evita* nur da existieren kann, wo Theater zu einem großen Teil journalistisch ist (wie es ja auch bei den Elisabethanern war).
Ein Stück wie Brian Clarks *Whose life is it anyway?* ist sicherlich kein Meisterwerk. Es ist sogar recht oberflächlich, effekthascherisch und viel zu simpel. Aber es war, als ich es sah, auch für mich aufregend. Warum? Das Thema: Euthanasie. Diese Komödie – ja, Boulevard-Komödie – über dieses Thema, ein Thema, das auch in England heikel ist, wenn auch nicht so belastet wie hier, wird wahrscheinlich bei den Deutschen nicht ankommen. (Die deutsche Erstaufführung findet bezeichnenderweise in Zürich statt.) Geschmacklos! Oberflächlich! Die Reaktionen sind leicht vorstellbar.
Zu leicht? Ist es denn wahr, daß »die Deutschen« so »unsophisticated« sind, heute noch? Ist es denn sicher, daß »das deutsche Publikum« heute noch Kunst vor Journalismus will und damit dem Journalismus keine

wirkliche Existenz im Theater zubilligt? Erfahrungen, zum Beispiel am Hamburger Schauspielhaus, zum Beispiel am Bochumer Schauspielhaus, zum Beispiel in Stuttgart, beweisen eher das Gegenteil. Die Schwellenangst des jüngeren Publikums, die vor zehn Jahren noch übergroß war (und die ihren respektheischenden Eltern ganz recht war) ist viel geringer geworden. Es ist nicht mehr so weit hergeholt, wie es vor zehn Jahren war, wenn man heute darüber spricht, das Kinopublikum ins Theater zu holen. Allerdings waren es Heinz Schubert als Tetzlaff und Udo Lindenberg, die in Bochum den Bann brachen und den »Mann von der Straße« wirklich ins Haus holten. Die stinkfeine Haltung der deutschen Kulturelite wird sich ein bißchen ändern müssen, wenn man ihr wirklich glauben soll, daß Theater für alle sein soll.

Es wäre ernsthaft darüber nachzudenken, ob das Deutsche Schauspielhaus in Hamburg und ähnliche Paläste endlich das Theater nicht für »große Texte«, sondern für das große Publikum sein sollten. Nicht hauptsächlich für die Minderheit wohlhabender Bürger, die sich durch »große Texte« bestätigt fühlen, sondern für die große Mehrheit der Menschen, die in einer Großstadt wie Hamburg leben und die nicht »große Texte«, sondern Geschichten, die sie ansprechen und berühren, sehen wollen und nicht aus erhabener Höhe die tönenden, einlullenden Schönheiten, die am besten in Betstellung zu genießen sind.

Ein Theater, das heute in einer Großstadt Volkstheater sein will, kann es sicherlich auf verschiedenste Weisen sein. Wie Ariane Mnouchkine zum Beispiel, oder früher Ronconi, mit großem Schautheater, ganz besonders auf ein junges, politisch waches Publikum gezielt. Oder wie Dario Fo — weniger künstlich, wirklich volksnah in Italien, nicht so sehr, wenn er hier nachgespielt wird. So etwas könnte sich in Deutschland höchstens aus dem Mundart-Theater entwickeln. Man stelle sich vor, was für herrliches Theater zustande käme, wenn das Ohnsorgtheater oder Millowitsch einen genialen Autor hätten, und ihn pflegen würden. Der *Blaue Bock* wäre nicht mehr drin, meine ich. Oder auch — und das träfe auf eine Stadt wie Hamburg zu — ein Theater, das wie das Londoner oder New Yorker im breitesten Sinne bürgerlich ist, aber laufend seine eigenen Grenzen (des Establishment-Bürgertums nämlich) sprengt (wie im Fall *Evita*).

Die Voraussetzung zu einem solchen Theater, einem modernen Theater, dessen Schwerpunkt bei neuer Dramatik liegt, ist, ich bin sicher, Vertrauen in die schnelle Reaktion des Zuschauers, wenn er merkt, daß eine Aufführung wirklich etwas mit ihm zu tun hat. Damit meine ich nicht Belehrung oder Lebensberatung, sondern die Spiegelung, Beschreibung unserer Welt und unseres Lebens auf die verschiedensten Arten. Das kann durch Klassiker und Kunst passieren, das kann und muß auch in einem lebendigen Theater durch Journalismus und »*nur* Boulevard« geschehen. Die englische Euthanasie-Komödie zum Beispiel macht den Weg freier für das große Stück über das Thema, auf das wir noch warten.

Die mit Schlagworten ausgerüstete deutsche Theaterszene hat auch ihre Probleme mit der Kategorienfrage, was das Boulevardtheater angeht. »Progressiv« ist Boulevardtheater nicht, kann man nicht sagen. Eher das Gegenteil, da Boulevardtheater eher eine bürgerliche Erscheinung ist als eine volkstümliche. Die Kritiker und Theatermacher, die Fortschritt und Bewegung im Theater befürworten, sind zurückhaltend bis negativ, wenn es um Boulevardtheater geht. Aber die »Ollen« und die Reaktionären, alt und jung, wollen ja auch was Erhebendes, was zum Mitnachhausenehmen. Schiller und Sternheim, wenn möglich, aber verdaulich, flott und geleckt, angepaßt, nicht zu lang und schön gesprochen. Also auch die, die Stagnation wünschen, trauen sich nicht wirklich, das Boulevardtheater zu befürworten. Unernst zu sein, gibt ein falsches Image und sich zu amüsieren, über unsere Welt auf der Bühne reflektiert zu lachen, könnte als Zynismus mißverstanden werden.

Es ist bezeichnend, daß eine der neuesten und besten Komödien, Alan Ayckbournes *Bedroom Farce*, zwar in London im National Theatre gespielt, von dessen Intendanten Peter Hall inszeniert wurde und nach einer weiteren Saison im Londoner Westend nach New York wandert, während in Hamburg, nach verzweifelten Versuchen des deutschen Verlegers, das Stück bei einer großen Hamburger Bühne anzubringen, die Aufführung im Theater im Zimmer stattfinden wird. Frau Gmelin ist zu dem Fang zu gratulieren, aber unsere Provinzialität ist wieder mal erschreckend bewiesen.

Daß *Bedroom Farce* nicht ankommt (trotz des deutsch-peinlichen Titels *Wie man sich bettet...*), ist unwahrscheinlich. Ich habe das Stück eben in London gesehen, und es ist sicher eine der witzigsten und treffendsten Komödien über unsere sexuell aufgeklärte Dekade, frech, human, heiter. Was es über Menschen und ihr Verhalten (allerdings hauptsächlich in der Bettgegend) erzählt, ist sicherlich interessanter als Marivaux, nicht so vermottet und genauso perfekt formuliert. Komischer als Nestroy ist es auch, und es ist *über uns.* Ayckbourn ist sogar progressiv, könnte also — hört Meinungsmacher! — zum »in«-Autor gemacht werden. Und ist ach so viel, viel verständlicher geschrieben als Botho Strauß' Stücke (der sich bestimmt Mühe machen würde, für ein größeres Publikum verständlich zu sein, wenn das deutsche Theater, in dem er arbeitet, es ihm nicht verübeln würde). Strauß ist *der* deutsche Boulevarddramatiker, aber er kann es nur mit schlechtem Gewissen sein, muß es also verbergen.

Wir sollten zuerst über die zwei Begriffe: Volkstheater und Boulevardtheater neu nachdenken. Bei höchster Qualität, wie O'Casey und John Osborne, Griffiths und Ayckbourne, ist das Produkt identisch. Wir sollten (wir Theatermacher) jedesmal, wenn wir darüber nachdenken, ob wir Goldoni oder Lope de Vega bringen wollen, ob einer von den Lebenden nicht was geschrieben hat, das uns näher liegt, damit wir nicht so viele Umwege beschreiten müssen, um heutig zu sein. Wir sollten uns insbesondere von dem Gedanken endlich trennen, daß, weil unser Theater soviel Geld schluckt, es auch wertvoll aussehen muß. Die echten Mäzene haben schon immer Geld dafür ausgegeben, daß die Narren ihnen ans Bein pinkeln. Nur die »Nouveauriches« brauchen würdige Säulen, wie die vom Haus der Kunst, um sich in ihrer neuen Erhabenheit zu bestätigen.

Die offene Inszenierung
1979

Man wird im Theater sehr leicht das Opfer von Formulierungen, die Kritiker und Meinungsmacher über einen machen. Daß man mich mit fünfzig immer noch als »enfant terrible« bezeichnet, ist eher peinlich als beeindruckend. Auch »skandalumwittert«, »Schocker«, »Showman«, »Zirkusmanager« und »Entertainer«. Die Bezeichnungen beschreiben alle einen Teil der Realität, und die Schreiber, die sie verwenden, tun es der Einfachheit halber, erstens um den Leser zu interessieren und zweitens, weil sie schon lange nicht imstande sind, meine Arbeit einzuordnen. Und die Tätigkeit schlechter Kritiker ist, ähnlich wie die schlechter Regisseure, die des Ordnens, nicht die des Suchens. Nun ja, warum soll es zu einer Zeit in einem Land mehr als zwei oder drei begabte Theaterkritiker geben — viel mehr begabte Dramatiker oder Regisseure gibt es ja auch nicht. Es erstaunt mich trotzdem immer, wenn meine Schauspieler und Mitarbeiter die voraussehbaren und dummen Kritiken ernst nehmen, besonders erstaunlich, da negative Kritiken seit Jahren schon wenig Einfluß auf den Besuch meiner Inszenierungen haben (glücklicherweise). Ich habe das Glück gehabt, seit Anfang der siebziger Jahre eine lange Reihe von Erfolgen — Publikumserfolgen — inszeniert zu haben, die in den meisten Fällen von fast der gesamten deutschen Kritik verrissen worden ist. Insbesondere fanden die Kritiker, die sich mit dem gebildeten Bürgertum identifizieren, und die, die mit der aufklärerischen Linken gemeinsame Sache machten, meine Arbeiten unerträglich. (Was heißt fanden: finden). Deutsche Kritiker sehen sich meistens auch weder als Journalisten, noch als Literaten, noch, wo kämen wir denn da hin, als Teil des Theaters. Nein, sie sehen sich als Lehrer, die ihre Leser (das Theaterpublikum) schöpferisch bilden, das Gute vom Verwerflichen zu unterscheiden.
Meine ersten Gedanken über Regie und auch meine ersten Inszenierungen, beeinflußt wie sie waren von Craig und Adolphe Appia, von Gaston

205

Baty und Michel St Denis (der an der Old Vic Schule mein Lehrer war, meine Arbeit zuerst stark ablehnte, aber dessen Ideen, besonders was das orientalische Theater angeht, Gebrauch von Masken und Stilisierung, mich sehr beeinflußten), waren auf der Suche nach Regiekonzeption und nach einem Theater, das von Regiekonzeptionen geprägt sein sollte. Das war Ende der vierziger Jahre, und ich kannte das deutsche Theater damals nur aus Erzählungen meiner Eltern über Reinhardt und Otto Brahm. Meine Eltern gingen gern ins Theater, aber hatten keine besonders starke Beziehung dazu, so daß Namen wie Bassermann und Pallenberg und Kortner mir zuerst mehr bedeuteten, als die von Regisseuren und was deren Arbeit ausmachte. Die Ausnahme war eben Max Reinhardt, der ja auch Jude war, und schon deswegen öfters in Unterhaltungen vorkam. Otto Brahm kam in meiner Fantasie vor als der absolute Kontrast zu Reinhardt, der Psychologe, Asket und Kammerspielregisseur, bei dem Bassermann die großen Ibsen-Rollen mit seiner Frau spielte. Das Bild von Reinhardt war und ist heute noch primär das des großen Showmans, vom Regisseur des *Sommernachtstraums* (Mit ECHTEN Bäumen), von *Dantons Tod* (im Zirkus), von Mozart in Schloßräumen (echten) und vom *Mirakel* (ein sehr kitschiger spektakulärer Stoff, mit dem Reinhardt die Welt bereiste). Einen Eindruck der Reinhardtmanier hat man heute bestimmt aus seinem *Sommernachtstraum*- Film, dessen Besetzung schon auf die unverschämteste Weise die Fantasie (gegen die landläufige Vorstellung von Shakespeare) reizt: James Cagney als Zettel, Mickey Rooney als Puck, Victor Mature als Oberon, Olivia de Havilland als eine der Liebhaberinnen. Ich kenne übrigens keine neuere Verfilmung von Shakespeare von Olivier bis zu Polanski, die so frech und so stimmig mit der Welt Shakespeares umgeht wie Reinhardts *Sommernachtstraum*. Reinhardt also verkörperte für mich nicht nur das Spektakuläre, sondern auch das Konzeptionelle und (wie ich meinte) das deutsche Theater insbesondere. Wie das deutsche Theater wirklich aussah nach der Verkitschung und Säuberung der Kunstverordnungen des Dritten Reichs, sollte ich erst später erfahren, nämlich 1958, als ich zum ersten Mal seit '33 wieder in Deutschland war und zum ersten Mal überhaupt deutsches Theater sah. (Als ich '33 mit meinen Eltern nach England ging, war ich sechs Jahre alt und meine einzigen Theatererlebnisse waren *Rosinchens Reise* im Zirkus Schumann und die Nazi-Aufmärsche am Ku'damm, beides Shows von großer Theatralik, die mich gleichermaßen begeisterten und beeinflußten.)

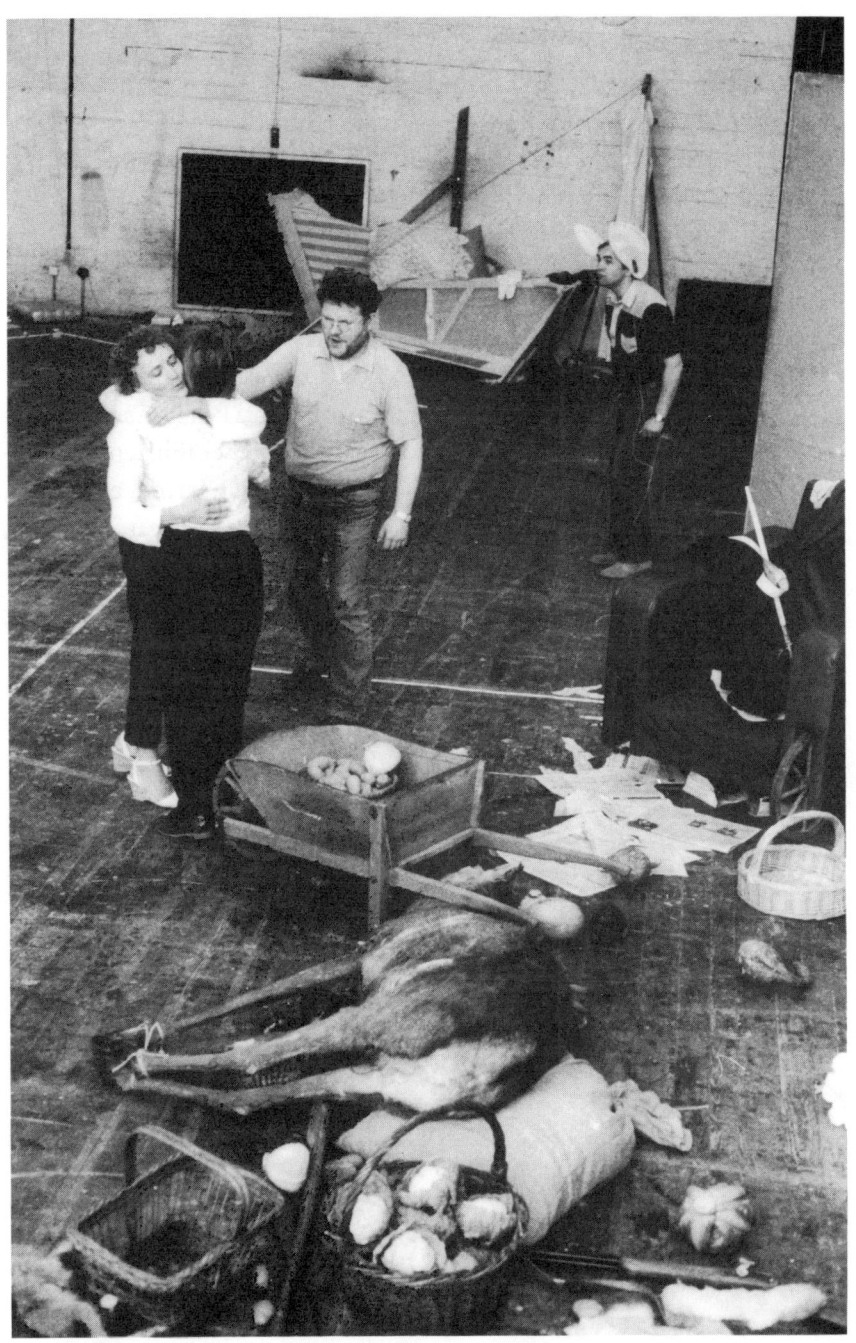

Probe *Die Hochzeit des Figaro*, Stuttgarter Oper, 1983

Das englische Theater der vierziger Jahre, und die Traditionen, die dahinter lagen, kannte ich mittlerweile gut. Noel Coward, sein Nachfolger Terence Rattigan und zahllose schlechtere Nachahmungen, pflegten das Boulevardgenre, das sich durch den Krieg in die Nachkriegszeit fast lückenlos fortsetzte. Dieses war ein bürgerliches, ein Salontheater, der *Drawingroom Comedy* und der *Bedroom Farce. Die Musical Comedies* zum Beispiel von Ivor Novello, ähnelten mehr den Wiener Operetten, deren Musik und manche ihrer Klischees sie nachahmten, als den amerikanischen Musicals. Daneben gab es wenig klassisches Theater (»Revivals« nennt man das in England) und fast gar kein Regietheater. Das klassische Theater gruppierte sich um große Stars wie Olivier, Gielgud, Wolfit und Peggy Ashcroft, die die große englische Tradition der Actor-Manager weiter führten. Wesentliche Regisseure aus der Zeit waren Tyrone Guthrie (ein Ire, der ein vitales, fantasiereiches, und — für die Zeit — recht verrücktes Theater machte, immer Krach mit seinen Produzenten hatte) und Michel St Denis (der französische Leiter der Gruppe Compagnie des Quinze und jetzt eine Art Theater-Guru, voll Theorien, die ihm als Franzose gestattet waren). Das englische Theater, das praktisch ohne Subventionen auskommen mußte,

Mit Jerome Savary bei den Proben zu
Jeder stirbt für sich allein, Berlin, 1981

208

war ein Theater des Establishments. Es war, und ist heute noch, ein Theater mit brillant klappender Oberfläche, ein Theater, das hauptsächlich für Entertainment sorgte, ein Theater, das eben nur ein paar Außenseitern, wenn möglich Ausländern, gestattete, Kunst zu machen. Das Wort »Art« (Kunst) lag für die meisten Theaterleute in England in den vierziger und der ersten Hälfte der fünfziger Jahre, sehr nah zu dem Wort »Arty« (kunstgewerblich) und die beiden wurden häufig und austauschbar gebraucht. Der Test von allem war eben das »Box-office«, und die Kritiker stellten sich — wenn auch mit zahlreichen Alibis — darauf ein.

Was nicht schnell gemacht war, war unökonomisch und »selfindulgent« und was nicht witzig war, war »A bore« und »heavy« und »unsophisticated«. Theater mit einer »message«, einer Aussage, galt eigentlich von vornherein als etwas langweiliges, und wenn es noch eine politische »message« war dann — ja, das war es fast nie, da solche Stücke so gut wie nie aufgeführt wurden.

Trotz vielem, was an dieser Art von Theater kritisierbar ist und auch war, blieb die Realität eines Theaters, das knapp und humorvoll war, das versuchte, mit minimalen Mitteln alles zu erzählen, das sich mit Menschen eher als mit Ideen befaßte, dessen größte Sünde in dem Begriff »Pretentious« enthalten war. (Allerdings war Gordon Craig für viele englische Theaterleute auch »pretentious«, und mit ihm viele andere und vieles andere, das dem Theater zu der Zeit verloren ging). Und wie die »message« verpönt war, so auch die Einseitigkeit, die Intoleranz, der bedeutende Zeigefinger, der dem Publikum erklärte, der eine sei im Recht der andere im Unrecht. Diese Haltungen haben sich etwas gewandelt mit dem Interesse am neuen französischen Drama (Sartre, Camus, dann Ionesco und Genet), mit den »angry young men«, die eine Linie von den fünfziger Jahren mit Osborne bis zu den Siebzigern mit Trevor Griffiths bilden, und mit dem Eindruck, den Brecht, durch die Gastspiele des Berliner Ensembles — und die Propaganda-Arbeit von Kenneth Tynan — auf das englische Theater und auf englische Dramatiker und Regisseure machte (Edward Bond und sein englischer Regisseur William Gaskill sind ohne Brecht undenkbar). Auch die Bürgerlichkeit des englischen Theaters wurde durch Joan Littlewood und Gruppen wie das kommunistische Glasgow Unity Theatre verändert, und die Arbeiterklasse fand seinen Weg zum ersten Mal in nicht karikaturistischen Figuren auf die Bühne. In den fünfziger und sechziger Jahren entwickelte sich ein engagiertes, linksprogressives Theater, wobei die wichtigen Dramatiker wie Osborne und Pinter fast automatisch ihren Weg zurück zu der bürgerlichen »comedy of manners« (auch »drawingroom comedy« genannt) machten. Spätestens in *A Patriot for me* merkt man Osborne an, wie viel er seinem Scheingegner Terence Rattigan zu verdanken hat.

Diese Comedy of Manners lebt von der Spannung zwischen Entfernung (durch Witz) und Einfühlung (in einzelne Charaktere, durch sehr komplizierte und glaubhafte Psychologie.) Noel Cowards *Brief Encounter* (Film- und Theaterstück) bleibt das bürgerliche *Romeo und Julia* der Kriegsjahre, trotz witzig brillanter Oberfläche. Ein Theater also, das nicht dozierte, aber versuchte, genau zu beschreiben — Menschen, nicht Ideen.

Ich glaube, daß ein sehr wichtiger Aspekt meiner Theaterarbeit — die schon genannte »Offenheit der Inszenierung« — sehr aus dem Zusammentreffen dieser angelernten englischen Traditionen kommt — man könnte auch sagen, daß es sich dabei um typisch englische Spielregeln für gesellschaftliches Zusammenleben handelt, um eine vererbte und von meinen deutschen Eltern anerzogene Tendenz zu moralisieren.

An sich ist der pädagogisch spannendste Weg immer der der Auswahl, der freien Auswahl. Aber da Kunst nicht Leben ist und deswegen die Dinge, die dem Publikum zur Auswahl gestellt werden, auch schon vorher (vom Autor und Regisseur) ausgewählt werden müssen, entsteht oft für den Zuschauer meiner Arbeiten eine schwierige Wahl zwischen Menschen und Ideen, die allesamt — wie es Menschen und Ideen ja an sich haben — schon angekratzt und angefault sind. »Humor ist, wenn man trotzdem lacht«, würde ich in diesem Zusammenhang umformulieren zu »Menschenliebe ist, wenn man trotzdem liebt«. Wer ist denn der Bösewicht oder der Gutwicht in *Rebell der keiner war* (O'Caseys *Shadow of a Gunman*), ein Lieblingsstück von mir, das ich selber zweimal inszeniert habe und ein drittes Mal (als Intendant) habe von jemand anderem inszenieren lassen? Der eitle intellektuelle Dichter, der sich zum Helden hochstilisieren läßt aus Spielsucht, oder der platte feige Vertreter, oder der engagierte IRA-Kämpfer, der die Bombe im Koffer bei den beiden unterstellt, ohne daß sie wissen, was der Koffer enthält? O'Caseys kleines Meisterwerk ist nie ganz erfolgreich in Deutschland, weil der Zuschauer eben den deutenden Zeigefinger vermißt, der dem oder dem, von mir aus allen die SCHULD gibt für den Tod der unschuldigen Minnie. Nur in einer Inszenierung — die von Peter Palitzsch — war das Stück wirklich »erfolgreich«. In ihr wurde es uns klar, daß Dichter und Vertreter sympathische aber gesellschaftlich unakzeptable Parasiten sind, die sich durch Untätigkeit schuldig machen. Lucky Publikum, es wurde in den Genuß versetzt, entweder auf die *anderen* Unaktiven zu schimpfen oder sich selber als Unaktive die Schuld zu geben.

Offenheit im Inszenieren besteht unter anderem darin, immer wieder zu kontrollieren, ob eine Figur etwas sagt oder tut, weil die Figur es WILL, weil es mit natürlicher Konsequenz (oder auch Inkonsequenz, das kommt auf die Figur an) aus der Psychologie der Figur erwächst, oder ob die führende verstellende Hand des Autors oder des Regisseurs unlautere Eingriffe in das Eigenleben der Menschen auf der Bühne vornimmt. Es gibt natürlich, besonders in unserer Zeit, viele Autoren, die nicht so konsequent in ihrer Einhaltung dieser wichtigsten Regel des Umgangs mit Menschen auf der Bühne sind. Arthur Miller, beispielhafter unlauterer Manipulator von Menschen als Sprachrohre von Ideen, schrieb in seinem Leben (bis jetzt) nur ein großes Stück. Willie Loman, im *Tod eines Handlungsreisenden* war deutlich gedacht als Modellfigur eines Versagers in der kapitalistischen Gesellschaft — wobei die Gesellschaft angeklagt war, nicht Willie. Aber beim Schreiben ist hier etwas Kurioses geschehen: Willie beugte sich nicht dem ideologischen Zwang seines Schöpfers, er wurde vielmehr oft selbst wie sein Schöpfer, zeigte Schwächen und Eigenschaften, die NICHTS bewiesen, außer daß es sich um einen komplizierten widersprüchlichen Menschen handelt, mit dem man sich als Zuschauer identifizieren konnte, wollte, mußte. Man wurde hin- und hergerüttelt zwischen Mitleid und Verurteilung gegenüber Willie, gegenüber der Gesellschaft und gegenüber sich selbst als einem, der die Gesellschaft so gemacht hat wie sie ist. So gehört Willie zu den ganz großen Figuren der Bühne, Ödipus und Macbeth und Hjalmar Ekdal ganz ebenbürtig —»offene«Figuren alle, Figuren, die, wenn man sie als Schauspieler oder als Regisseur in eine oder die andere Richtung verbiegt, eine oder die andere Richtung überbetont, aus welchem Grund auch immer, protestieren, indem sie nicht mehr funktionieren, nicht mehr auf der Bühne das aufregende Leben haben, das sie bei richtigen und vielschichtigen Interpretationen wie die von Paul Muni, Lee J. Cobb oder Frederick March bekamen.

Entwurf von Horst Sagert zu
Der Widerspenstigen Zähmung, Berlin, 1981

Show-Biz im Kulturtempel
1966

Show heißt Schau, und Biz ist die amerikanische Abkürzung für Business, das heißt Geschäft, zwei Aspekte des Theaters, die auch heute noch in Deutschland oft verpönt sind. Mit dem Begriff Show verbindet sich Oberflächlichkeit, und was das Geschäft angeht, so gilt es als wichtiger, von Kritikern und Literaten zu erfahren, man habe große Kunst geliefert, als daß ein Publikum sich in Massen zur Kasse begibt. Es hat Vor- und Nachteile, da das deutsche Theater nicht, wie es in England und Amerika und auch in Frankreich meistens der Fall ist, auf die Kasse angewiesen bleibt, weil es ja zum Teil großzügige Subventionen bekommt. Ein Nachteil bleibt, daß sich der Künstler am Theater nicht nach dem wirklichen Geschmack, nach der Entwicklung des Publikums, orientieren muß. Er kann souverän darüberstehen und glauben, er belehre sein Publikum — und wenn das Publikum ihn nicht versteht, ist es selber daran schuld! Das bedeutet unter anderem, daß hierzulande ein junges, vitales vielleicht auch modisches Publikum dem Theater fernbleibt und lieber ins Kino geht und daß im Gros die Theater in Deutschland um Jahrzehnte rückständig sind. Das deutsche Theater lebt nur zu oft in einer sterilen, pseudogeistigen Welt, die allen Kontakt mit der Realität verloren hat. Das Wagnis, originell zu sein, ist hier kein echtes Wagnis mehr, da die leere Kasse, die sich unter Umständen einstellen könnte, auch keine echte Gefahr ist. Ich glaube, daß ein Theatermann wie Kazan in Amerika oder Brook in England mehr können muß, mehr wagen muß, genauer denken muß als sein deutsches Äquivalent, da er am Ende wirklich auf das Publikum angewiesen ist.

In dem Kulturtempel, wie er in Deutschland als Theater seit vielen Jahren existiert, lebt noch eine Form von musikalischem Entertainment, viel mehr ist es nicht, die sich Operette nennt; heute eine verstaubte, selten noch reizvolle, meistens schlecht, verschmiert und dumm gespielte Tradition. In Amerika und England ist die Operette mittlerweile durch das Mu-

213

sical ersetzt worden. In dieser Mischform wurde dort längst Großartiges geleistet. Es ist darum nur natürlich, daß heute das Musical auch in Deutschland Interesse erweckt. Es ist ebenso natürlich, daß ein junges deutsches Publikum das Musical sehen will, da es in den meisten Fällen eine Welt hat, die die Welt dieses jungen Publikums ist. Im Musical geht es ja nicht nur um die Musik, sondern auch um den Stoff. Es ist nun keineswegs so, daß die Stories der Musicals immer von höherem Niveau sind als die Stories der Operette. Seine Stoffe sind nur für Menschen unserer Zeit interessanter, da die Welt der Operette oft nur noch von historischem Interesse ist. Die Attraktivität des Musicals besteht, glaube ich, auch nicht nur darin, daß die Musik modern ist und die Stories meistens in der Gegenwart spielen, sondern auch darin, daß hier ein Verlangen der Menschen nach Zirkus, nach Schau, nach optischem Spektakel befriedigt wird. Gewiß, es gibt Eis-show, es gibt auch den einen oder anderen hervorragenden Zirkus – aber im Theater? Die Revue ist tot, und die Balletteinlagen in der Operette oder in der Oper sind dafür kein Ersatz. Das Kino mit seiner Breitleinwand, seinem Cinemascope und seinen Farben, mit viel Geld und vielen Mitteln, kann das alles besser. Auf der Bühne vermag nur das Musical die Show zu liefern, die es früher in der Revue und noch früher in der Operette gab.

Ich glaube, daß die wenigsten Künstler es sich erlauben können, an dem Geschmack und der Entwicklung der Gesellschaft vorbeizugehen. Gewiß ist der Künstler oft berechtigt, von einem Trend oder einer Mode Abstand zu nehmen, wenn er den Trend oder die Mode für unwichtig hält, oder wenn sie ihm persönlich nicht liegen, nicht interessieren, wenn seine eigene Persönlichkeit in einer anderen Richtung empfindet, aber er kann nicht isoliert leben und arbeiten und von großer Höhe auf eine Welt herabschauen, die sich mit ganz anderen Dingen beschäftigt als er.

Nun haben sich in den letzten Jahren schon einige deutsche Theater bemüht, sich der neuen Situation des Welttheaters gewachsen zu zeigen und das Musical auch hier zu verwirklichen. Der erste Versuch, das Musical *Kiss me Kate* in einer vereinfachten Form in Berlin zu bringen, war ein großer Erfolg. Es zeigte sich, daß durchaus auch hier ein Publikum existiert, das so etwas sehen will, aber als man dann versuchte, das große Musical, das Revue-Musical zu bringen, stand man vor einer fast unlösbaren Schwierigkeit. Das Musical ist für ein Theater bestimmt, in dem es Monate, manchmal Jahre en suite laufen kann, wo ein geschultes Ensemble nichts anderes tut, als mit äußerster Perfektion und Artistik jeden Abend dasselbe zu wiederholen. In Deutschland gibt es wenige Theater, die so etwas erreichen können, die von ihrer Struktur her überhaupt imstande sind, ein Stück so lange zu spielen. Selbst ein Haus wie das Gärtnerplatz-Theater in München ist an einen Repertoire-Betrieb gebunden, und obwohl es von den Mitteln her eigentlich das erste Musical-Theater sein sollte, hat es sich gezeigt, wie schwer tatsächlich ein Musical dort zu produzieren ist.

Der Versuch scheitert meistens schon an der Tatsache, daß ein Musical finanzielle Mittel verlangt, die von vielen subventionierten Theatern gar nicht zur Verfügung gestellt werden können. Ein Theater, in dem, sagen wir zehn bis zwanzig große Produktionen im Jahr herausgebracht werden müssen, und in dem für Oper, Schauspiel, Operette etwa dieselben Mittel zur Verfügung stehen, für dieses Theater scheint es von vornherein ausgeschlossen zu sein, ein Musical zu bringen. Außerdem sind in den meisten Theatern die Abonnementsbedingungen so, daß ein möglicher großer Erfolg gar nicht genügend ausgenutzt werden kann. Der Manager aber, der dafür in London oder New York 30.000 bis 100.000 Pfund riskiert, hat die Chance, diese Summe mehrere Male, über viele Jahre einzunehmen! Auf der anderen Seite hat der ›Gemischtwarenbetrieb‹ in Deutschland den Vorteil, daß viele Dinge, ich möchte sogar sagen: die meisten Bestandteile eines Musicals schom im Theater vorhanden sind. Es hat seine Werkstätten, es hat sein Orchester, es hat seine Tänzer, Bühnenbildner und Dramaturgen, alles zwar Abteilungen oder Künstler, die das Musical erst kennenlernen und akzeptieren müssen, die aber dennoch die Grundlage für seine Produktion liefern. Das heißt, daß ein großer Teil der Finanzierung eines solchen Unternehmens im subventionierten Theater weniger riskant ist als in den Theatern anderer Länder, wo alles jedesmal bis zum kleinsten Requisit neu gekauft, gesammelt, gemacht werden muß, wo die Schauspieler, die Tänzer, die Sänger, die Musiker einzeln engagiert werden müssen, und wo das Angebot nicht so groß ist, daß Künstler, die in ihrem Fach erstklassig sind, nicht ungeheure Gagen verlangen können. Aber obwohl viele Bestandteile des Musicals schon in nuce in jedem größeren Stadttheater existieren, bleibt doch noch eine erhebliche Summe, die aufzubringen ist für die Ausstattung, für Neuengagements, für eine Unzahl von Kostümen und Requisiten.

Hat sich aber ein Theater über alle Schwierigkeiten hinweggesetzt, sich entschieden, ein Musical zu machen, so entsteht sofort das zweite Pro-

Mit Rainer Werner Fassbinder

blem: Das Ausmaß an Arbeit bei einem Musical, das überhaupt diskutabel sein soll, ist so groß, daß ein normaler Betrieb darunter zusammenbricht. Ich habe das dreimal durchexerziert. Einmal an einem kleineren Theater und zweimal in Bremen, und ich habe jedesmal wieder erlebt, daß die äußerste Grenze nicht nur erreicht, sondern mehrfach überschritten wurde. Die Tatsache, daß die verschiedenen Sparten eines Theaterbetriebes, die sonst separat arbeiten, in einem Musical zusammenkommen müssen, ist allein schon eine fast nicht zu überwindende Schwierigkeit. Die verschiedenen Künstler und Techniker haben jeweils ihre eigenen Regeln, gewerkschaftlichen Bestimmungen und Arbeitsbedingungen. Der Chor z. B. hat eine bestimmte erlaubte Anzahl Stunden, in denen man mit ihm probieren kann. Das Ballett hat wieder andere Stunden. Aber in einem Musical ist es nicht möglich, mehr als einen relativ kleinen Teil der Proben mit den verschiedenen Künstlern einzeln durchzuführen. Das liegt schon daran, daß der Schauspieler im Musical auch Tänzer und Sänger, der Tänzer Schauspieler, der Sänger alles mögliche, vielleicht Akrobat sein muß. Es wird eine artistische Zusammenarbeit verlangt, die im normalen Ablauf eines solchen Theaters nicht vorgesehen ist. Mit anderen Worten: es ver-

216

langt nicht nur eine Entscheidung der Intendanz, sondern eine Gesamtentscheidung der verschiedenen Abteilungen, bevor so ein Projekt überhaupt in Angriff genommen werden kann. Ist das einmal geschehen (und mit gutem Willen von allen Seiten ist es durchaus möglich, daß es geschieht!), muß man mit dem organisatorischen Problem rechnen, da die Zeit, die nötig ist, um jene Perfektion zu erreichen, ohne die ein Musical uninteressant wird, meistens nicht vorhanden ist. Sie muß unter Umständen von anderen Produktionen abgeknapst werden. Es muß plötzlich möglich sein, Ballettnummern sechs Wochen vor Anfang der eigentlichen Produktion zu probieren; es muß möglich gemacht werden, viel Musikmaterial zu kopieren; es muß möglich sein, mit Tänzern, die vielleicht noch nie oder nur sehr wenig modernes Ballett oder Jazz-Ballett getanzt haben, zu trainieren. Man muß in vielen Fällen Schauspieler, die in den Nummern des Musicals zu singen haben, Gesangsunterricht nehmen lassen. Das bedeutet in der Praxis, daß die Produktion lange vor dem eigentlichen Probenanfang beginnt. Was hier dann oft im Wege steht, ist die Einstellung der Künstler, die am Musical teilnehmen sollen. Ein Musiker, der meistens Oper spielt, ist oft etwas verstört oder einfach gar nicht imstande, umzuschalten und plötzlich die Begleitung zu einem Popsong oder einem Schlager zu spielen. Aber um das notwendige Resultat, die Perfektion zu erreichen, muß er bereit sein, die Arbeit, die er vor sich hat, mit derselben Ernsthaftigkeit und Präzision zu machen, wie die Vorbereitung zu einer großen Oper.

Das musikalische Problem wird weiter erschwert dadurch, daß Schauspieler singen müssen, da in den meisten Musicals Opern- und auch Operettenstimmen für die Hauptpartien nicht verwendbar sind. Das bedeutet aber wiederum, daß besonders in größeren Häusern — und Revue-Musicals sind nur in größeren Häusern möglich — der Schauspieler Schwierigkeiten haben wird (wenn er überhaupt singen kann), mit seiner Stimme Wirkung zu erzielen, verständlich zu sein, denn um das Haus zu füllen, muß auch der Text vollkommen hörbar sein. Das heißt auch, daß das Orchester und sein musikalischer Leiter, die oft wenig Erfahrung in diesem Genre haben, sich darauf einstellen müssen. Es ist versucht worden, mit Mikrophon zu arbeiten, aber das Resultat ist nicht ganz erfreulich, besonders nicht in Theatern, die keine hochmoderne Tonanlage haben. Der musikalische Leiter muß aber nicht nur mit diesen technischen Problemen fertig werden, er muß auch arrangieren können und ändern, verlängern, wo es die Szene verlangt, und er muß dauernd mit dem Regisseur und dem

Choreographen zusammenarbeiten. Hierbei kann er nicht stur bei einer Vorlage bleiben, die für eine Produktion vielleicht in New York oder London hergestellt worden ist, wo die Bedingungen andere sind, wo die ganze Art der Inszenierung unter Umständen vollkommen anders war.

Der Zwang, sich andauernd auf den Künstler, mit dem man arbeitet, einstellen zu müssen, ist aber auch einer der reizvollsten und faszinierendsten Aspekte des Musicals. Es macht die Arbeit lebendig, es macht sie auch kompliziert; und im besten Fall, wenn Choreograph, Regisseur und Dirigent wirklich ein Team sind, befruchten sie sich gegenseitig in einer Weise, die in einer anderen Theater-Kunstform nur selten möglich ist. Einen Choreographen zu finden, der z. B. imstande ist, Chorsängern und Schauspielern Tanzschritte beizubringen, ohne sie unsicher zu machen, ohne sie davon zu überzeugen, daß sie es sowieso nie schaffen können; einen Dirigenten zu finden, der imstande ist, mit Schauspielern Songs zu üben und ihnen dabei die Komplexe, die Schauspieler in dieser Situation natürlich haben, wegzunehmen, das ist für den Regisseur schon ein großes Kunststück! Es wird von allen Beteiligten eine Gelenkigkeit und eine Uneitelkeit in der Arbeit verlangt, ein fanatischer Ehrgeiz zu äußerster Perfektion, und nichts wird dem Zufall überlassen. Das läßt sich schwer herstellen in einem Theater, das sich bisher mehr mit Kunst als mit Perfektion beschäftigte, wobei dann nur zu oft eine Pseudokunst die Perfektion ersetzt.

Im amerikanischen Musical, und um dieses handelt es sich vor allem, da es kein gutes deutsches Musical gibt, kein wichtiges französisches und eigentlich nur eine Nachahmung im englischen Musical, im amerikanischen Musical handelt es sich zu neunzig Prozent um Artistik und nur selten um Differenzierung. Gewiß, als große Ausnahme gilt *My fair Lady*, ein Musical, das stark von der Differenzierung der Rolle des Higgins lebt und deshalb oft zur mittelmäßigen Operette absinkt, wenn es nicht von einem großen Experten in der Kunst des Sprechgesangs wie Rex Harrison gespielt wird. Aber bei den meisten amerikanischen Musicals dreht es sich um Akrobatik und um Vitalität. Die Vitalität, die wohl ein Teil des amerikanischen National-Charakters ausmacht, und die Anstrengung, die für diese Art Musical verlangt wird, ist enorm. Es wird von ihnen verlangt, daß sie eine Nummer nach der anderem mit Pep und Verve und Kraft abliefern, daß sie sich pausenlos mit voller Energie und vollkommener Perfektion einsetzen. Das verlangt Technik, eine Technik, die man nur durch Erfahrung gewinnen kann. Dazu braucht man die exakte Einteilung aller Kräfte. Ich habe es in

Musical-Produktionen als eines der größten Probleme empfunden, daß ein Schauspieler, der vielleicht sein erstes oder zweites Musical macht, zwanzig Minuten oder auch eine Stunge lang mit innerem Engagement und Einsatz eine Rolle spielt – und nach der ersten Pause war es aus, er hatte keine Kraft mehr, und mit dem Nachlassen der Vitalität verlor das Musical seine Wirkung. Abgesehen von der künstlerischen Qualität wird also vom Darsteller verlangt, daß er topfit ist wie ein erstklassiger Boxer oder Fußballspieler.

Man muß es einmal in einem original amerikanischen Musical erleben, wie ein Schauspieler oder ein Sänger seine Nummer ›verkauft‹ – verkauft ist das einzige Wort, das hier zutrifft – oder wie jeder Tänzer, jede Tänzerin in einer Ballettnummer sich einsetzt. Dieser Einsatz ist nicht gefühlsmäßig, er hat vielleicht gar nicht sehr viel mit Kunst zu tun, aber er hat mit Kraft, Vitalität, Engagement zu tun, mit dem unwahrscheinlichen Tempo, mit der die ganze Schau abgezogen wird. Das Publikum wird von einem guten Musical überrumpelt, überfahren, so intensiv, daß es oft nicht mehr imstande ist, zu dem, was hier kitschig und oberflächlich bleibt, geben wir es ruhig zu, nein zu sagen.

Kitschig? Oberflächlich? Ja, sehr oft. Für das deutsche Publikum, dessen Geschmack bestimmt ein anderer ist als der eines amerikanischen Publikums, weil es kein Massen-Publikum ist, sollte man vielleicht probieren, den Kitsch wegzubringen. Hierbei kommt es natürlich auf die Persönlichkeit und auf den Geschmack des Regisseurs und seiner Mitarbeiter an. Es gibt sicher nur wenige Glücksfälle, in denen man ein Musical in seiner Originalform nach Deutschland bringen kann, z.B. *Pal Joey*, ein Musical, das bis jetzt hierzulande nur als Film zu sehen war. Ein Musical aber wie *Music Man*, das eine nicht sehr differenzierte Story bringt, in dem die Figuren keine große Tiefe oder Differenzierung haben, kann man, muß man in Deutschland vielleicht sogar leicht parodieren oder ironisieren. Dabei nimmt man den Kitsch unter Umständen gar nicht weg, sondern übersteigt ihn bis zu einem Punkt, wo er schon wieder eine Funktion bekommt, so daß man sich nicht außerhalb des Musicals postiert und sich darüber lustig macht, denn dann geht jede Wirkung verloren. Sobald die Story keine Tragkraft mehr hat, sobald man merkt, daß die Darsteller nicht mehr dahinterstehen, wird ein Musical sinnlos.

Wenn man das Experiment des Musicals wagt, stellt sich nach meiner Erfahrung heraus, daß, solange der Einsatz der Mitwirkenden ernsthaft ist, sich mit den Schauspielern, Tänzern, Sängern Möglichkeiten ergeben, die sich sonst vielleicht nie realisieren könnten, von denen man oft nicht einmal vermutet hatte, daß sie überhaupt da sind. Für die Entwicklung eines Ensembles, und ich glaube, die Möglichkeit des Ensemblespiels ist immer noch aufregend und wesentlich am deutschen Theater, für diese Entwicklung ist das Musical, wenn man es wirklich zustande bringt, eine hervorragende Chance, ein erfolgversprechender Weg.

Uwe Bohm, F. M. Einheit
in *Andi*, Hamburg, 1987

Andi I.
1986

Konfrontation mit den »EINSTÜRZENDEN NEUBAUTEN«. Eine wilde, aber disziplinierte und äußerst musikalische Gruppe, nur muß man lernen, den Krach zu ertragen.

Im neuen Probenraum, ein Betongehäuse auf einem Fabrikgelände, die nachgebaute Dekoration Grützkes — ich komme rein und sehe eine Wildnis von Lautsprechern, Mischpulten, Elektrogeräten, wie die Rocky-Mountains.

Brauchen wir eigentlich überhaupt noch irgendwelche Dekoration? Das ist doch die moderne Welt, in der wir leben. So sieht sie aus. Sie blinkt und zischt wie in Doktor Mabuses Labor. Rabens Kapelle, die »NEUBAUTEN«, zwanzig singende, tanzende Schauspieler brüllen: »Ich bin tot — weil ich ein Rocker bin. Ich bin tot — weil ich ein Rocker bin. Ich bin tot — weil ich ein Rocker bin!«

Am nächsten Tag arbeiten wir an der Szene im Park, wo der kleine Andi sich an eine Gang heranmacht. Er will Mitglied werden.

Die Zuhause-Szenen, in denen er von seiner Mutter abgestoßen wird, haben wir noch gar nicht probiert.

Leseproben finde ich Unsinn, wir lesen nur die Szenen, die wir machen wollen.

Wolfgang Schenk, echter Norddeutscher, kann Platt, kann Hamburger Dialekt. Uwe Bohm, der den Andi spielt, auch. Die beiden werden die Hamburger Stütze dieser Sache sein.

Alle anderen Schauspieler haben erstmal Manschetten vor der Sprache.

»Wir kriegen das doch nie genau hin!« sagen sie. Ich meine, daß sie das Feeling der Hamburger Sprache, die Melodie der Hamburger Sprache, die Denkart der Hamburger, die sich natürlich durch Sprache ausdrückt, genug hinkriegen werden.

Auch für Hamburg. Immerhin, wir werden keine sprachwissenschaftlichen Untersuchungen vorlesen, hier wird ein Theaterstück gemacht. Das Wesentliche, der Sinn der Sprache, der Sinn, die Psychologie der Sprache, die Weltanschauung, das ist das, was wir suchen. Also wird es hamburgisch sein müssen, und wir werden erstmal extrem hamburgisch anfangen.

Schubi (Heinz Schubert), der den Tabakhändler spielt, schmeißt sich mit großem Enthusiasmus gleich in den Mittelpunkt der Rolle. Tritt auf als lustiger Conférencier, spielt rum mit dem Text, dirigiert seinen Ladentisch auf die Bühne. Überhaupt der Enthusiasmus, das schnelle Zusammenkommen von all den verschiedenen Arten von Arbeit und Erfindung in dieser Produktion ist ganz erstaunlich.

Es sind jetzt bestimmt 50 bis 60 Leute permanent bei der Probe, und doch ist Ruhe, wenn wir sie brauchen. Und Konzentration. Konzentration, die nötig ist zu improvisieren, auch manchmal zu albern.

Man sieht vor sich die riesige Aufgabe, das Erfinden von einem ersten, unterhaltenden Musicalstück über aktuelle Dinge in dieser Stadt. Tanz, viel Tanz, über 20 Musiknummer, die Koordination mit einer sehr eigenen und wichtigen Rock-Band, deren Musik schon an eine ganz ernsthafte, moderne Musik grenzt. All das soll zusammengebracht werden zu einem bedeutungsvollen ganzen Ding.

Nur eine Art von irrationellem Glauben kann einen überhaupt in so ein Abenteuer losziehen lassen. Die Spitze des Berges ist eine Wolke, und noch niemand hat je gesehen, wie sie aussieht.

Auch so muß die Spitze des Berges, das Mysterium, für den Zuschauer verborgen bleiben, und er muß es für sich, Stück für Stück, in der Aufführung entdecken. Vielleicht auch nie ganz entdecken, weil alle Dinge, die Größe haben, im Endeffekt unlösbar werden und mysteriös.

Die Geschichte von dem kleinen Jungen Andi — und wie er starb und warum.

Die Schauspieler Uwe Bohm, Suse Lothar, Susanne Schäfer, Martin Pawlowsky und, und, und — tasten sich vorsichtig, um nicht zu sagen mißtrauisch, an den Text. Es gibt einige Fassungen von dem Text, viele Korrekturen, vieles steht noch nicht fest, Texte von Liedern fehlen, werden wieder neugemacht. Burkhard Driest, der außerhalb Hamburgs wohnt, schreibt an Neufassungen, Korrekturen, Änderungen, neuen Ideen.

Natürlich ist es leichter, wenn man die Auseinandersetzung mit einem fertigen, wirklich klassischen, abgesegneten Text hat. Aber aufregend, aufregend ist dies hier. Dies ist heute, dies ist morgen, dies ist unsere Sache. Maria Stuart ist nicht unsere Sache.

Übrigens, die peinlich empfindlichen, aggressiven, säuerlichen, miefigen Reaktionen auf unser riesiges Publikums-Erfolgstück *Prawda*, das sich auf böse, witzige Weise mit dem Opportunismus und der Eitelkeit und dem Machtdrang der Presse beschäftigt, das ist vergessen. Im Gegenteil, das ist Teil einer solchen Arbeit, Teil der Wut und Besessenheit, die zusammen mit dem Humor und dem Quatsch und dem Spaß die Spannung einer solchen Arbeit ergeben.

Nach so vielen Jahren des Regieführens bewundere ich immer noch Schauspieler, die nach einer kurzen Pause von einer großen Arbeit springen können. Ganz schön strapazierend, dieser Schauspieler-Beruf. Besonders bei uns, in unserem Land, mit seinem unermüdlichen Repertoire-System. Trotzdem und trotz der Anstrengung: Spielen des Abends, am Tag probieren, abends wieder den Kontakt zum Publikum haben, das ist die Notwendigkeit und das ist, glaube ich, der Ansporn, auch wenn es manchmal sehr, sehr müde macht und schwer durchzuhalten ist.

Jetzt haben wir einige Proben-Wochen hinter uns. Wie immer bei einem solchen Projekt: Umbesetzungen, Rollen werden anders verteilt, als man gedacht hat, Szenen entwickeln sich erst mal ganz anders, als vorgesehen.

Nach vier Wochen Proben haben wir eine große Eröffnungsnummer. Die ist über 40 Minuten lang und erzählt das Begräbnis von Andi und beschreibt die ganze Welt von dem Tabakhändler Herrn Heise in Gesängen, in Musik und Tanz. Laurie Booth, der Choreograph, hat sich mit großem Enthusiasmus, mit großer Intelligenz und mit viel Energie in diese Arbeit geschmissen. Er hat eine Vorstellung von dem Ganzen als der Geschichte eines Schamanen, also eines witch-doctors, eines Medizinmannes, der durch diese Höllenfahrt geht als Mischung zwischen kleinem Teufel und kleinem Clown und geläutert am anderen Ende rauskommt.

Es hat eine Weile gedauert, bis ich seiner Vorstellung genau folgen konnte, aber wir nähern uns langsam, und es ist eine erstaunliche und interessante Zusammenarbeit. Ich gehe meinen üblichen Weg über die Psychologie und die Verbindung zwischen den Menschen auf der Bühne.

Er geht einen komplizierten, ritualisierten, aber dabei sehr komischen und skurrilen Weg. Das ist seine englische Ader, denke ich. In diesem Spannungsfeld zwischen Ritual und Psychologie wird sich das Stück aufhalten.

Dabei stellt sich raus, daß es eine aufregende Geschichte ist, daß es eine ganz heutige und brutale, verrückte Welt ist, die wir beschreiben, daß wir durch seine Art Instinkt oder Zufall auf das Thema »Selbstjustiz« gekommen sind, das absolut im Zentrum unserer Fantasie heute steht.

Der junge Star der Aufführung, Uwe Bohm, entwickelt von Probe zu Probe eine größere Sicherheit, ganz erstaunliche Sprünge in der Fantasie, Techniken, die man bei ihm nie geahnt hätte, arbeitet wie ein Besessener, erzählt etwas, was nicht weit entfernt ist von seiner eigenen Geschichte. Er erinnert mich an die ganz frühen Auftritte von Michael Crawford.

Wir haben ja keine Proleten-Stars in Deutschland, auf jeden Fall keine jungen. Und dieser ist, wie gesagt, erstaunlich. Sein Erfindungsreichtum, seine Freiheit in den Proben, seine Wirkung auf andere — ein Wunder, vor dem ich immer wieder mit Erstaunen und Begeisterung stehe.

Die theatralische Form der Aufführung entwickelt sich jetzt ganz schnell. Vielleicht hat es damit zu tun, daß es kurz vor Jahresende ist und wir alle das dringende Bedürfnis haben, das formale Hauptproblem zu lösen. (In 6-8 Wochen soll die Premiere sein.)

Die Spiellust dieser Schauspieler und Tänzer ist außergewöhnlich. Woran liegt das? Sicherlich an der Art zu probieren, unter anderem, an einer Art zu probieren, die wir jetzt mit diesen Schauspielern über eineinhalb Jahre praktiziert haben, die ich schon seit vielen, vielen Jahren ausprobiere und immer versuche zu verbessern.

Aber auch noch etwas anderes. Wie bei *Verlorene Zeit* und bei *Ghetto* haben die Schauspieler das Gefühl der Nähe, ihrer eigenen Nähe zu einer Thematik. Ihrer eigenen Nähe zu den Strömungen, die außerhalb des Theaters, in diesem Fall geradezu wild, wie ein Meer um das Theater herumwogen. Das reißt die Schauspieler mit. Sie spüren, daß sie nicht irgendwelche kleinen Mittelmaß-Erfindungen aus der Theaterkiste produzieren, sondern daß sie in diesem Strom sowohl mitgerissen werden, als auch sich dazu äußern können, dazu, daß ihr Bewußtsein und auch ihr Unterbewußtsein in eine fast unvermeidliche Aktivität gerissen werden. Es gibt eigentlich keinen in dieser Arbeit, der sich dagegen zu wehren scheint oder der diesem Strom widerstehen kann.

Heute, nach der Probe, an Hand einer Zeitungsmeldung, fiel mir auf: Wir reden alle über Cruise-Missiles und SDI und Kriegsgefahr und Friedensforschung, aber in Deutschland haben, schätzungsweise, fünf Millionen Menschen Schußwaffen zu Hause. Davon hat die Hälfte einen Waffenschein.

225

Warum sind in einem sozusagen zivilisierten Land wie Deutschland Schußwaffen nicht einfach verboten? Wer jagen will, könnte sich ja die Waffe für den Tag bei der Polizei abholen und abends wiederbringen. Keine Waffenscheine! Das wäre doch ein Anfang. Statt der ganzen Aufregung über Bomben und große Kriege.

Kindern gibt man auch nicht Eisenstangen in die Hand, sonst bringen sie sich um.

Immerhin sind Schußwaffen gefährlicher als Drogen. Und der Besitz von Drogen ist strafbar.

Vielleicht wäre das der erste Schritt dazu, die großen Waffengeschäfte zu verhindern. Die Waffenindustrie abzuschaffen.

»Have sex not war«, »Fuck for peace« — Sprüche der 60er Jahre. Heute können wir sie gebrauchen.

Ein Staat, der es mit der Terrorbekämpfung ernst meint, müßte alle Waffen verbieten. Gegen jede Lobby.

Klein anfangen, wenn die Menschen je kapieren sollen, daß es zwischen Krieg und Mord keinen Unterschied gibt. Dann klein anfangen. Ganz klein vielleicht.

Warum soll nicht ein Bundesland das erste sein, Waffen-Besitz für illegal zu erklären? Hamburg zum Beispiel.

In den 80er Jahren — und es wird bestimmt noch schlimmer — sind die Aggressionen der zivilisierten Völker so gesteigert, daß keinem, außer einem Polizisten, mit einer Waffe in der Hand zu trauen ist.

Andi II.
1987

In London, New York, überall, sogar in Deutschland. Es läuft schon eine ganze Weile unter seinem neuen Namen »Musical«. Vor vierzig Jahren: *Oklahoma*, frühe Filme von Vincente Minnelli, *On the town*. Heute: *Starlight express, Cats*. Auf dem Weg hatten wir *South pacific* und *Hair* und *West side story* und hunderte und hunderte und hunderte. Millionen und Abermillionen wurden ausgegeben, verloren und gewonnen. Manchmal lief die Show fünf, zehn oder zwanzig Jahre – *My fair lady, West side story, Gigi*. Siebzig Prozent des englischen und amerikanischen Theaters von heute bestehen aus der einen oder anderen Art von Musical. Trotz des enormen Risikos und der enormen Kosten ist es die einzige wirkliche Chance auf ein großes Publikum. Die einzige Form von Theater, die genug unterschiedliche Menschen anzieht, aus allen Klassen und jeden Alters.

Aber in Deutschland funktionierte das liebe Musical irgendwie nicht. Es wurde gemacht und getan, kleine Theater in Provinzstädten spielten *The boyfriend*, große Theater spielten alles, von *Oklahoma* bis hin zu *West side story*. Tourneen gastieren in Hallen wie dem Congreß Zentrum in Hamburg – entsetzliche Tourneen, ziemlich schreckliche Produktionen. Warum hat es

Peer Raben

227

nicht funktioniert? Ja nun, es fängt an zu funktionieren. Es fängt an zu funktionieren, weil die Produktionsmethode an einem Ort — wie das Beispiel *Cats* in Hamburg zeigt — zu funktionieren scheint. Kürzlich wurde im Ruhrgebiet in der Nähe von Bochum ein neues Theater gebaut. Nur für Musicals. Typischerweise wird es mit einem weiteren Musical von Andrew Lloyd Webber — dem momentanen »Papst« des Musicals — mit *Starlight express* eröffnen. Und es wird an einem Haus wie diesem zweifellos zwei oder drei Jahre gespielt werden.

Ich denke aber nicht, daß das englische oder amerikanische Musical als Form, daß es inhaltlich, daß es in seiner glatten Perfektion mit seiner athletischen, extrovertierten Pseudo-Intellektualität überhaupt zu diesem Westdeutschland, in dem wir leben und Theater machen, paßt.

Wenn man zurück auf die deutsche Tradition schaut, ist die *Dreigroschenoper* das, was dem Musical am nächsten kommt. Es ist eine hochintelligente Geschichte, es ist satirisch, es ist modern, sehr geistreich, es hat flotte Musik, Jazz der Zeit, von einem Meister geschrieben, es kann von den meisten Schauspielern mit einer vernünftigen Stimme gesungen werden, genauso wie von Milva. Es ist keine Show, die von einem Ballett abhängt, noch ist es eine Show, die von den Millionen für Bühnenbild und Kostüme abhängt.

Einstürzende Neubauten, Ensemble

228

Jutta Hoffmann, Uwe Bohm

Es ist tatsächlich eine Bettler-Oper. Wenn man es nicht lächerlich inszeniert, ist es sehr gut möglich, es mit anderen Stücken ins Repertoire aufzunehmen.

Es gibt noch eine andere deutsche Tradition, die Revue. Revue in den Zwanzigern war eine Nummernfolge: keine Geschichte, und nur eine Serie von Nummern, die zum größten Teil von sorgfältig ausgeführten Szenen abhing. Ich habe viele Jahre versucht, die Revue in Deutschland wieder zu etablieren. Für mich ist sie ein Mischprodukt, das irgendwo zwischen einem Musical, einem normalen Stück und einer klassischen Revue steht. *Der Pott*, Falladas *Kleiner Mann, was nun? Professor Unrat, Jeder stirbt für sich allein* waren alles Geschichten, Stücke, bei denen der dramatische Part, der ungesungene und nichtmusikalisierte mindestens genauso wichtig war, wie der musikalische Teil. Musik in einem Stück ist für mich der Punkt, an dem das Stück abhebt. Der Punkt, an dem das Stück Fantasie wird, wo es ein Traum, wo es Poesie wird, wo es intelligent wird, Tanz, alle möglichen Dinge, die es nicht könnte, wenn es nur Sprache wäre. Ich glaube nicht, daß eine Revuenummer notwendigerweise eine Geschichte erzählen muß. Sie kann genauso gut ein Zwischenspiel sein, ein Traum, sie kann ein Kom-

229

mentar sein. Die Musiknummer hat etwas mit der Geschichte zu tun, wahrscheinlich mit den Charakteren, aber sie kann genauso gut nur ein Kommentar zu der Zeit sein, in der das Stück stattfindet. Was trotzdem wichtig ist, ist, daß wenn da Musik ist, man auch das Gefühl hat, daß da Musik hingehört. Daß da nichts außer Musik geht.

Vor vielen, vielen Jahren schrieb ich einen Artikel, der das Boulevard-Theater propagierte und gleichzeitig das Fehlen des Boulevard-Theaters in Deutschland kritisierte. Nun, es gibt heute ein bißchen mehr davon, aber nicht viel. Manchmal ist es für ein seriöses Theater wie in Hamburg, Stuttgart oder München möglich, ein Boulevardstück aufzunehmen und dabei ernstgenommen zu werden. Einige Boulevardautoren wie Pinter, Stoppard, Simon Gray (nicht Ayckbourn, möchte ich hinzufügen, leider, obwohl er der Beste von ihnen ist) werden ernstgenommen. Deutsche Autoren wie Strauss und Bernhard sind nahe daran, Boulevardautoren zu sein. Sie sind ein bißchen anmaßend und sie sind im Boulevardschreiben nicht so gut wie die oben erwähnten englischen Autoren, aber nichtsdestotrotz bewegen sie sich in die gleiche Richtung. Das deutsche Theater handelt vom Konzept her mit großen Worten, großen Ideen, großen Meinungen. Das angelsächsische Theater tendiert, obwohl es von genau den gleichen großen Ideen handelt, dazu, sie nicht in große Worte zu fassen, sondern sie in Trivialitäten zu packen. In Trivialitäten, die wir Normalsterblichen verstehen.

Und in der gleichen Weise ist es die Trivialität des Musicals, die es so attraktiv macht. Seine Musik ist nicht schwerfällig und langweilig. Es hat gute Melodien zum Mitpfeifen, es hat ein schönes Bühnenbild und interessante Charaktere. Manchmal ist es sehr ernst: Ein Musical wie *Evita* vertritt einen sehr ernsten politischen Standpunkt. Es geht um Leben und Tod, um Armut, um Politik, also um alles, was Leute interessiert. Es erzählt seine Geschichte mit großem Schwung, sehr unterhaltend, mit Spaß und einigen wundervollen Nummern, super getanzt. Es ist großartige Unterhaltung. Man verläßt das Theater mit vielen Visionen im Kopf.

Ich glaube nicht, daß wir hier in Deutschland versuchen sollten, diese Produktionen von Musicals nachzuahmen. Wir würden damit keinen Erfolg haben, weil es nicht in unserer Tradition liegt. Die deutsche Tradition ist die Tradition der Revue oder die Tradition der Satire. Und diese Mixtur aus Revue und Satire, sogar Cabaret, ist, denke ich, das was schließlich zum deutschen Musical werden wird. Es erfordert eine Geschichte und ein Drama, die stärker sind als die des angelsächsischen Musicals. Charaktere, die interessanter und weniger klischeehaft sind. Es erfordert eine Musik, die nicht eine konstante Begleitung und eine konstante, sagen wir Verheimlichung des Inhaltes der Geschichte ist. Ich glaube, ein Musical wie *Les Misérables*, obwohl es hier erfolgreich ist, ist genau die Sorte Musical, die wir nicht suchen sollten. Ein Musical, in dem durchgängig gesungen wird, nicht eine einzige Melodie, an die man sich jemals erinnern kann, nicht sehr guter Gesang, nur singen um des Singens willen. Es ist alles Musik, es dauert und dauert und dauert. Und schließlich ist man davon entweder hypnotisiert oder man schläft ein oder man fragt sich: warum um alles in der Welt singen die die ganze Zeit? Sie könnten genausogut aufhören und sprechen.

Deswegen glaube ich, daß wir wirklich gute Geschichten haben müssen. Ich habe sie in der Trivialliteratur gefunden. Fallada, allen voran Heinrich Mann, und kürzlich in einem Stück von einem Israeli — *Ghetto*. Und in jedem Fall hatte man die RICHTIGEN Schauspieler und Sänger gefunden, man hatte einen Abend konstruiert, an dem sie nicht adäquat sondern wundervoll waren. Es wurde nicht versucht, glatte Perfektion zu erreichen, die man auch als Langeweile bezeichnen kann, langweilige Kunstfertigkeit. Ich habe versucht, das Interesse auf den Schauspieler, die Rolle, die der Schauspieler spielt und die Situation, die er spielt, zu konzentrieren, mit der Musik, trotz der Musik und ohne die Musik.

Jetzt sind wir hier in Hamburg und machen eine Geschichte aus einer Zeitung, eine wirklich nicht unterhaltende Geschichte. Eine Geschichte über einen Jungen, der sich einer Gang anschließt, mit der Gang herumzieht und erschossen wird. Das wurde in einem Magazin publiziert. Mit anderen Worten — eine sensationelle Zeitungsgeschichte, über Menschen, über den Ort, wo sie wohnen — ein Vorort von Hamburg — ihre Lebensweise.

Und wir haben versucht, eine Musik für sie zu finden. Wir kamen zu dem Entschluß, daß wir zwei Arten von Musik brauchen. Wir brauchten eine Art von Musik, die ihr Leben, ihre Sentimentalitäten, ihr tägliches Leben repräsentiert. Das mußte eine Musik sein, die eine relativ verständliche und melodiöse Art der Musical-Musik ist. Dann brauchten wir aber auch etwas sehr Kraftvolles und sehr Hartes, was die andere Seite ihres Lebens, ihre Ängste, die ziemlich hoffnungslose Welt, in der sie leben, und die harten Betonklötze, gegen die sie ihre Köpfe schlagen, repräsentiert. Also nahmen wir eine Gruppe dazu, die Rockgruppe EINSTÜRZENDE NEUBAU-

TEN, und außerdem einen Filmautoren, Burkhard Driest, der uns das Script schrieb.

Um das Musical zu inszenieren, brauchen wir von den Schauspielern nicht mehr als das, was sie sowieso schon seit Jahren tun. Sie haben gelernt zu improvisieren, zu singen, zu tanzen, sie haben gelernt, ihre Körper zu benützen, ihre Vorstellungen sehr frei zu entwickeln, sie haben gelernt, so unliterarisch wie möglich zu sein. Das sind alles Dinge, die zusammengenommen mit einem guten Choreographen, einem guten Musiker und einem vernünftigen Regisseur zu der Erfindung des deutschen Musicals führen könnten. Das wurde natürlich schon vorher versucht. Es wurden jede Menge deutsche Musicals geschrieben. Die Tatsache, daß außer der *Dreigroschenoper* nicht ein einziges groß, wirklich groß rausgekommen ist, soll heißen, daß wir es niemals erreichten. Aber trotzdem haben wir den Rückhalt der Revuen, die Erfahrung mit dem unglaublichen Enthusiasmus des Publikums.

Dies hier wird keine Adaption von etwas sein, was 35, 45, 55 oder 100 Jahre vorher geschah, es wird von etwas handeln, das vor sieben Jahren passierte. Und es ist etwas, was in Hamburg inszeniert wird und in Hamburg geschehen ist. Wir sind also sehr eingeschränkt und sehr sehr nah an zu Hause.

Rock in Hamburg
Auszug aus der Besprechung der Aufführung von Colette Godard
1987

Eine Rockoper in einem Staatstheater: Leben und Tod eines Halbstarken aus einem Hamburger Vorort.

Vor etwas mehr als acht Jahren griff ein Kioskbesitzer zum Gewehr und schoß auf eine Gruppe randalierender Jugendlicher. Sie hinderten ihn nicht zum erstenmal am Schlafen, aber es war einmal zuviel: eine Kugel erwischte einen der Jungen, tötete ihn. Der Vorfall hätte sich in einem Neubaugebiet von La Courneuve oder der Minguettes ereignen können. Zufällig war es in Hamburg. Es kam zum Prozeß, der Kioskbesitzer wurde verurteilt, das Urteil zur Bewährung ausgesetzt. Zwei Journalisten untersuchten den Fall. Es ging nicht darum, die Wahrheit aufzudecken, die kannte jeder. Wer Recht oder Unrecht hatte, wer den Part des Guten und wer den des Bösen hatte – das war unwichtig. Sie wollten herausfinden, was da zwischen zwei Generationen entstehen konnte, zwischen zwei Gruppen von Menschen, die zusammen leben, denen es sogar passieren konnte, Weihnachten zusammen zu feiern, und wie Gewalt entsteht.

Peter Zadek interessiert sich für die Störfälle des Lebens, für unauflösliche Verkettungen widerstreitender Schicksale und entwickelt daraus eine Art sardonischer Philosophie, einen Humor, der den gepflegten Umgangsformen der Verzweiflung nicht allzuviel verdankt. Wozu die gepflegten Umgangsformen, wozu die Verzweiflung.

Die Bühne, nicht eben klein, bietet sich als Rumpelkammer aus Traversträgern, Brückenkonstruktionen und Leinwänden dar, auf die düstere, erdrückende Stadtlandschaften projiziert werden, aus Fernsehgeräten, weißen Ziegelmauern mit Balkonen aus Preßstein, zwischen denen die Rokokodekoration des Zuschauerraums erscheint – goldene Voluten auf cremefarbenem Untergrund. Ferner die Instrumente einer Hard-Rock-Band. Bestimmte Szenen, die nicht von überall zu sehen sind, werden über die Fernsehmonitore live wiedergegeben. Zwischendurch strahlen sie, ohne Ton, Comics, Filme und Feuilletons aus, die den Alltag der westlichen Welt bilden.

Die Aufführung beginnt mit einer durchdringenden monotonen Melodie; es ist Andis Beerdigung, inmitten von Kartons, auf die in grober Manier Kreuze aufgemalt sind. Jugendliche Erwachsene, alle sind versammelt, kommen nebeneinander langsam nach vorn, mit einer geschmeidigen Choreographie der Hände. Auch Andi ist da, der Spaßvogel, und hockt in einem der Kartons. Das folgende ist offensichtlich eine Rückblende auf sein kurzes Leben: die (unter-)durchschittliche Familie — der Vater Alkoholiker, die Mutter müde, die Großeltern verständnisvoll —, die großen und kleinen Betrügereien, die Nachbarn, die Kameraden, Kung-Fu, die Mädchen, die aggressiven Spiele und die Liebesspiele. Andi (Uwe Bohm) ist kein Opfer, sondern ein Jugendlicher voller Vitalität, etwas labil, wie die Erzieher sagen. Er versteht es jedenfalls, seinen Charme einzusetzen, um Situationen, die nicht immer gerade ganz einfach sind, zu überstehen. Seine Geschichte ist nicht traurig, sondern grausam.

Bei Peter Zadek darf man nicht mit einer Anklagerede rechnen, mit einer moralischen Botschaft. Er komponiert schrecklich schöne Bilder, die das Schäbige sublimieren. Dort baut er das Theater ein, das heißt, die Erzählung der verschiedenen realen Tatsachen pflanzt sich fort auf dem Umweg über ein wildes Spiel am Rande der gefährlichen Wahrheit, so wie Kinder sich beim Spielen stets anfangen zu erregen. Das ist keine Form von Exorzismus, sondern die einzige Art, das Unerträgliche zu sagen ohne in ein zweifelhaftes Pathos zu verfallen. Ob er Shakespeare inszeniert oder *Andi*: im Paroxysmus der Ironie spürt Peter Zadek die Tragik auf.

Hier wird die Ironie unterstrichen durch die Musikzitate Peer Rabens; die brutale Vitalität der von vornherein zum Scheitern verurteilten Jugendlichen wird durch den Sound der Rockband EINSTÜRZENDE NEUBAUTEN ausgedrückt, der die Brust erschüttert. Die Gruppe scheint dort bekannt zu sein. Jedenfalls wird durch ihre Anwesenheit ein sehr ungewöhnliches Theaterpublikum angezogen, dem Zadek schon seit langem begegnen möchte. Jetzt möchte er die Aufführung gern nach Frankreich bringen — die Jugendlichen aus den Vororten und die Theaterliebhaber können sich dort wiedererkennen.

Nachklang
1987

Bei meinen besten Arbeiten sind die Kritiker immer am zerstörerischsten gewesen, angefangen von der *Geisel* über *Othello* bis zu *Andi*. Der Punkt, an dem besonders die Deutschen am empfindlichsten sind, ist der ästhetische, der bezieht sich auf den Umgang mit Sprache zum Beispiel oder auf den Ungang mit der Kunst überhaupt. Wenn dieser nicht erkennbar avantgardistisch ist in einer Weise, daß man ihn schon wieder neu einordnen kann oder daß man sagt, ach so, hier ist eine neue Kunst oder hier ist eine neue Art, etwas zu machen, dann ... Wenn es eine Inszenierung gibt wie jetzt zum Beispiel *Andi* oder damals die *Geisel*, etwas, das nicht in Kategorien einzuordnen ist, und besonders mit Sprache auf eine Weise umgegan-

Susanne Lothar, Uwe Bohm

235

gen wird, wie es eigentlich in Deutschland praktiziert wird, dann werden die Kritiker sehr aggressiv. Ich glaube, daß es im Grunde genommen immer so und nicht nur typisch deutsch ist. In Deutschland ist es nur so, daß dem Kritiker viel mehr Platz zum Schreiben eingeräumt wird als in anderen Ländern. Sie können ihre ästhetischen Theorien immer wieder bestätigen, formulieren oder umformulieren und das Publikum von den High-Class-Zeitungen ist eins, das sich darauf eingestellt hat, eine permanente ästhetische Auseinandersetzung mit den Kritikern zu führen. Das gibt es in anderen Ländern nicht, in England schon gar nicht und auch nicht in Amerika, in Frankreich beschränkt. Deshalb haben die Kritiker nur wenig Platz, das heißt, sie müssen das Wichtige sagen. Und da sie das Wichtige sagen müssen, suchen sie auch das Wichtige, das heißt, sie sehen schon ganz anders, da sie nicht vorhaben, in einer Kritik einen Roman zu schreiben, sondern höchstens eine halbe Kolumne, auch für ein wichtiges Stück. Deshalb *sehen* sie erst einmal, schauen sie auf das Essentielle der Sache und fangen nicht an, um das Wesentliche herumzuschreiben. Deshalb wahrscheinlich die Konfusion in den deutschen Kritiken. Mein Theater ist überhaupt nicht antipsychologisch. Es wäre mir auch gleichgültig, wenn es das wäre. Das ist ja keine Beleidigung. Es stimmt nur nicht.

Aufführungen wie *Othello* oder *Andi*, also zwei Arbeiten, die über zehn Jahre auseinander liegen, sind Aufführungen, die ihre Basis in ihrer genauen psychologischen Beobachtung von Menschen haben. Daß in der Inszenierung von *Andi* jetzt das Ganze von einem Media-Ereignis mit Fernsehen, Projektoren und Film umgeben ist, müßte für einen klugen Beobachter noch mehr die Kleinpsychologie der Schauspieler betonen. Das war natürlich meine Absicht. Wenn die beiden Kinder eine Liebesgeschichte haben und sich über ihre Schuhe unterhalten oder Witze machen, und außen bewegt sich der Riesenapparat mit seinen albernen Werbespots und weiß der Kuckuck, was da so alles läuft — natürlich denke ich dann an die Isolation besonders von jungen Menschen, die gerade so ins Leben kommen, mitten in diesem ganzen Medien-Quatsch, der auf sie herunterprasselt, wovor sie sich fast nicht schützen können. Aber zu sagen, daß sei unpsychologisch, ist natürlich idiotisch.

TANKRED DORST

Vorbereitung zu dem Film *Piggies*
mit Tankred Dorst, Elba, 1969

Über die Zusammenarbeit
1987

Die Arbeit mit Tankred Dorst war damals für mich sehr erstaunlich, weil er ein Autor ist, der eine realistische und zugleich psychologisch sehr genaue und derart versponnene Fantasie hatte, die ich unheimlich mochte. Ein Autor, der sich nicht an Formen und Kunst festhielt. Er mochte das Theater einfach und schrieb für das Theater. Er kam ja vom Puppenspiel, und das liebte ich sehr. Er spielte sehr gern herum, und er war auch einer der wenigen Autoren, die ich damals kennenlernte, die bereit waren, entweder im Film oder später im Theater weiterzuarbeiten. Seine Ansprüche waren nicht literarisch. Das war vielleicht das Wesentliche bei Tankred Dorst und ist es bestimmt heute noch. Sein Anspruch ist in erster Linie ein Theateranspruch. Er sieht den Autor als jemanden, der im Theater lebt, wenn möglich. Seltsamerweise ist er kein Autor, der schnell Änderungen vornehmen kann. Bei ihm ist die jeweils erste Fassung eigentlich die richtige. Wenn man dann anfängt, an dem Text zu arbeiten, ist er sehr gern dabei und sagt auch sehr wichtige Dinge. Aber er ist eigentlich nicht imstande — oder war es nicht, als ich zuletzt mit ihm gearbeitet habe — neue Szenen auf Kommando zu schreiben. Er ist also nicht ein Autor, zu dem man sagt, schreib doch mal ein Stück über das und das, und dann geht er hin und schreibt das. Sein Thema ist ja immer dasselbe gewesen. Sein Thema ist, und deswegen hat es mich fasziniert, der Dichter in der Gesellschaft. In verschiedenen Dramen, ob es nun *Eiszeit* oder *Toller* ist, ist das immer wieder sein Thema: das schlechte Gewissen des Dichters, der dasitzt, sieht, daß sich etwas um ihn herum ereignet, aber nicht ins Geschehen eingreift, sondern nur schreibt. Was soll er sonst machen, würde ich fragen.

239

Artus
Cefalu, Sizilien
1978

Vor zwei Jahren während der Proben von *Frühlingserwachen* in Bochum war Horst Sagert, der Bühnenbildner aus Ost-Berlin, zu Besuch. Ich hatte ihn eingeladen und wollte, daß er mit mir *Hamlet* macht, ein Projekt, das ich für das Jahr 1977 vorhatte. Ich kannte Sagerts Arbeit von früher, von seinen Dekors für Besson — insbesondere für *Der Drache*. Später habe ich Sagert kennengelernt und seine eigene Inszenierung von *Doña Rosita* gesehen. Die hat mich sehr beeindruckt, er war für mich seit Minks der erste Bühnenbildner, dessen Arbeit und Eigenheit der Arbeit mich wirklich interessiert hat. Das Lorca-Bild bestand aus einem, wie es schien, aus Papier gemachten spanischen Dorf. In Terrassen hochgebaut und davor in ganz anderen Proportionen ein dreiwändiges Bühnenzimmer, sehr konventionell. Die Zusammenstellung war, wie ich es auch bei Daniel Spoerri erlebe, unräumlich. Das heißt, der vordere Raum stand in keiner erkennbar ästhetischen Verbindung zu dem hinteren (Dorf). Ein ähnliches Prinzip benutzte Daniel in dem ersten Bild von *Professor Unrat*, dessen verschiedene Elemente zwar gleichzeitig auf der Bühne standen, aber formell keine erkennbare Beziehung zueinander hatten. Wie Daniel arbeitet Sagert auch mit extremer Akribie am Detail. Ich saß einmal stundenlang dabei, wie er in seinem Zimmer zu Hause vor einem Modell saß und an einer Zentimeter großen Krone für einen König bastelte, änderte, malte und klebte. Und so sah dann auch sein *Rosita*-Bild aus — wie handgemacht. Vor zehn Jahren, in der Bremer Zeit, hätten wir das Kunstgewerbe genannt. Heute — und das ist bestimmt nicht nur eine Entwicklung im Theater, sondern auch unserer immer technisch perfekteren Welt — heute habe ich für diese »kunstgewerbliche« Haltung ein großes Empfinden und eine Begeisterung, wenn sie in so originellen Händen wie von Sagert oder Loepelmann ist. *Three cheers for Worpswede*. Ich denke jetzt übrigens oft an meinem Bruder Doug-

240

las und seine Arbeit als Töpfer, und an die große Befriedung, die eine solche Arbeit geben muß.

Sagert also war in Bochum, als ich dort zum zweiten Mal, im 1976, *Frühlingserwachen* inszenierte. Er kam zu den Proben, war interessiert, besonders an dem Arbeitsvorgang, sehr viel durchlaufen zu lassen ohne andauernde Unterbrechungen. Nach der Probe sagte er, daß das einzige Element, das ihn an meiner Arbeit stören würde, sei meine Geschicklichkeit. Ich weiß, was er meint und er hat sicherlich recht. Im Zweifelsfall drehe ich die Probensituation so, daß die Fantasie des Schauspielers intakt bleibt und gebe etwas von meiner Vorstellung dafür hin. Ich vermeide die Konfrontation und schiebe die Entscheidung auf — bis zur nächsten Probe. In Wirklichkeit wird dann bis zur Premiere keine Entscheidung mehr fallen. Unentschieden, offen stehen die Schauspieler und Inszenierung auf der Bühne. Ich glaube wenigstens, daß er das meinte. Die Unterhaltungen über unsere Arbeit, auch über seine Schwierigkeiten, erstreckten sich über ein paar aufregende Tage. Wir waren uns am Ende grundsätzlich einig, daß wir *Hamlet* zusammen machen würden, und dann fuhr er nach Hamburg, um eine *Othello*-Aufführung zu sehen, die ihn, wie er sagte, sehr begeisterte. Bevor er Bochum verließ, fragte er mich so *by the way*, ob ich ein Stück von Shakespeare und Rowley kennen würde, *Die Geburt von Merlin*. Heute schickte ich Sagert ein Telegramm mit folgendem Wortlaut: »lieber sagert ich bereite jetzt als resultat von deinem vorschlag geburt von merlin ein projekt über artus vor probenanfang januar 1979 premiere april hast du zeit? peter zadek.«

Der Anstoß Sagerts zu dem *Merlin*-Stück war nicht meine erste Begegnung mit dem Stoff. Er hatte mich seit meiner Kindheit fasziniert, eigentlich noch mehr als die Geschichten des Abenteurers Robin Hood. Und zwar waren es nicht die Parsifal- oder Lanzelot-Geschichten, auch nicht Tristan und die Gralsuche, sondern die Figur des Artus selbst, der Gedanke an die Bruderschaft der Tafelrunde, eine Art Kindergarten für Erwachsene oder Pensionat für auserwählte Schüler, das mich faszinierte. Auch Heinrich Himmler faszinierte es — die Deutschheit des Stoffes ist nun unverkennbar. Auch die sehr englische Tradition von einer Regierung, bestehend aus ein paar (gleichgestellten) Aristokraten, hat mich immer beeindruckt. Robert Walpole, Erfinder des Begriffs *primus inter pares*, war ein vorbildlicher Prime Minister, das fand ich schon als Schüler, und der Gedanke an eine Aristokratie, die durch ihren Reichtum unbestechlich war und deswegen gerechtere Entscheidungen treffen konnte als ehrgeizige Menschen, die an ihre Karrieren denken müssen und deswegen käuflicher sind, schien mir am ehesten hoffnungsvoll. So bin ich auch schon immer gegen Mitbestimung von der Basis aus gewesen. Jedesmal, wenn ich selbst in die Situation eines Regierenden komme, entweder als Regisseur eines Stückes oder als Intendant, habe ich versucht, ganz instinktiv glaube ich, diese Form zu praktizieren. Als einer der *pares* kann ich auch gut existieren, und Kurt Hübners Theater in Bremen, sowie auch Nagels in Hamburg, waren Regierungen einer Aristokratie. In der Kunst, glaube ich, gibt es sowieso keine andere Möglichkeit. Da hilft Demokratie nicht einmal bei Entscheidungen, die die Öffnungszeiten der Kantine angehen.

Also ist *Artus*, und der ganze Gedankenkreis drumherum für mich eine Art utopischen Traums: Lebenskünstler im Schutz eines weisen und so mächtigen Vaters, daß niemand sich traut, an- oder einzugreifen. Die Figur von *Merlin* hat mich zwar schon immer amüsiert, aber das bekannte Kribbeln, das bei einer gewissen Art von Spannung den Rücken hinunterläuft, geschieht bei mir, wenn, nach Ankündigung der Trompeten, Artus auf seinem weißen Pferd erscheint als eine Mischung aus Erlöser, Schuldirektor und Onkel Doktor. (Hitler in Rüstung hat das Bild nicht ganz erfüllt. Dafür ein paar Jahre später Kennedy. Natürlich neigen meine Sympathien heute eher zu *Merlin-Kissinger*). Daß nach Artus Galahad mein Held in der Tafelrunde war, versteht sich. Zusammen mit *Alice im Wunderland* und *Peter Pan* war er es, der den Gral, die Wahrheit fand und dabei unbeschädigt in seiner Reinheit, Schönheit und Jugend blieb. Niemand brauchte mir schon damals, als ich elf oder zwölf war, zu erklären, daß es sich um Unmöglichkeiten — eben Utopien — handle. Ich konnte immer schon sehr pragmatisch denken und handeln. Aber Kunst ist eben Übertreibung, Vernunft und Erfahrung. Und Wahrheit kann nie den Kompromiß mit den vielen Erfahrungen, die man gemacht hat, einschließen.

Artus selbst stirbt nicht, sondern wird von schönen Feen in das Land des Vergessens, Avalon, in einem Boot gebracht, um dort seine Wunden zu heilen, und damit er schlafen kann bis zu dem Tag, da England ihn wieder braucht. In dieser ganzen unwahren Geschichte ist für mich der wirkliche Widerspruch des Lebens enthalten, und während ich mich in den Fabeln der Tafelrunde verliere, wird mein Sinn für die unangenehmeren Realitäten gesteigert und objektiviert.

Als ich das Stück *Birth of Merlin* las, war ich zunächst einmal über die

Schwächen enttäuscht. Die zentrale Situation, das Mädchen vom Land, die von einem Unbekannten geschwängert wurde, dann von ihrem Bruder, dem Clown, verfolgt, beschimpft und geschlagen wird wegen der beschmutzten Familienehre, bis es sich schließlich herausstellt, daß der Teufel selbst sie geschwängert hat, um Merlin zu gebären, ist komisch und aufregend. (Im Umfeld des Stücks liegt eine Art Staatsaktion, die an die sizilianischen Puppenspiele erinnert, nur ein wenig hölzern ist; das Vorbild für meinen *Othello* kam von den sizilianischen Puppenspielen.) Als ich kurz nach Sagerts Besuch in Bochum eine Reise nach Cornwall machte, um Luft zu schöpfen für eine anstrengende Inszenierung, *Hedda Gabler*, die ich vor mir hatte, kaufte ich mir einige Bücher über die Zusammenhänge zwischen Cornwall und Artus, über den Stand der Forschung, über die Legenden und, am wichtigsten, die Nacherzählung von Teilen von Mallory und anderen mittelalterlichen Artus-Geschichten in dem kleinen Buch von Roger Lancelyn Green. (Green, erinnere ich mich, spielte einen unbeschreiblich skurrilen Ellbogen in Coghills Oxford Inszenierung von *Maß für Maß*.) Durch die einfache Sprache und differenzierte Fantasie von Green kam der ganze Schwung von Legenden, wie ich sie als Kind erlebt hatte, zurück. Dann sah ich in Cornwall wieder die romantische Landschaft im Winter, in der man sich schnell vieles von den Rittersagen vorstellen konnte, nicht gerade in Tintagel selbst, sondern in den desolaten Moorlandschaften ganz am Zipfel Englands und unter den Klippen bei Lands End. Diese Landschaft verführt die Fantasie zu spielen mit überlebensgroßen Akteuren. Eine Weile dachte ich darüber nach, in Cornwall meine *Othello*-Inszenierung zu verfilmen, aber dann ließ ich den Gedanken wieder fallen, als mir die Bilder von dem eifersüchtigen Wildgruber kamen, der mit riesigen Felsbrocken in den Händen über die Hügel läuft und die Felsbrocken ins Meer rollt, auf daß die Flut seinen Rivalen im Boot verschlingt—begriff ich doch, daß das mit Shakespeares *Othello* wenig zu tun hatte und einen Stoff von gänzlich anderer Größenordnung brauchte und inspirierte.

Im Herbst '77 (dazwischen hatte ich *Hedda* und *Hamlet* übersetzt und inszeniert, also blieb das Artusprojekt etwas im Hintergrund) reiste ich mit Tankred Dorst und Ursula nach Cefalu. Wir hatten vor, an einem Projekt zu arbeiten, daß uns beide schon lange interessiert hatte — ein Stück oder einen Film über Heinrich Heine. Ein zweites Projekt, über das wir immer wieder redeten, war der Plan von Tankred, ein Stück über Gründgens zu schreiben. Als ich in Cefalu ankam, und bevor wir eigentlich anfingen zu arbeiten, las ich Klaus Manns *Mephisto* — Tankred besaß eine Kopie, die er mir nie borgen wollte aber jetzt dabei hatte. Ich war von dem haßerfüllten Bild und der überengagierten Schreibweise von Klaus Mann vollkommen überwältigt. Daraufhin wurde unsere Heine-Arbeit erschwert durch den andauernden Versuch, zwei Figuren — den schwulen Idealisten mit faschistischen Tendenzen und den verspielten Künstler (Heine) — in einer erfundenen Geschichte unterzubringen. Zu diesem Zeitpunkt stellte es sich als nicht machbar heraus, da sich jeder von uns immer wieder mit dem einen oder anderen von beiden identifizierte und auf den Partner den unsympathischen Feind projizierte. Das Ganze endete in einem schönen Urlaub am Meer, aber ohne *sichtbare* Resultate. Etwas lädiert trennten wir uns. Daß wir eigentlich in dieser Zeit eine Vorarbeit über Artus und Merlin geleistet hatten, wußten wir nicht. Ich hatte zwar das Thema gelegentlich angesprochen, aber Tankred fand es zunächst etwas simpel und langweilig. In Cefalù las ich auch Hesses *Narziß und Goldmund* zum ersten Mal und fand es (trotz ärgerlicher Sprache) ganz aufregend —, danach wurde die Situation aber nur gespannter. Tankred erinnerte sich an das Märchen, das er vor vielen Jahren gelesen hatte, doch er fand es albern. Als ich aus Sizilien zurückkam, fragte mich Ivan Nagel, ob ich im Frühling 1979 für das Theaterfestival der Nationen, das zum ersten Mal seit dem Krieg in Deutschland in Hamburg stattfinden sollte, die Inszenierung für das Hamburger Schauspielhaus machen würde, und zwar in einer großen Fischhalle am Hafen, da die beiden großen Hamburger Bühnen (Schauspielhaus und Thaliatheater) von ausländischen Gästen besetzt sein würden, aber das Ensemble der Hamburger Bühnen frei bliebe. Man müsse eine Alternative haben für den Fall, daß *Artus* nicht zustande kommt — vielleicht *Peer Gynt* oder so etwas. Während ich Griffiths *Komiker* übersetzte und inszenierte, und während ich dasselbe mit Shakespeares *Wintermärchen* tat, las ich viel am Artus herum; bis ich gar nicht mehr wußte, was ich von dem Material noch wollte — außer, daß ich es unermüdlich und begeistert las. Durch Whites Nacherzählung *The Once and Future King* interessierten mich die Figuren von *Merlin* und auch *Lanzelot* und *Guinevere* zum ersten Mal wirklich. Und ich sah auch zum ersten Mal Möglichkeiten, mit einer grotesken und ironischen Haltung — wenigstens teilweise — daranzugehen. Jetzt kam die Situation, die ich immer am kompliziertesten finde: Eine große Produktion muß früh geplant werden, aber wie kann man sich auf etwas festlegen, von dem noch nicht ein Wort existiert. Der Druck von Na-

244

gel und vom Theater – Urs Jenny, der bei *Wintermärchen* als Dramaturg mitarbeitete, interessierte sich sehr für das Projekt – wurde immer größer; mein Ausweichen vor der Entscheidung (sie war zu diesem Zeitpunkt immer noch nicht gefallen) immer panischer. Gegen Ende der Spielzeit 77-78 herrschte allerhand politischer Schwachsinn um das Theater herum, und insbesondere um die Intendanz von Nagel steigerte sich die Hysterie von allen, und wir hatten noch keinen Autor für *Artus*. Gaston Salvatore, der gerade mein Drehbuch für *Frühlingserwachen* geschrieben hatte, war brennend interessiert. Wir unterhielten uns, aber Gastons Informationsstand war zu dem Zeitpunkt zu schwach für eine richtige Unterhaltung, und er verschwand wegen irgendeines journalistischen Auftrags, gewappnet mit *Artus*-Büchern. Ich rief Tankred an und schlug ihm vor, er sollte doch mal Borons *Merlin* lesen und den Roman von T. H. White. Der White interessierte ihn und er las weiter und kam dann auf unsere Einladung nach Hamburg zu einem ersten Gespräch. Das »Gespräch« war aber zunächst eher mühsam als hoffnungsvoll. Tankred, Urs Jenny, Corinna Brocher (meine Assistentin, seitdem ich in Hamburg arbeitete) und ich saßen am Hafen, und drucksten vielmehr und redeten irgendwelche Allgemeinheiten über *Artus* und die *Tafelrunde*. Nach zwei Stunden waren wir alle mit den Nerven runter, ich nahm Tankred und verzog mich mit ihm in meine Wohnung. Dann, langsam, begann sich das Thema wieder rauszuschälen, das uns schon ein Jahr früher in Cefalu in Spannung gebracht hatte: der Spieler (oder wenn man will: der Künstler) und der Mächtige, Heine und Gründgens (oder Narr und König – so erlebte ich sie in meiner *Lear*-Arbeit). Raddatz' Buch über Heine und Klaus Manns *Mephisto* standen hinter unseren Vorstellungen. Aber am wichtigsten war, wir formulierten unsere eigene Auseinandersetzung, die auch Jude und Deutscher, Pragmatiker und Idealist, Sohn und Vater war, alles immer wieder mit vertauschten Rollen und neuen Projektionen, seit unserer ersten Zusammenarbeit (ich inszenierte Tankreds *Kurve* als Fernsehspiel zu Anfang der sechziger Jahre). Tankred hatte den Streit zwischen Künstler und Macher, Idealist und in der Gesellschaft Lebender in seinem *Toller* (aus dem ich den Film *Rotmord* machte) und *Eiszeit* (das ich auch verfilmt hatte) in einzelnen Figuren, sozusagen hauptsächlich monologisch dargestellt. Die *Toller*-Gegenfigur hieß Leviné, der Kommunist und Aktivist der Räterepublik, aber Leviné gewann in Tankreds Stück nie dieselbe Realität wie Toller sie hatte. Auch Tollers Mädchen, Olga, die ihn kritisierte, blieb schwach. In *Eiszeit*

245

gab es zwar genug Gegenfiguren zu Hamsun, die ihn kritisierten und sich mit ihm auseinandersetzten. Seine Frau Vera (besonders durch die Tatsache, daß sie in der Uraufführung so *maximal* von Hannelore Hoger gespielt wurde) war schon eher eine Gegenfigur als Tollers Olga, aber im Endeffekt blieb das Stück ein Monolog mit verteilten Rollen. Die anderen Figuren lebten doch im wesentlichen als Projektionen von der einen zentralen: der Dichter in der Gesellschaft, seine Verantwortung. Jetzt, mit Artus und Merlin, tauchten wieder unsere beiden Lieblingshaltungen auf, wobei das Stück *Merlin* von Immermann (übrigens ein grausiges Ding) Tankred noch zusätzlichen Anstoß gab, in Merlin die Künstlerfigur, aber gleichzeitig auch den Puppenspieler (Tankred hatte mit seinem eigenen Puppentheater in München seine Schriftsteller-Karriere angefangen) und den Clown zu sehen, während Artus unseren alten Freund, den Idealisten und Politiker, und ebenso den Mann im Zentrum der Ereignisse zu verkörpern schien. Schon zu diesem Zeitpunkt war es relativ klar, daß es Merlin war, der Tankred am meisten interessierte (genau wie es auch Heine war, mit dem er, der *Gewitter Goy*, hätte meine Mutter gesagt, sich so stark identifizierte, während Tankred für mich der Inbegriff des ordentlichen Deutschen war, so ein späterer Gerhard Hauptmann.) Ich brauche aber diesen Gegenpol, im Leben und in der Arbeit. Es hat sicherlich viel damit zu tun, daß ich überhaupt in Deutschland und nicht in England arbeite. Und als der mir viel ähnlichere, ironische Gaston ein paar Tage später, nachdem Tankred wieder nach München abgereist war, um die Sache noch mal zu bedenken, bevor er sich endgültig entschloß, ob er das Projekt schreiben wolle oder nicht, in Hamburg ankam, bepackt mit *Artus*-Literatur aus England und mit vielen witzigen und guten Ideen im Kopf, konnte ich keinen Draht zu ihm finden, und die Unterhaltung war unerotisch und anstrengend. Wir trennten uns, indem ich Gaston sagte, daß es jetzt darauf ankam, ob Tankred mir ab- oder zusagen würde. Ein paar Tage später sagte Tankred zu und fing an zu arbeiten.

ÜBERSETZUNG
IBSEN

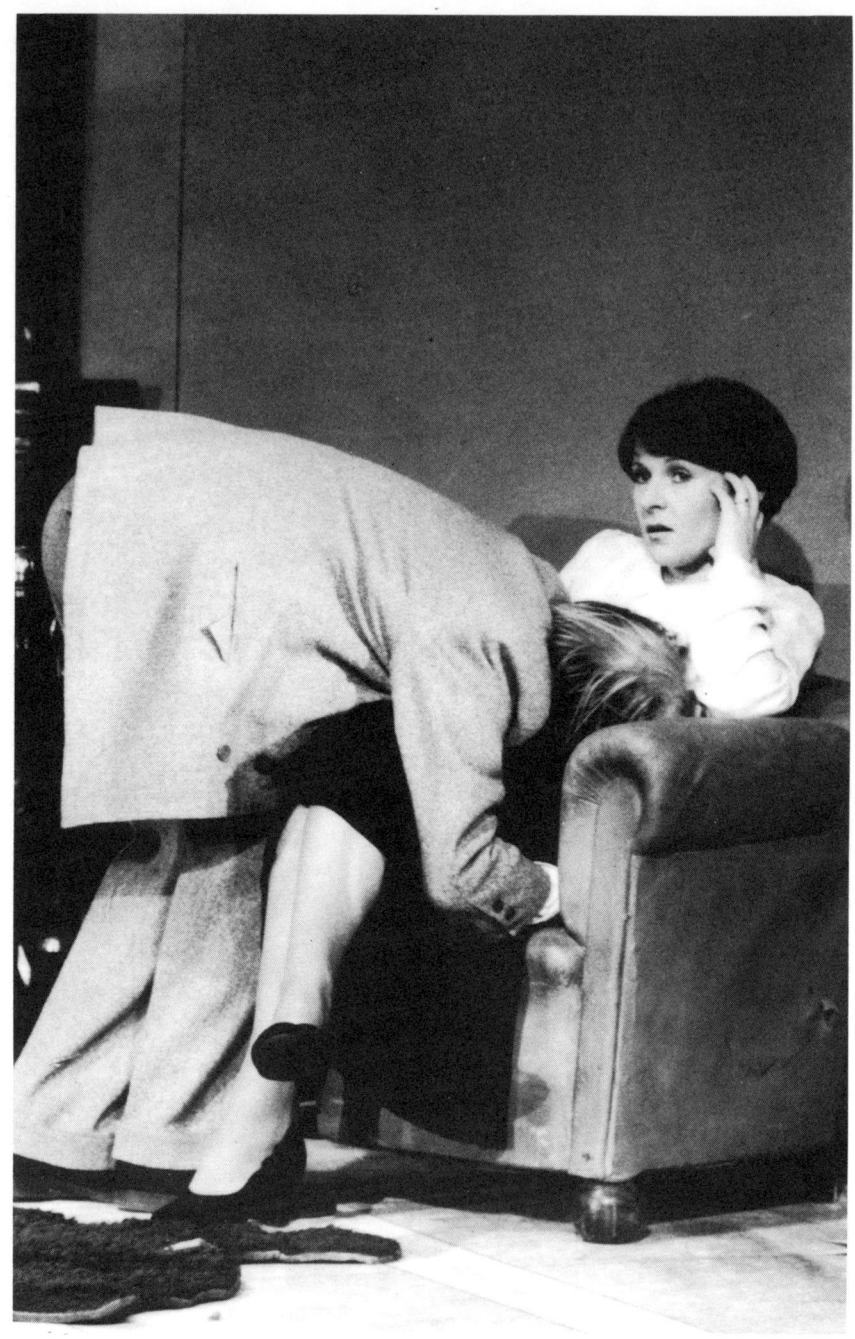

Hermann Lause, Rosel Zech in
Hedda Gabler, Hamburg, 1979

Probleme der Übersetzung
1987

Die erste Inszenierung, in der die Übersetzung radikal neu war, war *Sommernachtstraum* in Bremen. Es war 1963 oder 1964. Ich bin zu Erich Fried, den ich gut kannte, nach London gefahren und habe ihm gesagt: »Ich weiß, du übersetzt ungerne, aber übersetze mir mal einen Shakespeare. Du bist der einzige, von dem ich mir vorstellen kann, daß du heutig denkst und das poetische Bild verstehst.« Daraufhin hat er mir *Sommernachtstraum* übersetzt, und das hat bekanntlich Folgen gehabt. Er hat nämlich anschließend auch den übrigen Shakespeare übersetzt. Das war ein *Flop*, damals. Es war eine wunderbare Übersetzung, und ich habe das nicht hingekriegt. Vielleicht hatte das Ganze mit der Übersetzung zu tun, weil ich damals noch ganz große Schwierigkeiten mit Shakespeare hatte, wie ich ihn kannte, nämlich auf englisch, und Shakespeare auf deutsch mit deutschen Schauspielern … ich habe das irgendwie nicht hingekriegt. Dann habe ich es noch einmal versucht mit *Maß für Maß*. Dafür bin ich nicht zu Erich Fried, sondern zu Martin Sperr gegangen und habe gesagt: »So, jetzt mach du es mal und sei ruhig ruppiger und radikaler.« Und Sperr, der kein Wort Englisch sprach, hat nach einer Linear-Übersetzung, die Burkhard Mauer für ihn gemacht hat, mit mir gearbeitet. Wir haben ihm eine Übersetzung geliefert, die aufmerksam gemacht hat auf das, was uns wichtig war in dem Stück, und dann hat er ein ganz ruppiges, verrücktes Stück geschrieben. Ich muß sagen, eine der besten Shakespeare-Übersetzungen, die ich in deutscher Sprache kenne. Was ich dann damit gemacht habe, war wieder etwas anderes. Ich habe das Stück hochstilisiert: realistisch, psychologisch bin ich daran gegangen und habe es im Sinne vom *Living Theatre* in eine Körpersprache übersetzt. Zum ersten Mal war ich mit der Übertragung zufrieden. Anschließend gab es viele verschiedene Versuche. Es gab zum Beispiel einen Maler, Karsten Schälicke, den ich über Wilfried Minks kennengelernt hatte. Er kam nach Bremen und sagte, er würde gerne Shakespeare übersetzen. Da habe ich gesagt: »Übersetz doch mal ein paar Seiten.« Und er hat es getan. Ich weiß nicht mehr, von welchem Stück. Er hat sich weder um Syntax noch um Grammatik gekümmert, hat zwar den Sinn, aber eher den Rhythmus übersetzt. Von ihm habe ich mir dann *Lear* übersetzen lassen. *Lear* habe ich in Bochum inszeniert, es war sehr aufregend und spannend, aber immer noch nicht die wirkliche Antwort, weil sein Umgang mit Sprache noch etwas kunstgewerblich war. Aber er hat mich ein großes Stück weitergebracht. Bei *Othello* bin ich dann mit vier oder fünf Übersetzungen in die Proben gegangen, und wußte überhaupt nicht weiter. Ich war ganz engagiert mit diesem Stück, ich wußte genau, was ich wollte. Da habe ich Schlegel, Fried und ich weiß nicht, was alles noch, parallel kleben lassen. So gingen wir in die Proben mit dem Dramaturg Urs Jenny, saßen etwas verblüfft da und sagten, so, jetzt fangen wir mal an. Wir haben dann gemeinsam mit den Schauspielern eine Übersetzung erstellt. Wenn ich sie heute sehe, muß ich sagen, daß sie schrecklich ist, absolut unlesbar, weil sie überhaupt nichts mehr mit Literatur zu tun hat. Sie hat aber mit den Schauspielern und mit der Inszenierung, mit der damaligen Situation zu tun und

Ulrich Wildgruber, Hans Michael Rehberg in
Die Wildente, Hamburg, 1975

250

durfte nur nie gedruckt werden. Sie war in sich stimmig. Auf diese Weise habe ich mit dem *Wintermärchen* und mit *Der Widerspenstigen Zähmung* weitergearbeitet; dann hat mir das auch nicht genügt. Bei der *Herzogin von Malfi* habe ich zum ersten Mal Elisabeth Plessen das Stück richtig neu übersetzen lassen. Das hatte auch damit zu tun, daß Webster natürlich auf eine gewisse Weise noch schwieriger ist, weil er eine komplizierte und teilweise sehr künstliche, eher dünne Sprache hat, also keine so vitale, runde, brutale, manchmal lustige, manchmal auch triviale, sondern eine ganz hochgestochene Sprache, und dafür meinte ich, müsse irgendeine Sprache gefunden werden. Das Resultat war die *Herzogin von Malfi* und danach *Wie es euch gefällt.* Ich glaube, daß ich jetzt mit wirklichen Übersetzungen umgehen kann. Auf dem Weg dahin bin ich immer näher an die Schauspieler herangerückt. Aber nun brauche ich wieder die Spannung zwischen der Übersetzung der Sprache, die ja auch eine Spannung zu den Schauspielern haben muß, und dem Original—wobei die Spannung zwischen der Künstlichkeit der Sprache, der Künstlichkeit der Vorgänge und der Psychologie der Schauspieler wieder etwas ganz Grundsätzliches ausmacht, das sehr aufregend ist. Das heißt also, daß die Psychologie der Schauspieler und die Interaktion zwischen den Schauspielern eine Sache ist, und dann läuft sozusagen wie eine musikalische Partitur als die andere Sache der Text ab. Jetzt bin ich eigentlich auf dem Weg, diese beiden Abläufe etwas zu separieren, daß sie also nebeneinanderlaufen und nicht ganz identisch miteinander sind. Das heißt, weder geht der Text in der Psychologie unter noch umgekehrt.

Eva Mattes in
Die Wildente,
Hamburg, 1975

Ibsen übersetzen
1983

Jede Zeit bemüht sich immer wieder um die Erkennung des Wahrheitsgehalts von alten Kunstwerken, um die Wiederbelebung von Stoffen, deren ursprüngliche Aktualität verblichen ist, aber deren Inspiration, deren Zentrum noch so stark auf uns wirken, daß kein modernes Werk den klassischen Stoff ersetzen kann.

Jede Wiedergabe eines alten Kunstwerks — Theaterstück, Musikstück, was auch immer — ist Aktualisierung. Moderne Instrumente, Schauspieler, Bühnenbild usw. — auch die wortgetreueste Wiedergabe ist immer eine Form von Aktualisierung, ob bewußt oder zufällig.

Der Übersetzer eines alten Stückes hat immer ein doppeltes Problem: Er übersetzt in eine andere Sprache — also für eine ganz andere Welt des Geistes und der Fantasie — ein Stück aus einer anderen Zeit. Soll er nun eine angeglichene »alte« Sprache nachahmen, die (bei Ibsen zum Beispiel) um die Jahrhundertwende gebräuchlich war? Soll er heutige Sprache verwenden, wohl wissend, daß Begriffe und Inhalte, Assoziationen und Wortbedeutungen sich in einem dreiviertel Jahrhundert völlig verändert haben? Was soll wichtiger sein: Die Stimmigkeit der Übersetzung in sich oder die vordergründige Genauigkeit im Vergleich zum Original? Beim Übersetzen ist man von Wort zu Wort, von Gedanke zu Gedanke andauernd mit diesen Fragen konfrontiert.

Für diese drei Ibsen-Stücke wurden dabei pragmatische Entscheidungen getroffen, die sich auf eine bevorstehende Theateraufführung bezogen. Alle drei Übersetzungen versuchen nicht die Tatsache, daß sie Übersetzungen sind, zu verdecken, nein, sie schöpfen viel Spannung gerade aus dieser Tatsache. Man spürt — und man soll spüren — die Zeitspanne und Zeitspannung zwischen dem geahnten Original und der neuen Fassung, zwischen fremder, alter Sprache und heutigem Deutsch. Nur bei einer solchen doppelten Spannung kann man für die Übersetzung das behaupten, was unbedingt notwendig ist für jedes Kunstwerk: daß es sich wieder um ein Original handelt.

Bei der *Wildente* gibt es extreme Widersprüche zwischen heutigen Ausdrücken und alten Formulierungen. Die im Norwegischen enthaltenen manieristischen Elemente sind auch im Deutschen, trotz aller Direktheit, durch Kunstgriffe in der Sprache, durch andere manieristische Elemente ersetzt worden.

Hedda Gabler hingegen, durch die Wahl eines ausgesprochenen Konversations-, manchmal sogar Boulevardtons, verweist in dieser Übersetzung auf das Modische und auch auf das spezifisch Gesellschaftsgebundene dieses Stücks. Die Übersetzung zitiert und wird dabei zur Gesellschaftskomödie: Eine Art Gegengift, sehr bewußt eingespritzt, um dem »Archaischen«, »Urfraulichen« usw. des Stücks entgegenzuwirken, das über viele Generationen und besonders durch viele bedeutende Starinterpretationen der Hauptrolle eine Belastung und Verstellung des Stücks bewirkt hat und die scharfe, böse Satire, die darin enthalten ist, vernebelt hat. Ein Jahrhundert der Frauenproblematik hat aus diesem aufregend höhnischen Bild der Zerstörung, die eine egoistische und erotisch hilflose Frau anrichtet, ein symbolbeladenes Trauerspiel über eine im Selbstmitleid erstickende Heldin gemacht. Diese *Hedda Gabler*-Übersetzung ist gedacht für Schauspieler und Schauspielerinnen mit einem feinen Gehör für Umgangssprache und einem genauen Empfinden für Verhalten (eben nicht nur für Psychologie) und für Regisseure, die Genauigkeit und Reduzierung der Mittel auf ein absolutes (unsichtbares) Minimum den sichtbaren Kunstgriffen des in Deutschland so beliebten Demonstrationstheaters vorziehen.

Die letzte der drei Übersetzungen heißt *Baumeister Solneß*. Wir haben sie für eine Aufführung des Stücks gemacht. Und sie ist stilistisch wieder ganz anders als *Die Wildente* und *Hedda Gabler*. Die Spannung zwischen »heute« und »damals« ist genauso spürbar wie in den beiden anderen Übersetzungen. Aber die Sprache ist oft künstlicher — auch kunstvoller —, oft »literarischer«, abstrakter. Weil Ibsen sich im *Baumeister Solneß* schon grundsätzlich wegbewegt von den psychologischen und sozialkritischen Stücken in eine Welt, deren Muster in biblischen Geschichten und Mythen eher zu finden ist. *Baumeister Solneß*, und das ist der große Reiz des Stücks, seine überwältigende Kraft, ist eine mythologische Tragödie, wie *Peer Gynt*, wie *Ödipus*. Daß Ibsens böser, strafender Witz und seine erschreckende moralische Erkenntnis sich in diesem Mythos treffen und auch noch den Anschein des realistischen psychologischen Theaterstücks hergeben — das ist Ibsens spezifische, wunderbare Erfindung, die den *Baumeister Solneß* zu einem solchen (unspielbaren — wie *Lear*?) Unikum machen.

255

Ulrich Wildgruber, Rosel Zech, Carola Regnier

Rosel Zech, Fritz Schediwy, Hermann Lause, Ulrich Wildgruber, Carola Regnier in *Hedda Gabler*, Hamburg, 1979

Hedda Gabler
1979

Mythen reflektieren die Träume und Ängste von Menschen, die sie alle im innersten verstecktesten Wesen haben. So ist auch alle große Kunst die, die Mythen enthält oder von Mythen entspringt. Auch der simpelste *King-Kong*-Film berührt Menschen tiefer, erweckt tiefere Fantasien und Erinnerungen als die differenzierteste, kunstvollste Darstellung von der *Italienischen Nacht*.

Mythen werden oft verschlüsselt, verdeckt behandelt, gelegentlich auch offen, wie im *Faust* oder im *Lebenden Leichnam*. Das mythische Element der *Hedda Gabler* ist, finde ich, viel offener sichtbar als in irgendeinem der bekanntesten Theaterstücke von Ibsen, außer *Peer Gynt*. Die *Fatale Frau*, die Frau, die für Männer tödlich wird, die sie kastriert, zerstört, die aber für alle, die mit ihr in Berührung kommen, auch Wahrheit und höchste Ekstase bedeutet, ist ein Lieblingsthema besonders des 19. Jahrhunderts — Lulu, Carmen, Anna Karenina, die Kameliendame. Daß diese »bösen« dämonischen Frauen am Ende meistens grauslich sterben, ermordet oder durch Selbstmord, hat vielleicht etwas damit zu tun, daß die Künstler, die sie erfunden haben, Männer sind, die aus Angst oder/und Eitelkeit ihre Besiegerinnen wenigstens im Traum besiegen, wenn es ihnen auch nicht im Leben gelungen ist. »Hurra, die böse Hexe ist tot!« ist der Triumphschrei des Grimmschen Märchens, aber auch des realistischen Stückeschreibers Henrik Ibsen im Jahr 1890 apropos *Hedda Gabler*. Auch Ibsen, so scheint es, findet die »natürliche« Aufgabe einer Frau, Kinder zu kriegen. Aber Ibsen, mit seiner furchtlosen Suche nach Wahrheit, erkennt in den Reaktionen auf Hedda von den Männern des Stückes, Tesman (der Ehemann), Lövborg (der romantische Liebhaber) und Brack (der unromantische Liebhaber), die Angst vor der wirklichen Auseinandersetzung mit dem Wesen der Hedda, der Hexe, der Frau — dem anderen Wesen.

So wird aus dem Raubtier Hedda das Opfer. Die mächtige Hedda wird (wie King Kong) nicht konfrontiert, ihr Wesen wird nicht erkannt — man weicht ihr aus, sie findet keinen Partner, der ihr standhält, und sie bringt sich um. »So was tut man nicht!« sagt der rechtschaffene reaktionäre Richter, Herr Amtsgerichtsrat Brack. Wenn er wüßte (was er in dem Stück nicht tut), daß die Hedda auch noch schwanger ist, wenn sie sich erschießt, würde er sich bestimmt ein anderes Mal für Hexenverbrennung einsetzen.

Übrigens war der realistische Dramatiker Ibsen so gut, daß er die Hexe Hedda nicht nur eindrucksvoll, beängstigend, dämonisch, sondern auch peinlich, unsympathisch und bemitleidenswert gemacht hat. Wo Ibsen im Jahr 1879 (in *Nora*) noch sehr damit beschäftigt war, zu fragen, wer im Recht sei, war er bei Hedda, 10 Jahre später, so weit, daß er zeigte, was er erkannt hatte, und fand es unnütz, darüber zu moralisieren. Er nahm den Mythos der tödlichen Frau, belebte ihn, modernisierte ihn, interpretierte ihn nicht.

Dieser Mythos ist ein so zentraler, daß jede Frau, jeder Mensch in sich Teile einer Hedda wiederfinden kann sowie auch Teile ihrer Liebhaber. Die ironisch ad absurdum geführte Dramatisierung der Konflikte spiegelt Übertreibungen von Situationen, die jeder von uns kennt.

Barbara Sukowa, Hans Michael Rehberg in
Baumeister Solness, München, 1983

258

Hans Michael Rehberg, Eva Mattes in
Die Wildente, Hamburg, 1975

Hans Michael Rehberg, Barbara Sukowa

JÜDISCHE THEMEN

Holocaust
1979

Was war's denn nun wirklich, die Sensation, der Fernsehfilm, der das Gewissen der Nation aufgerüttelt hat. Der Rummel war nicht zu überhören. Die Wirkung schnell und schmerzlos. Allerdings haben sich Mächtige und Kleine zum Thema gewaltig geäußert. Viel Theater. Viel Opportunes für und von Politikern. Daß die Meinung herrscht, sechs Millionen seien vielleicht eine etwas übertriebene Zahl, vielleicht seien es nur fünfeinhalb Millionen gewesen, ist schon lange bekannt. Daß ein paar — oder vielleicht auch viele — die Vergangenheit mit solchen Mitteln verdrängen, wissen wir auch schon lange. Daß die Realität, daß Amerikaner, Russen, Perser ähnliche, wenn auch nicht so dumm durchschaubare, Verbrechen begangen haben, keinen Deutschen davor schützt, sich mit der Vergangenheit seiner Väter und Großväter auseinanderzusetzen, ist klar. Daß die grobe, aber im allgemeinen richtige Anklage von *Holocaust* wahrscheinlich mehr neue Antisemiten macht als reuevolle Deutsche (Gott sei Dank — wenigstens! — für das letztere), ist auch drin. Ich persönlich kann nach dem ganzen Gequake der Presse (unter anderen auch die Zeitschrift, in der diese paar Sätze erscheinen) das Wort »Jude« nicht mehr hören oder sehen. Und zwar nicht, daß es mich anekelt, nur daß es mich anödet.

Holocaust ist eine nicht schlecht gebastelte Fernsehserie, die die Mode der Nazi-Zeit ausnützt, um einen guten Erfolgskrimi zu machen. Sie nutzt auch den in den meisten Menschen vorhandenen Genuß an den Leiden anderer aus. Für Deutsche ist dieser Genuß besonders pikant — man darf sich auch ein bißchen schuldig fühlen, auch mal laut mea culpa johlen, aber eigentlich ist man ja doch nicht richtig schuld, weil man zu jung war. Daß das deutsche Fernsehen diesen Film zeigen mußte, sonst hätte das im Ausland ganz schlecht ausgesehen, ist akzeptabel. Daß es mit Diskussionen, in denen natürlich nur gelogen wurde, unter der großväterlichen Obacht des »ehrenhaften« Hübner und lauter schrecklich ernsthaften Mienen aller Be-

263

teiligten, zum Vor- und Nach-*Holocaust*-Ereignis aufgeputscht wurde, ist eine publizistische Aktion, die im Wesen nicht anders ist als die Promotionskampagne für irgendeinen Rock Star. *Aber* solange Tausende von vietnamesischen Flüchtlingen auf Booten im Meer rumschwimmen und kein Schwanz kümmert sich einen Dreck darum (die Fernsehbilder waren allerdings wieder mal Stoff für Voyeure), bis die PR-Aktion der Hannoveranischen CDU der Welt ein Exempel gab — laßt mich doch in Ruhe mit Krokodilstränen und *Holocaust* (übrigens wäre das ja sicher ein reizender Name für eine neue Marke Babynahrung).

Ghetto
1984

Das Stück ist natürlich aus der Sicht des Israeli geschrieben, der sich heute seiner Zeit stellt. Und er sieht heute Parallelen zu der Zeit von damals in Relation zu dem, was heute in Israel los ist. Allerdings: der Giora Feidman, unser Klarinettist in der Berliner Inszenierung, der ja in den USA lebt, den stört immer das Ende des Stücks, wie der Kittel alle umbringt. Er meint, heute müßte man doch zeigen, daß sie gar nicht umgebracht worden sind. Und es ist ja eines der Argumente im Stück, wenn der Gens sagt, »wir müssen zusehen, wie sie unsere Körper umbringen, aber unseren Geist, unsere Kultur werden sie nicht umbringen«. Und das ist dann auch die Erklärung dafür, daß er Geschäfte mit den Deutschen macht, um das durchzubringen, was durchzubringen möglich ist durch diese kritische Zeit. Und das, was durchgebracht worden ist, ist Israel, ohne Hitler hätte es Israel nicht gegeben. Das finde ich eigentlich das spannendste Argument, das mich ganz zentral interessiert, obwohl es natürlich nie ausgesprochen wird, aber das Bild, das am Ende zurückbleibt, ist: ohne Deutschland hätte es kein Israel gegeben. Der Eichmann fand die Zionisten toll, nachdem er in den dreißiger Jahren im Auftrag der Nazis eine Tour durch Israel gemacht hatte. Mit Begeisterung für die Zionisten kam er zurück. Und so ist ja auch klar, daß es sich um eine nationalsozialistische Haltung zum Leben handelt, um eine nationalsozialistische Gesellschaft in einem ganz anderen Sinne.
Ich glaube, es sind die Diaspora-Juden, die das stärkste Familiengefühl entwickelt haben, und zwar durch die Tatsache, daß sie permanent herumgetrieben worden sind. Das ist normal, da kann sich keine Gruppe eng zusammentun, wenn man andauernd in der Fremde ist. Ich fühle mich immer in der Fremde, ja, wo immer ich bin. Und als ich *Ghetto* gelesen habe, da war bei mir eine Reaktion, als ob ich plötzlich einen Brief von zu Hause gelesen hätte, als ob mir irgendein Verwandter einen privaten Brief geschrieben hätte. Am selben Tag habe ich mich um die Rechte gekümmert,

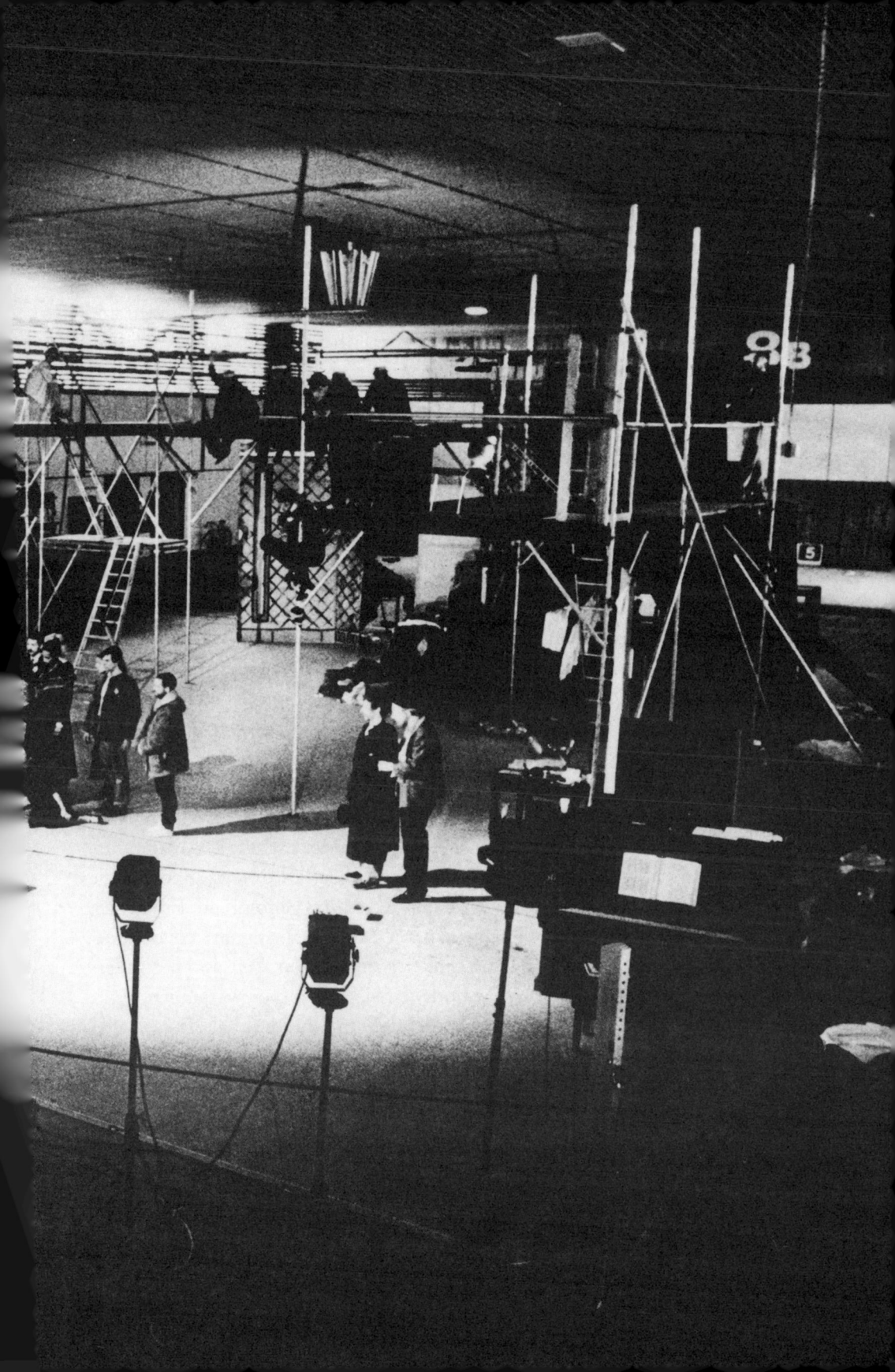

und innerhalb einer Woche hatte ich eine Produktion auf die Beine gestellt. Das ist bei mir sehr ungewöhnlich, weil ich die Inszenierung, die ich mache, manchmal schon zehn Jahre im Kopf habe, bevor ich eine Entscheidung treffe. Bei *Ghetto* war es kurios, ich habe es gelesen, als hätte ich es selber geschrieben — obwohl ich noch nie in Israel war, noch nicht einmal wußte, was die Bundisten sind, war mir alles so familiär, besonders die Geschichte von Gens. Das ist für mich die Identifikationsfigur, nicht als Zionist oder Revisionist, sondern seine Art, Kompromisse zu schließen und der dahinterliegende Zwang dazu. Diese Sorte von Ironie, mit der er zunächst überlebt, diese Mischung von Ehrlichkeit, Lüge und Offenheit, gleichsam einem Familienvater, der meint, Verantwortung tragen zu können und zu müssen — das sind Dinge, die mich ganz an ein Zuhause erinnern. Und daß er dann als Feind diesen brillanten und witzigen und erotischen jungen Nazi zur Seite hat, der sein Sohn sein könnte, der in jeder Hinsicht ein permanenter erotischer Kitzel für ihn ist, diese Situation ist für mich das eigentliche Zentrum im Stück.

Das politische Interesse daran hat für mich mit der Geschichte Israels zu tun, wie ich sie in den letzten zehn Jahren mitgekriegt habe. Da war das Gefühl der Spannung zum Beispiel zwischen Deutschland und Israel und die Figur dieses mir eigentlich sehr unsympathischen Menachem Begin als Held Israels. Das habe ich zwar sehr kritisch gesehen, aber doch irgendwie verstanden, dieses Rachegefühl, das der ganzen Geschichte zugrunde liegt. Ich finde, daß Rache eine richtige und absolut vertretbare Empfindung ist, wie Liebe oder Freundschaft. Es ist natürlich nur die Frage, wie sich diese Rache auswirkt. In der Figur von Begin, wie der sich äußert, und in seiner ganzen Ausstrahlung habe ich das eigentlich als etwas sehr Gutes empfunden. Er hat an Deutlichkeit nichts ausgelassen, an Provokation für die Außenwelt, und er hat kein Blatt vor den Mund genommen. Er hat sich nicht geschämt für seine Rache. Israel wurde zur absoluten Provokation, besonders für die schwabblige Linke in der ganzen Welt und besonders auch für die Sowjetunion, das finde ich eigentlich sehr wesentlich.

Bei Sobol sind die Szenen immer identisch mit ihrem Inhalt. Er läßt alles direkt sagen, er läßt Situationen wie zwischen Gens und seinem Gegner, dem Bundisten Kruk, oder zwischen dem Nazi und dem Mädchen einfach stattfinden, er kommentiert sie nicht. Das ist eine Dramaturgie, die eigentlich vom Angelsächsischen her kommt, nicht vom Deutschen. Ohne albern sein zu wollen: das ist Shakespeare-Dramaturgie, nicht Brecht-

Dramaturgie, obwohl ich mir gut vorstellen kann, daß ein anderer das Stück schnell in eine Brecht-Dramaturgie bringen kann.

Der Kruk ist der ganz typische Diaspora-Intellektuelle, wie auch der SS-Offizier über ihn sagt: »Du bist einer der altmodischen Juden, die leiden gerne.« Der Gens ist ganz anders, der ist sogar bereit, viele andere zum Leiden zu bringen, bevor er selber leidet. Er macht kein Heiligtum aus dem Leiden. Aber ich habe dazu dennoch eine sehr gespaltene Beziehung, denn dies hat auch etwas mit dem Diaspora-Leben zu tun, mit Ghetto, mit Vertriebensein, mit Kofferpacken, andauernd kämpfen müssen. Das ist natürlich meine Welt, ich bin der absolute Diaspora-Jude, und ich genieße das auch sehr. Ich habe ja Glück gehabt, weil ich persönlich in der Diaspora kaum gelitten habe im Vergleich zu den anderen Juden, die die letzten fünfzig Jahre erlebt haben. Ich bin an den richtigen Ort vertrieben worden, nach England, und dann kam ich doch nach Deutschland zurück, habe arbeiten können, meine Karriere gemacht und habe den Antisemitismus eigentlich eher als Reiz empfunden.

Als ich mit der Arbeit anfing, hatte ich ein bißchen Angst. Bald merkte ich, daß mich die Auseinandersetzung produktiv machte, um so mehr habe ich dies als Reiz empfunden und auch wahrgenommen. Es gibt auch eine andere Art von Antisemitismus, zum Beispiel im Englischen, die mich völlig frustiert. Die englische Art des Antisemitismus ist nämlich die Indifferenz. Bei den Deutschen produziert das Jüdische eine starke Aggressivität, und dabei gibt es eine Gegenwirkung, da passiert etwas sehr Aufregendes zwischen den beiden. Darüber geht es ja in dem Stück, die ganze Beziehung zwischen Kittel und Gens. In anderen Ländern passiert dies überhaupt nicht, nirgendwo. Es ist ein starkes erotisches Phänomen. Es entsteht sofort eine ganz, ganz starke erotische Situation. Es ist genau diese deutsche Erotik, die auf eine jüdische Erotik stößt und sich sofort in ein Liebe-Haß-Verhältnis verkehrt. Die Engländer sind genauso antisemitisch wie die Deutschen, nur eben anders, das heißt, sie interessieren sich eigentlich nicht für die Juden. Es ist eine Ablehnung, die nicht besonders aggressiv ist, die Art von Ablehnung, wie die Engländer alles ablehnen. Sie ignorieren es.

Als sehr zweifelhaft empfinde ich die offizielle Meinung des deutschen Staates über Israel. *Dieser moralische* Anspruch funktioniert historisch einfach nicht. Einem einzelnen Deutschen, sagen wir einmal einem linken deutschen Studenten, würde ich niemals das Recht absprechen, ein moralisches Urteil über die Massaker in Beirut zu fällen. Aber ich würden Herrn

269

Kohl als Vertreter des deutschen Staates geschichtlich das Recht absprechen, und dann noch in Begleitung eines berühmten alten Nazis. Da fühle ich mich plötzlich stark nationalistisch. Ich habe mich natürlich nicht nur über das moralische Urteil aufgeregt, ich habe mich über seine Antwort auf den Vorwurf, daß die Deutschen nach Saudi-Arabien Waffen liefern und daß man wieder deutsche Gewehre auf Juden richten würde, aufgeregt. Weil die Antwort von Kohl nicht die ehrliche Antwort war, die ganz simpel gewesen wäre, wenn er gesagt hätte, das seien einfach politische Notwendigkeiten, es täte ihm furchtbar leid, er müsse auch Kompromisse schließen und sei schließlich Politiker und nicht Moralist. Auf diese Antwort hätte ich sofort gesagt »toll, prima«, darüber kann ich diskutieren. Aber zu sagen, Deutsche müßten zu beiden Seiten fair sein, das ist auch nach vierzig Jahren nicht ihr Recht.

Alexandre Guini, Hermann Lause, Esther Ofarim

Esther Ofarim

Stellungnahme zur Diskussion über die Aufführung des Fassbinder-Stücks
Der Müll, die Stadt und der Tod
1985

Daß das Frankfurter Schauspiel vorhat, Fassbinders vieldiskutiertes Stück *Der Müll, die Stadt und der Tod* aufzuführen, ist zu begrüßen. Allerdings ist die Behauptung des Theaters (wenn es wirklich die Behauptung des Theaters und nicht die des berichtenden Journalisten sein sollte), daß das Stück nicht antisemitisch sei, absurd. Natürlich ist es antisemitisch, das merkt jeder, der es liest. Gerade deswegen muß es aufgeführt werden. Ich bin sicher, daß heute in Deutschland ein Theaterpublikum objektiv genug denken kann, um zu sehen, daß ihm ein Stück stürmerartiger Antisemitismus vorgeführt wird. Allerdings ein Nachteil der ganzen Sache ist, daß das Stück eines der schwächsten von Fassbinder ist, eines, zu dem er selber nicht stand.

Ich habe damals, als das Stück veröffentlicht und dann vom Verlag zurückgezogen wurde, in Bochum eine öffentliche Diskussion veranstaltet mit Erich Fried, Jean Améry, Volker Canaris und Fassbinder. In der Diskussion wurde es sehr schnell klar, daß der Autor das Stück in der Form, in der, wie er sagte, »der Verlag es ihm unfertig aus der Hand gerissen hatte«, nicht wirklich vertrat. Trotzdem, nun ist es da, und ich finde es gut, dieses schwache antisemitische Stück eines genialen Filmemachers zu zeigen.

Fassbinder hatte, meiner Meinung nach, große Schwierigkeiten mit Juden, und — ehrlich wie er war — hat er sie nicht versteckt. Ich habe ihn immer zu meinen Freunden gerechnet: »Some of my best friends are antisemites.« Man kann, glaube ich, Juden nicht mögen, ohne gleich Gaskammern zu bauen. Man kann auch antideutsch sein, ohne gleich alle Deutschen als Nazis oder Neonazis an die Wand stellen zu wollen. Daß *Maria Braun* ein unterschwellig antisemitischer (und dabei fabelhafter) Film war, ist auch offensichtlich. Ich müßte es ja wohl wissen, da der Film mir gewidmet war.

Ein Interview für das *profil* mit Sigrid Löffler
anläßlich der Inszenierung von *Der Kaufmann von Venedig* in Wien
1988

SL Es gibt nur wenige Stücke, Herr Zadek, die Sie öfter als einmal inszeniert haben. Aber keines haben Sie so oft gemacht wie den *Kaufmann von Venedig*. Warum?

PZ Ich hab' dieses Stück so oft gemacht, weil es die Situation eines Juden in einer nichtjüdischen Gesellschaft zeigt und daher auch viel mit mir zu tun hat. Näher als dieses Stück kann gar nichts kommen.

SL Am Burgtheater war's jetzt Ihr dritter *Kaufmann*?

PZ Der vierte. Zum erstenmal hab' ich das Stück Anfang der fünfziger

Bei der Probe
Heinz Zuber, Gert Voss, Pavel Landovsky, Eva Mattes, Wiebke Frost, Thomas Wolff,
Julia Stemberger, Martin Schwab, Hans Dieter Knebel

273

Jahre in England in der Provinz gemacht. Fragen Sie mich nicht, wie das war, ich weiß es nicht mehr. Ich hatte einen jungen Shylock, und es war eine richtig deftige Provinzaufführung, über die ich nicht viel nachgedacht habe. Komischerweise war der *Kaufmann von Venedig* eines meiner ersten Theatererlebnisse, als wir '33 nach England emigriert waren. Ich erinnere mit großem Bewußtsein John Gielgud als einen äußerst ekligen und widerlichen Shylock und Peggy Ashcroft als eine schwebende, himmlische, ganz junge Portia. Ich ging mit meinen Eltern, ich war zehn oder elf. Ich weiß noch, daß es meiner Mutter ein bißchen peinlich war, mir erklären zu müssen, warum dieser Jude so ekelhaft ist.

SL   Gielgud konnte vielleicht damals noch unbefangener sein. Laurence Olivier hat 1970 seinen Shylock jedenfalls als viktorianischen Gentleman gespielt.

PZ   Das war ganz anders. Aber dazwischen war der Krieg, wenn Sie sich erinnern.

SL   Ihr erster *Kaufmann* auf deutsch war 1961 bei Kurt Hübner in Ulm…

PZ   Ja, mit Norbert Kappen als Shylock und Elisabeth Orth als Portia. Das war sicherlich die erste Reaktion auf die Tatsache, daß ich wieder in Deutschland war.

SL   Und 1973 sind Sie in Bochum noch einmal zu dem Stück zurückgekehrt — mit Hans Mahnke als Shylock.

PZ   Das waren beides Inszenierungen — mit Kappen, mit Mahnke —, die sich stark mit dem Klischeebild vom bösen Juden beschäftigt haben. Mich hat immer fasziniert, daß man als Regisseur den Shylock so widerlich, rachsüchtig, scheußlich und böse machen kann, wie man will — und es ist nicht zu verhindern, daß er immer eine sympathische Figur bleibt. Den kriegste nicht ekelhaft — warum, weiß ich nicht. Bei Hans Mahnke hab' ich mir wirklich alle Mühe gegeben.

SL   Aber am Ende hat der Shylock immer die Sympathie des Publikums?

PZ   Ja. Und das mit fünf kleinen Szenchen. Mehr Auftritte sind es nicht.

SL   Sympathie mit dem Opfer? Mit dem, der am meistens draufzahlt im Stück? Dem am übelsten mitgespielt wird?

PZ   Ja.

SL   Diesmal, mit Gert Voss, haben Sie bei Shylock das jüdische Klischee völlig weggelassen.

PZ   Diesmal bin ich einen ganz anderen Weg gegangen. Ich hatte Lust, dieses ganze Ghetto-Zeugs, das sich über die Jahrhunderte rund um die

Shylock-Figur akkumuliert hatte, wegzuschmeißen und die Geschichte von einem assimilierten Juden zu erzählen. Bei Shakespeare gibt es kein Ghetto. Shylock hat nichts Jiddisches. Er spricht dasselbe feine, unbesudelte Englisch wie Antonio. Den Ghettogedanken hat man historisch zu dem Stück hinzuerfunden, weil man weiß, daß in Venedig das Ghetto — der Begriff und die Sache — erfunden wurde. Aber in Shakespeares Text steht davon nichts. Shylock lebt nicht im Ghetto, er trägt keinen gelben Hut, jedermann hat freien Zugang zu ihm und umgekehrt.

SL   Die Rede ist immer nur vom Rialto.

PZ   Das war die Börse. *Der Kaufmann von Venedig* ist ja nicht nur ein Stück über einen Juden, sondern auch ein Stück über Geld, über eine Geldgesellschaft.

SL   Haben Sie in Ihrer Wiener Inszenierung dem Juden die Opferrolle gestrichen?

PZ   Ein Teil dieser Opfergeschichte hat mit dem jüdischen Opfer-sein-Wollen zu tun. Dieses andauernde Sich-als-Opfer-Darstellen, Sich-als-Opfer-Fühlen und, ich muß es eklig sagen, Sich-als-Opfer-Wohlfühlen. Nach Auschwitz ist es fast unmöglich, das zu kritisieren oder auch nur ernsthaft zu diskutieren.

SL   Dieses Thema bestimmt ja seit langem Ihre Arbeit. Als Sie 1984 Sobols

Eva Mattes, Gert Voss

275

Ignaz Kirchner, Gert Voss

Uwe Bohm, Julia Stemberger

Ghetto inszenierten, ging es ja um ebendiese Frage der Mitschuld der Opfer an dem, was ihnen angetan wird.

PZ Ja, der Sobol kapiert das besser als irgend jemand. Ich bin immer ein Superpazifist gewesen, aber als die Israeli da ihre Nahost-Kriege gewannen, da hatte ich das Gefühl – ach toll, jetzt können wir das zum erstenmal auch, das ist doch ganz gut. Das hat mich einerseits beeindruckt und andererseits auch verstört. Ich war noch nie in Israel und hab auch keinen Wunsch, dahin zu gehen, weil ich ein manischer Europäer bin, aber danach hatte ich Lust auf einen assimilierten Shylock. Einen Shylock, den Banker, der über antisemitische Bemerkungen selber witzelt und der doch im Hinterkopf 3000 Jahre Leiden und Verfolgung hat, nur zeigt er das nicht andauernd. So wie auch ich das im Hinterkopf habe und nicht andauernd zeige.

SL Sie stellen diese alte Geschichte in eine Wall-Street-Welt hinein...

PZ Man kann dieses Stück von den heutigen Erfahrungen her angehen. Shakespeare hält das aus. Es war sicherlich das Schwierigste, in dieser Börsenmaklerwelt, die modern und sophisticated ist und Witze über sich selber machen kann, plötzlich die Geschichte von dem Pfund Fleisch zu erzählen. Das war immer die Frage – geht das noch?

SL Shylock, der Börsenmakler, Shylock, das Nichtopfer. Wie sehr ist Ihre Lesart von Ihrem Protagonisten Gert Voss bestimmt worden?

PZ Irgendwann hat sich mein Wunsch, das Stück nochmals zu machen, mit Gert Voss verbunden. Ich habe ihn vor 20 Jahren in Braunschweig gesehen, als er irgendeinen Urfaust spielte. Ich hatte eine ganz starke Erinnerung an diesen Jungen mit blauen Augen. Dann haben wir 1985 im Hamburg *Die Herzogin von Malfi* miteinander gemacht. Voss hat die Arbeitsweise eines Peymann-Schauspielers – und das ist ungefähr das Entfernteste von mir, das man sich vorstellen kann, und deshalb für mich besonders interessant und von wahnsinnigem Nutzen. Ich gebe Peymann-Spielern wie Voss und Martin Schwab eine neue Freiheit, und von ihnen kommt eine ungeheure, pingelige Genauigkeit im Formulieren, die meine Schauspieler manchmal nicht haben. Das ist auch eine Erneuerung für mich. Es hat ja auch Nachteile, so lange Zeit immer wieder mit derselben Truppe zu arbeiten.

SL Ohne Gert Voss gäbe es also keinen Peter Zadek am Burgtheater?

PZ Voss hat mich damals, Sommer vor einem Jahr, immer in Lucca angerufen. Dann fuhr er nach London, um sich Anthony Sher als Shylock anzusehen. Eine Zeitlang überlegten wir eine Koproduktion zwischen Hamburg und Wien — das wäre mir als Hamburger Intendant das liebste gewesen, aber es war nicht zu finanzieren. Dann hab ich irgendwann den Claus Peymann angerufen und ihm das Projekt an der Burg vorgeschlagen.

SL   Es heißt ja immer, daß Regie führende Intendanten, je berühmter sie selber sind, desto weniger andere große Regisseure an ihren Theatern zulassen.

PZ   Das hat mir Claus Peymann vorgeworfen, daß ich niemand anders nach Hamburg hole.

SL   Auch er selber hat bisher niemanden nach Wien geholt, der eine Konkurrenz für ihn wäre — außer Ihnen.

PZ   Ich hab den Claus nie als neidisch empfunden. Ich hoffe, diese Arbeit hat ihm gezeigt, daß es maximal geklappt hat.
Obwohl ich schon zugebe, daß es mich manchmal irritiert hat, wenn jemand an meinem Haus einen großen Erfolg gehabt hat. Natürlich. Aber ich sehe bei Peymann dafür keine Anzeichen. Ich habe an der Burg die maximale Freundschaftlichkeit und Hilfe bekommen. Das war wie Ferien, einfach herrlich. Die haben an der Burg einen technischen Direktor, den Kratochvil, der ist ein Genie, sozusagen.

SL   Bleibt der *Kaufmann* Ihr einziges Gastspiel am Burgtheater?

Pavel Landovsky, Eva Mattes, Wiebke Frost, Gert Voss

PZ   Ich hoffe nicht.

SL   Gibt es schon weitere Verabredungen?

PZ   Ja, aber vorsichtige.

SL   Sie sind ja gerade dabei, sich von Ihrer Hamburger Intendanz abzunabeln. Jetzt waren Sie gut drei Monate in Wien, als nächstes begeben Sie sich auf den Berliner Boulevard und inszenieren im Theater am Ku'damm *Henceforward* von Ayckbourn, dem englischen Boulevardier, der ja vom deutschsprachigen Theater erst seit kurzem ernst genommen wird.

PZ   Alan Ayckbourn gilt ja bei uns plötzlich als Kunst — deswegen spiele ich ihn auch wieder im Boulevardtheater. Es geht ja nicht darum, daß die Staatstheater Boulevard machen, sondern darum, daß das Boulevardtheater wieder den richtigen Stellenwert kriegt und seine Minderwertigkeitskomplexe ablegt.

SL   Und gegen die Minderwertigkeitskomplexe des Boulevards kämpfen Sie wie?

PZ   Eine Besetzung wie Susanne Lothar, Ingrid Andree und Otto Sander ist nicht ganz schlecht — sozusagen.

SL   Und außerdem kriegt das Theater am Ku'damm den Zadek-Ritterschlag.

PZ   Es muß ja nicht Zadek sein. Es könnte ja auch Herr Flimm oder Herr Dorn sein, denen ich wünschen würde, mehr Boulevard zu machen. Dieter Dorn ist ein hervorragender Boulevard-Regisseur.

SL   Sprechen aus Ihnen auch Ihre Enttäuschungen als Hamburger Intendant?

PZ   Als ich in Bochum war, in den siebziger Jahren, da hab ich es noch spielend geschafft, das Regie- und das Hausführen zu verbinden. Vielleicht bin ich mittlerweile noch verbohrter und noch besessener mit meinen Inszenierungen. Aber auch die Arbeitsbedingungen am Hamburger Schauspielhaus haben sich verändert. Seit Anfang dieser Spielzeit gibt es um zwei Millionen Mark weniger Geld — und die fehlen bei den Produktionen. Diese jahrelangen, permanenten Diskussionen über Geld — das war mir einfach zu anstrengend. Ich bin als Intendant nicht so begabt wie der Peymann. Ich kann nicht von Gelddiskussionen mit Politikern direkt in eine Probe gehen. Deshalb bin ich sicher für diesen Beruf nicht geeignet. Und ich werde es ganz bestimmt auch nie wieder tun.

SL   Heißt das eine Zukunft für Peter Zadek, den freischaffenden Regisseur?

PZ Ich habe Reiselust, aber auch Lust, wieder einen Film zu machen, vielleicht auch eine Oper.

SL Heißt das, daß Sie den großen Staatstheatern, den alten Kästen in Deutschland und Österreich, keine Zukunft geben? Haben Sie vor dem System der Staatsbühnen kapituliert?

PZ Das war ja meine Misere in Hamburg, daß ich das Publikum des Schauspielhauses nicht — oder zuwenig — verändern konnte. Das hat mit den hohen Eintrittspreisen zu tun und mit der Tempelartigkeit dieser Theater. Kommt hinzu, daß diese Häuser in der Organisationsform als Repertoire-Betriebe kaum mehr zu führen sind. Das wird immer problematischer und wird auch aufhören. Sogar am Burgtheater. Dort wird sich das System noch am längsten halten. Aber auch da wird es an sein Ende gelangen.

Die israelische Ausgabe *Der Kaufmann von Venedig*

JOURNALISTEN

Kenneth Tynan, der den größten Einfluß auf das
englische Theater hatte, starb im Alter von 53 Jahren.
1980

Kenneth Tynan war der beste Theaterkritiker seit dem Krieg. Er setzte
Brecht in England durch, propagierte jahrelang das National Theatre,
überhaupt subventioniertes Theater nach deutschem Modell, bekämpfte
die vermotteten Überreste des englischen Vorkriegstheaters, das sich mit
Autoren wie Rattigan noch gerade hinübergerettet hatte. Er sägte (mit Erfolg) am englischen Starsystem – ohne dabei den Respekt vor den großen
Stars seiner Epoche zu verlieren. Er glaubte an das Ensemblesystem nach
dem Modell des Berliner Ensembles und der westdeutschen Stadttheater.
Er lancierte die »angry joung men« des englischen Theaters (John Osborne
z. B.) und beeinflußte schon dadurch das ganze westliche Theater. Er plä-
dierte jahrelang dafür, die englische Theaterzensur abzuschaffen, und das
gelang ihm auch. Er erweiterte den angelsächsischen Theaterhorizont, indem er die sexuellen Tabus auf der Bühne aufzuheben half. Als Genet noch
in englischen Bücherläden verboten war, beschrieb Tynan den *Balkon* als
»ein genauso erstaunliches Theatererlebnis wie vor 76 Jahren, als Ibsen ver-
riet, daß es Syphilis gibt«. Er war in der Vorderfront der Kulturrevolution,
die Mitte der sechziger Jahre England (von London bis Liverpool) nicht
nur durch die Beatles, zum Kulturzentrum machte. Peter Brook, Lindsay
Anderson, Tony Richardson, John Braine (*Room at the Top*), Colin Wilson,
John Wain gehören zu dem Club, dessen Sprachrohr Tynan war.
Er schrieb fabelhaft. Knapp, mit Witz und Biß. Der »Observer«, die bedeutende englische Sonntagszeitung, die jetzt im Begriff ist einzugehen, wurde
jahrelang wegen Tynans »column« gekauft. Aber er schrieb auch in Boule-
vard-Blättern wie dem »Evening Standard« und im »New Yorker«. Theater und Entertainement war für ihn unzertrennlich, und Langeweile bei
einer schlechten Shakespeare-Aufführung genauso unerträglich wie bei
Agatha Christie. Er hatte die Begabung, sofort und instinktiv das Wesent-

285

liche eines Stückes, einer Inszenierung zu erkennen. Wenn er schrieb, suchte er die kürzeste und genaueste Formulierung und erzählte damit mehr als die meisten Kritiker, die viermal soviel Platz brauchten. Trotzdem stand seine Brillanz immer im Dienst seiner Liebe und seines Enthusiasmus für die Bühne.

Er war ein verhinderter Schauspieler. Ich erinnere mich, ihn noch an der Universität Oxford kurz nach dem Krieg als Regisseur und Hauptdarsteller in Eliots *Sweeny Agonistes* gesehen zu haben. Ob er ein besonders begabter Schauspieler war, weiß ich nicht zu sagen, aber der kreischende Abgang des 18jährigen Tynan durch den Zuschauerraum war damals eine Sensation. Spätere Versuche als Schauspieler (z.B. in Guiness' *Hamlet*) waren nicht besonders erfolgreich, dafür aber Guiness' Biographie um so mehr. Bis 1950 hatte sich der Dreiundzwanzigjährige als Kritiker, Enfant terrible und eigentlich als die Verkörperung von allem, was frisch, gewagt und unmiefig am Theater war, durchgesetzt.

Das Theaterpublikum, schrieb er sinngemäß Anfang der fünfziger Jahre, hat sich so an die übliche künstliche Spannung eines Theaterabends gewöhnt, daß es überhaupt nur noch damit beschäftigt sei, darüber nachzudenken, was noch passieren könnte, und die Lust und das Interesse an dem, was gerade passiert, ganz verliert.

Er wehrte sich gegen die Dramaturgie des »well made play«, des gutgemachten Stückes, eine Überlieferung des 19. Jahrhunderts, die mit unserer Lebenserfahrung nicht mehr zu vereinbaren war. Er wollte realistisches Theater. Theater, das sich mit aktuellen Problemen auseinandersetzt, »Theater, das das Leben spiegelt, nicht sich selbst«. Über *Blick zurück im Zorn* schrieb er: «Ich bin der Meinung, daß *Blick zurück im Zorn* der Geschmack einer Minderheit bleiben wird, was allerdings zählt, ist die Größe der Minderheit. Ich schätze sie auf ungefähr 6.733.000, nämlich die Anzahl von Menschen in diesem Land, die zwischen zwanzig und dreißig sind ... Ich glaube, ich könnte niemand lieben, der nicht der Wunsch hat, *Blick zurück im Zorn* zu sehen.«

Typisch für seine vielen Aktivitäten im Theater und im Film war seine Erfindung von *O Calcutta* (man stelle sich spaßeshalber vor, daß der Name einer unserer bedeutenderen Theaterkritiker als Autor einer Sex-Revue erscheint!). Auch hier hatte er gemerkt, daß das Theater in einer »permissive society« noch weit hinter dem Kino herhinkte, und es war typisch für ihn, daß er diese Tatsache nicht nur beschrieb, sondern in Aktion umsetzte.

Francis Bacons Satz »But men must know, that in this theatre of mans life / it is reserverd only for Gods and angels to be lookers on« ist das Motto seines ersten Buches *Curtains*. Wie für Oscar Wilde war für ihn Kunst ein Teil des Lebens. Theater durfte auch propagandistisch sein, mußte aber immer theatralisch sein. Über *Warten auf Godot* schrieb er: »Ein Theaterabend, das behauptet und beweist dieses Theaterstück, ist grundsätzlich ein Weg, zwei Stunden im Dunkeln zu verbringen, ohne sich zu langweilen.«
Bei aller Begeisterung für Experiment und Erneuerung glaubte Tynan an ein populäres Theater. Er war einige Jahre lang Chefdramaturg vom National Theatre, eine Organisation, die er mit ins Leben gerufen hatte. Nach einer Aufführung von Olivier's *Drei Schwestern*-Inszenierung fragte ich ihn, warum der Kreml in den Pausen als Projektion auf dem Vorhang erscheine? Er sagte, dies sei das einzige Bild, das das normale Publikum mit dem Wort Moskau verbinde. »Und was euch Intellektuelle angeht«, meinte er lächelnd, »ihr braucht ja nicht hingucken, wenn's euch stört.«
Er leugnete nie seine Subjektivität, seine Engagiertheit, seine Betroffenheit. Man konnte ihn als Kritiker ernst nehmen, weil er sich nicht als Papst sah, sondern als Enthusiast und Polemiker und Historiker. Er haßte nichts so sehr wie das Prätentiöse und Bedeutende. Seine Kritiken waren arrogant, nie belehrend. Er war groß, etwas dandyhaft (sein zweiter Name war Peacock). In den fünfziger und sechziger Jahren, als ich ihn kannte, trug er einen lila Smoking zu Theaterpremieren. Er stotterte sehr, dafür schrieb er um so flüssiger. »Für den Kritiker ist nicht seine Meinung, sondern die Kunst, mit der er sie wiedergibt, wichtig.« Wenn er, wie in dieser Formulierung, übertrieb, tat er es bewußt und mit Selbstironie. Er war übrigens der erste, der das Wort »fuck« im Fernsehen benutzte.
Kenneth Tynan machte eine »Anmerkung zur Kritik«: Sie kennzeichnete ihn. »In der Vergangenheit haben sich Kritiker verschiedentlich als Fackelträger, Sargträger und Leuchttürme gesehen. Ich sehe mich hauptsächlich als Türschloß. Wenn der Schlüssel, das Kunstwerk nämlich, genau in meinen Mechanismus von Vorurteil und Vorliebe paßt, dann schnappe ich auf und bin froh. Wenn nicht, bin ich hilflos und kann dem Künstler nur die Adresse eines besseren Schlossers anbieten. Manchmal rüttelt ein Meisterwerk unerwartet am Griff, bricht die Tür auf und tritt ohne weiteren Widerstand ein, und wenn das passiert, bin ich ein williges Opfer. Ich ergebe mich *con amore*.«

287

Dieser Brief wurde von der »Zeit«, an dessen Feuilletonchef Raddatz er ge-schickt wurde, natürlich nicht abgedruckt. Stattdessen erhielt ich einen saue-ren Brief von Raddatz, in dem er mich als Italienrentner beschimpfte und mir mitteilte, daß er nicht daran denken würde, einen solchen Brief zu veröffent-lichen. Die Herren der Presse mögen bekannterweise Kritik nicht. Außerdem schrieb mir Benjamin Henrichs einen flauen kleinen Brief mit der Feststellung, daß ein Kritiker auch mal einen kleinen Wutausbruch haben dürfte. Dazu schickte er mir seinen Nachruf auf seinen Vater (den Intendanten Henrichs), um mir zu beweisen, daß er nichts gegen seinen Vater und Väter im allgemei-nen habe. Ende der Sitzung.

Nun, nicht ganz. Ich sah mir die Aufführung von Bergmans Don Juan an und stellte fest, daß er, ganz anders als Henrichs es mißverstanden hatte, das Zen-trum des Stücks (den alternden Don Juan) mit großer Intensität und das Drum-rum fast gar nicht inszeniert hatte. Degen als Don Juan war ätzend großartig als impotenter alternder Liebhaber. Die Aufführung lief über hun-dert Mal und wurde dann noch ein Riesenerfolg.

Zweites Nachspiel. Bergman verläßt Deutschland, um nie wieder hier zu ar-beiten (wie er mir sagte). Er wollte sich dem kläglichen deutschen Kulturleben nicht mehr aussetzen. Bis heute hat er in Stockholm weiterinszeniert, Welter-folge, die als Gastspiele nach London, Paris und dann auch nach Deutschland (zum Festival der Welt in Hamburg) gelangten.

Gruß aus Lucca
1983

Auf einem hohen Berg mit weitem Blick über die Appeninen, bei vierzig Grad im Schatten, nackt, mit einem Espresso auf dem wackligen Tisch denkt man anders, gelassener, kritischer, unangestrengter. Auch über das Feuilleton der *Zeit*.

Das vom 5. August, zum Beispiel. Wichtige und betrübliche Ereignisse haben stattgefunden. Bergman hat einen Flop inszeniert. Buñuel und Charlie Rivel sind gestorben. Peter Hall und Sir George Solti haben den *Ring* in Bayreuth inszeniert. Die Elite des *Zeit*-Feuilletons wurde beauftragt, diese Ereignisse zu kommentieren: Henrichs, Sack, Zimmer. Was geschrieben worden war, war nicht mehr oder weniger schlecht als was eben immer bei solchen Gelegenheiten von scharfsinnigen Beobachtern der Kulturszene geschrieben wird, nur wenn man über den flimmernden Rand der Zeitung einen Blick über ein paar tausend Kilometer Appeninen hat, wirkt es eben anders. Ja, der Leser ahnt es, schlechter.

Sacks Bayreuth-»Kritik« ist behäbig, neckisch und nichtssagend. Das eigentliche Problem wird nicht berührt: Was kann man nach der genialen Chereau-Inszenierung denn überhaupt noch als Intendant in Bayreuth machen? Wahrscheinlich wäre die Antwort gewesen: Musik. Mit Solti hat das Wolfgang Wagner richtigerweise versucht. Und die Kritik dieses *Ring* hätte in dem Feuilleton der *Zeit* natürlich einen detaillierten und experten Vergleich zwischen Boulez und Solti und überhaupt einen kurzen Rückblick über verschiedene musikalische Wagnerinterpretationen liefern müssen. Leider ist Sack nicht Experte genug für einen solchen Vergleich. Also verbringt er viel Zeit (*Zeit*), sich wohlig über die nicht so interessante Inszenierung Peter Halls auszubreiten. Und Zitate aus einer sicherlich belanglosen Pressekonferenz zu liefern. Daß ein deutscher Leser, sogar von der *Zeit*, darüber vielleicht nicht ganz im Bilde ist, daß Peter Hall, der kein deutscher Regisseur ist (oder je war), immerhin der erfolgreichste und

289

wichtigste Schauspielintendant in der Welt ist (nämlich vom *National Theatre* in London und davor der Gründer des *Royal Shakespeare Company*), wäre einen Satz wert gewesen. Vielleicht hätte Sack ja, wenn Platzmangel der Grund gewesen wäre, auf Späße wie: »Allemal bemerkt man auch bei den Herren in Bayreuth die Lust, dem Smoking ein Schnippchen zu schlagen, wenn auch nur mit einer neuen Strangulierung, dem Vatermörder. Er ist sehr in Mode.« verzichten können. Ob es so interessant ist zu wissen, daß der Fürst von Liechtenstein seine Jacke wegen der Hitze ausgezogen hat, bezweifele ich. Und wenn, dann lese ich persönlich so etwas lieber in der *Vogue* oder bei Graeter in der *Abendzeitung*. Nun ja, Sacks Bayreuth-»Kritik« macht einen weder neugierig (auf Bayreuth), noch hat sie eine einzige, sich aus der Aufführung ergebende echte Frage angesprochen.

Nun zu Henrichs und Bergman. Hier war was zu erwarten: Einer der zwei genialsten europäischen Filmregisseure (der andere, Fellini, sein Gegenspieler par excellence) inszeniert auf der Bühne das Gegenstück (oder vielleicht sogar dasselbe Stück) zu Fellinis *Casanova*, nämlich Molières *Don Juan*. Daß das alte Europa noch imstande war, die beiden herrlichsten Regisseure des Films der letzten vierzig Jahre hervorzubringen und für einige Generationen die Behauptung wahr zu machen, daß Film nicht nur Detlev Sierck und ähnlicher Ramsch aus Hollywood sein muß, daß Bergman, wie auch Fellini unser aller Köpfe und Fantasien wesentlich mitgeformt hat, ist eine große Freude. Und sicherlich, sagt man sich, wenn man den sehr intelligenten, auch manchmal brillant intuitiven Henrichs kennt, wird jetzt die Analyse dieses Theaterflops in der *Zeit* stattfinden. Aber nein. Sondern: Überschrift *Bergmans Gespenst*. Der Autor dieses Artikels schreibt hämisch, höhnisch, selbstzufrieden und eitel einen pfiffigen kleinen Essay über die Frage, ob diese schreckliche Inszenierung von Bergmans Doppelgänger gemacht worden sei. Es gibt in dieser kläglichen Beschimpfung des 65jährigen Ingmar Bergman einige Ansätze zu Überlegungen, die Henrichs hätte machen können, hätte er es gewollt (daß er denken *und* schreiben kann, ist ja bekannt). »Bisher nämlich hatte niemand verstehen können, wie Ingmar Bergman, der weltberühmte Theatermann, der Autor quälerisch-grandioser Filme, bei seinen Gastspielen auf den deutschen Bühnen so jammervoll scheitern konnte.« Ansatz zu einer Kritik, die zwar verletzend, aber wenigstens halbwegs den Ansprüchen des Opfers gerecht wäre. Statt der Kritik kommt der brillante Essay (natürlich für die nächste

290

Buchausgabe von Henrichs' Kritiken gedacht), und wir lesen: »In Salzburg jetzt endlich die Erleuchtung: Ingmar Bergman muß einen Doppelgänger / Zwillingsbruder haben, der unter seinem Namen, vermutlich mit seiner Billigung, Schabernak treibt. Wer immer oder was immer dieser Doppelgänger sein mag (Dentist? Immobilienmakler? Journalist?), eines ist er bestimmt nicht: Regisseur.« Mit Henrichs müßte man kommentieren über Henrichs: »Was immer dieser Schreiber sein mag, eines ist er bestimmt nicht: Theaterkritiker.« Warum? Weil die auffälligste Eigenschaft des Kritikers Liebe und Engagement für das Theater, seine Macher, seine Kuriositäten ist. Weil ein großstädtischer Theaterkritiker nicht selbstgefällig bestimmt, was gut und schlecht ist, und daß »Hilmar Thate noch am erfolgreichsten untergeht«, sondern sich fragt, was wirklich los war und warum, um seine Leser (das Theaterpublikum) neugierig zu machen. Allerdings beendet Henrichs seine »Kritik« mit ein paar Sätzen, die, wenn man sie gegen die Sonne hält, wirklich schillern: »Auch Ingmar Bergman könnte, mit einer Botschaft von der Schafsinsel, beschwören, *Ingmar Bergman* zu sein. Vielleicht ist das die Wahrheit, nichts als die Wahrheit. Glauben muß man sie nicht. Denn was ist schon die Wahrheit gegen ein wirkliches Geheimnis?« Statt Sacks Sakko haben wir Henrichs' subtilen Witz. Mon Dieu, jetzt weiß man ja doch, warum man sich *Die Zeit* im Urlaub kauft. Lese Benjamin Henrichs doch mal James Fenton in der *Sunday Times* oder Colette Godard in *Le Monde*, um zu erfahren, wie knapp, genau und witzig eine Kritik sein kann, wie optimistisch, anmachend (für das Theater) und fantasievoll. Und wie großstädtisch. Daß unser Benjamin sich die Väter sucht, um sie zu zerstören, ist allen, die ihn (und seinen Vater, den Intendanten Henrichs) kennen, schon lange bekannt. Daß ein eminent begabter Journalist wie Henrichs, der vermutlich jetzt schon über vierzig ist, die deutsche Theaterszene mit seinen Pubertätsaggressionen belämmert, ist unerträglich. Daß der deutsche Kulturbetrieb (und *Die Zeit*) das goutieren, spricht weder für den Kulturbetrieb noch für *Die Zeit*.
Ja, diese Sätze, der Leser hat es kapiert, sind in Wut geschrieben. Ich habe Bergmans *Don Juan* noch nicht sehen können, ich werde das, sobald ich in München bin, nachholen. Ich habe Bergmans Theaterinszenierungen nie besonders gemocht, obwohl in jeder, die ich gesehen habe, irgendwas war, eine Haltung, ein zentraler Gedanke, etwas das mich interessiert hat. Selbst wenn sein *Don Juan* so schlecht sein sollte, wie viele Kritiker behaupten: Bergman ist durch seine Filme ein Teil von mir, seine Bilder bevölkern seit

291

Jahrzehnten meine Fantasie (und ganz sicher die Fantasie von Millionen, die seine Filme gesehen haben). Im Gegensatz zu Benjamin nehme ich ihm seine geniale Macht über mich nicht übel, sondern bin dankbar. Im Gegensatz zu Benjamin bin ich nicht darüber entsetzt, daß seine Filme genial sind und seine Theaterinszenierungen nicht immer. Ich bin nicht voll Verachtung, weil der herrliche Bergman nun 65 ist und nicht mehr ganz so frisch wie vor dreißig Jahren. Aus seinen Filmen sieht man, daß er sehr weise geworden ist. Ich erwarte von ihm noch die wichtigsten Werke – egal in welchem Medium.

Genug des Ärgerlichen. »Bergmans Gespenst« ist am Ende nur »Henrichs' Gespenst«. Benjamin ist und bleibt immer der Verlierer. Er sollte es mit Würde ertragen. Man braucht sich nicht, wenn man schon nicht Bergman ist, minderwertig zu fühlen.

Apropos minderwertig: Nach Benjamin Sack lesen wir nun weiter im Feuilleton. Minderwertigkeitskomplexe haben kuriose Wege, sich zu manifestieren. Entweder man macht runter oder man verteilt Preise. Wieviele ausländische Künstler haben schon ihr sarkastisches Lächeln unterdrückt, während sie von irgendeiner deutschen Kulturpäpsterei einen Scheck und den Kunstpreis der Stadt Plönfurt in die Hand gedrückt kriegten. Und da wären wir mit einem Sprung bei Dieter E. Zimmer. Zitat: »Es ist schwer, heute irgendeinem Werk eine Zukunft vorauszusagen. Selbst wenn Luis Buñuels Filme selber keine Zukunft haben sollten, einfach weil die Geschichte, auch die Filmgeschichte in dem Maß, in dem sie sich vermehrt, zwangsläufig immer gnadenloser vergessen werden wird, werden sie doch gegenwärtig bleiben: in der unauffälligen, knappen, elliptischen und gerade dadurch fantasieanregenden Bildersprache ...« usw., usw. Blubb ... blubb ... blubb. Der Anlaß: der Tod von Buñuel, Meister des Verrückten, Unerwarteten, Provozierenden. Was sagt der deutsche Kritiker Dieter E. Zimmer: »Bei seiner Filmarbeit imponierte er durch seine Bestimmtheit: Er wußte, was er wollte ...« Und dafür, lieber Luis, präsentieren wir Dir den Preis der deutschen Rektorenkonferenz, eine aus Scheiße gegossene Ehrentafel mit Blei, Blei, Blei beschwert. Hätte man nicht einen besseren finden können als Dieter E. Zimmer, einem der ganz großen, manischen Schöpfer von Kunst, dem einzigen großen Filmsurrealisten einen Nachruf zu schreiben? Bergman vielleicht, oder Grass, oder Enzensberger, oder sogar Patalas – irgendjemand, der Trauer über den Verlust mit Freude an Buñuels Werk ausdrücken kann, der sich nicht über seine eigene Trauer so sehr schämt wie er sich über seine eigene Freude schämen würde, wenn er sie ausdrücken könnte. *Die Zeit* verleiht Buñuel posthum den Gähnpreis der Rektorenkonferenz.

Ja, das war also das Feuilleton der *Zeit* vom 5. August 1983. Damit der noch urlaubsbesoffene Leser auch den Charme der Hamburger Feuilletonisten voll auskostet, noch ein Zitat aus Sacks Nachruf auf Charlie Rivel: »Er war eine Besetzung aus der alten Welt. (Schlurf, Schlurf!) Er war ein Clown in seiner Urgestalt. (Hört, Hört!) Der liebe Gott wird sich, wenn er seine solo-Vorstellung kriegt, auf die Knie schlagen vor Vergnügen, obwohl sich das für ihn da oben nicht gehört. (O Gott, O Gott!)« Die Bemerkungen im Klammer sind meine. Tante Emma läßt grüßen.

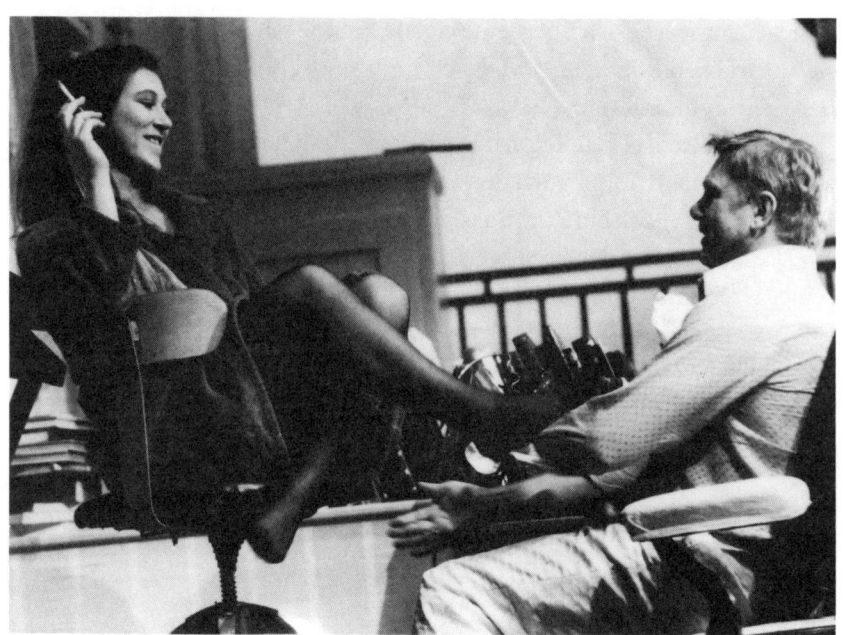

Eva Mattes, Uwe Friedrichsen

Ilse Ritter, Eva Mattes in
Verlorene Zeit, Hamburg, 1984

Ilse Ritter, Ulrich Wildgruber

HAMBURG

Jutta Hoffmann, Ulrich Wildgruber in
Die Herzogin von Malfi, 1985

Mit minus 100 fange ich an
stern-Gespräch zu Beginn der Hamburger Intendanz
1985

s   Hamburgs Bügermeister Klaus von Dohnanyi hat bei der Neueröffnung des Deutschen Schauspielhauses im vergangenen Jahr gesagt, er möchte in Zukunft alle Klassiker auf der Bühne erkennen können. Tut der neue Intendant ihm diesen Gefallen?

PZ   Ich mache nicht Theater für den Bürgermeister, sondern für viel mehr Leute und auch für mich ...

s   Aber Sie sind auch abhängig von der Laune Ihrer Geldgeber. Kann es nicht so kommen, daß Sie auf Druck des Staates Konzessionen machen müssen?

PZ   Nie in meinem Leben.

s   Sie sind noch nie in die Verlegenheit gekommen?

PZ   Doch, natürlich. Ich habe mich schon mit kreischenden Herrschaften aller Art herumgeärgert. Ich habe Unterhaltungen mit Obrigkeiten gehabt, ob das nun Intendanten waren, die unter Druck standen, oder Stadtväter, die irgendwas nicht wollten, aber es war nie wirklich ein Problem für mich. Ich finde, um das hier mal gleich zu sagen, ich finde, was Theater angeht, da ist Deutschland das liberalste Land der Welt. Ohne Ausnahme.

s   Sie haben sich zweimal mit dem Problem Faschismus und Judenvernichtung beschäftigt. Beide Male mit den Mitteln der Revue. Mit Gelächter. Gibt es für den Juden Zadek keine Möglichkeit, sich »ernsthaft« mit diesem Thema auseinanderzusetzen?

PZ   Ganz ehrlich gesagt, kann ich das nicht beantworten. Ich habe eben zwei Revuen darüber gemacht. Wenn ich etwas ganz furchtbar ernst nehme, mache ich es eigentlich immer als Komödie.

s   In *Ghetto* wollten Sie dem Publikum die Chance nehmen, Mitleid zu entwickeln. Was haben Sie gegen Mitleid?

PZ   Gar nichts. Aber *Ghetto* fand ich nun mal aufregend, weil hier die Ju-

299

den nicht primär als bemitleidenswerte Opfer dargestellt sind, sondern als Kämpfende, und zwar im Zweifel mit allen üblen Mitteln Zurückkämpfende. Das hat auch etwas mit Israel zu tun. Wie auch immer ich zu diesem Staat stehen mag: Er ist ein kämpfender Staat, gezwungen zu kämpfen. Es geht für Israel ums Überleben. Und Menschen, die überleben müssen, sind nicht immer besonders gut.

s   Das Stück wurde vom Juden Zadek inszeniert, von der Jüdin Esther Ofarim gesungen, vom Juden Sobol geschrieben. Ein Deutscher hätte diesen Text nicht schreiben können.

PZ   Wenn ein Deutscher imstande wäre, so realistisch über Juden zu schreiben, zu denken, dann könnte man anfangen, über Vergangenheitsbewältigung zu reden. Bewältigung läuft in Etappen ab, und ich finde, eine Etappe ist dieses Stück gewesen. Die Etappe, wo man aufhören muß, zu sagen, daß alle Juden wunderbar sein müssen und gut und lieb und moralisch, nur weil sie von Deutschen beschädigt worden sind. Das ist doch albern.

s   Wie lebendig ist heute das Theater für Sie in Deutschland?

PZ   Das Theater ist so ungeheuer tot, toter geht's gar nicht. Und zwar nicht nur hier, sondern überall. Am Broadway gibt es zwei Stücke, in die man gehen kann. In London eins. Ich finde diese Situation gar nicht schlecht. Für jemand, der wie ich jetzt wieder am Hamburger Schauspielhaus anfängt, ist es sogar spannend, bei Null zu beginnen. Nein, unter Null. Bei minus 100 fang' ich an.

s   Sie sind jahrelang herumgezogen und haben inszeniert, Filme gedreht. Nun werden Sie Intendant, werden seßhaft. Sind Sie alt geworden, oder brauchen Sie Geld?

PZ   Alt geworden? Intendant am Schauspielhaus – das ist ein Job, den man eigentlich nur mit 25 physisch überleben kann. Und Geld? Geld brauch ich immer. Aber bei diesem Job hier verdiene ich nur die Hälfte von dem, was ich normalerweise hätte. Nein. Ich war ja schon mal Intendant. In Bochum. Eine tolle Theaterstadt, aber eine Stadt, in der ich mein Leben nicht verbringen kann. Irgendwie bin ich Großstadtmensch. Also wohin? München – nein. Das Theaterpublikum, die ganze Szene – keine Spannung.

s   Was ist an der Münchner Theaterszene so spannungslos?

PZ   Ich finde sie so seicht. Da ist alles möglich, da kann man alles machen – die Theater sind sowieso immer voll, und das Publikum ist immer

300

wunderbar, und alles freut sich. Außerdem kann ich den Föhn nicht vertragen. Also München ist für mich die Hölle.

s   Und was mögen Sie an den Norddeutschen?

PZ   Ihre Verhaltenheit. Ihre Distanz. Ihren trockenen Humor. Die Bayern gehen mir auf die Nerven. Die lachen alle so laut. Die Hamburger dagegen erinnern mich an den englischen Humor.

Und dann dieses Schauspielhaus: Die Bühne mit einer tollen Akustik. Es müßte mit dem Teufel zugehen, habe ich mir gedacht, wenn es nicht möglich ist, dieses Haus vollzukriegen. Und zwar mit meiner Art von Theater, also nicht elitäres, sondern großes, verständliches, spannendes Theater, das nicht nur für eine Clique von Intellektuellen, sondern für alle gemacht wird.

s   Wenn Sie sich das Publikum wählen könnten, hätten Sie lieber tausend Klatscher oder tausend Buher?

PZ   Ob sie buhen oder klatschen, ist mir egal – solange sie reagieren. Jemand, der sich langweilt, schläft ein, der macht gar nicht mehr buh.

s   Bei Ihrem Film *Hurra wir leben noch* ist dem Autor der Vorlage, Johannes Mario Simmel, schlecht geworden, er ist rausgegangen!

PZ   Stimmt nicht, ich war dabei. Simmel ist nicht rausgegangen. Simmel ist drin geblieben. Er ist auch anschließend mit mir und anderen essen gegangen und hat über den Film gejubelt. Drei Tage später, nachdem er mit seinem Anwalt geredet hat, fand er den Film schrecklich. So war das. Er ist feige.

s   Mögen Sie den Film eigentlich? Oder sagen Sie: Okay, ich bin zwar gescheitert, aber egal.

PZ   Nein, überhaupt nicht. Der Film war ja ein Erfolg. Dann müßte ich mich dauernd als gescheitert empfinden, weil die Kritiker ja meistens meine Sachen nicht mögen.

s   Das stimmt doch längst nicht mehr.

PZ   Entschuldigen Sie mal! Ich habe die größte Sammlung von schlechten Kritiken. Lesen Sie mal den Herrn Matussek im STERN über *Ghetto*. Aber mehr ärgere ich mich darüber, wenn meine eigenen Leute nicht loyal sind.

s   Herr Zadek, im Grunde genommen sind Sie ein apolitischer Mensch. Sie haben nie Petitionen oder Manifeste unterschrieben. Aber die Politik hat sich immer wieder in Ihre Arbeit eingemischt. In Bochum bekamen Sie Drohbriefe. Haben Sie Angst gehabt?

Ulrich Wildgruber, Gert Voss

Christine Kaufmann, Christian Redl

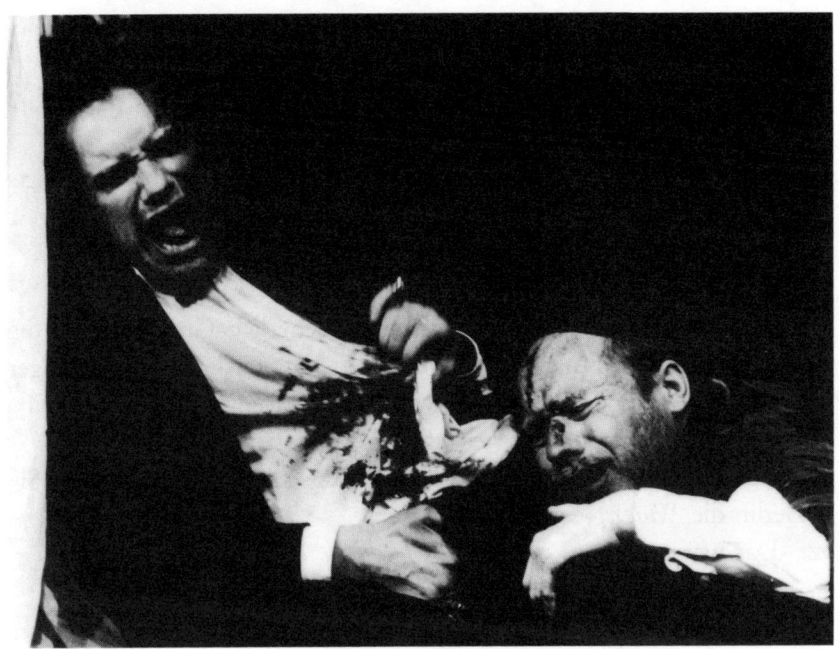

Gert Voss, Hermann Lause in
Die Herzogin von Malfi

PZ Höllische Angst. Es war ja die Zeit direkt nach den Münchner Olympischen Spielen, als der Anschlag auf die israelische Mannschaft verübt worden war. Ich bekam antisemitische Drohbriefe mit Unterschriften von irgendwelchen arabischen Freiheitskämpfern. Und es platzten ja auch laufend irgendwelche Briefbomben. Also hatte ich Schiß.

S Wie sind Sie mit der Angst fertig geworden?

PZ Sensationen sind ja immer was Gutes am Theater, und dies war eine Sensation. Es wurde darüber geredet. Ich habe die Post über die Polizei gehen lassen.

S Sind Sie eigentlich ein ängstlicher Mensch?

PZ Physisch bin ich feige. Moralisch bin ich aber, glaube ich, nicht so ein ängstlicher Mensch.

S Haben Sie Angst vor Krankheiten?

PZ Ja, furchtbar.

S Angst vor dem Tod?

PZ Seit ich ein Jahr alt bin!

303

S   Gibt es einen bestimmten Frauentyp, auf den Sie immer wieder reinfallen?

PZ   Eigentlich nicht. Ich habe viele Frauen geliebt, meistens relativ lange.

S   Haben Sie manchmal ein schlechtes Gewissen, einen Menschen ausgebeutet zu haben?

PZ   Im Theater oder privat?

S   Sie trennen doch das eine vom anderen nicht.

PZ   Das ist eine Gewissensfrage. Es gibt sicherlich Grenzen, und die Grenzen verändern sich mit jedem Verhältnis, das man hat. Und je weniger Grenzen es gibt, um so spannender wird es. Und wenn es überhaupt keine mehr gibt, dann bringt man sich um – gegenseitig.

S   Es gab Zeiten, da war Ihr Theater ziemlich schlaff, zum Beispiel als Sie in Berlin die *Widerspenstige* inszenierten.

PZ   Das war 1978

S   ... nee, 1981.

PZ   Ich meine den Knick, der war schon 1978. Ich kann ganz einfach sagen, was da zu Ende war: Hamburg war zu Ende. Eine sehr produktive Zeit, erst in Bochum, dann in Hamburg, und sie steigerte sich mit dieser Serie von Shakespeare-Inszenierungen. Das war wirklich aufregend. Man hatte plötzlich das Publikum gewonnen. Das *Wintermärchen*, eine Fünf-Stunden-Inszenierung, schwer, kompliziert und manieristisch – die lief hier wie eine Operette. Die Leute standen Schlange. Aber dann haben die Hamburger Ivan Nagel rausgeekelt, und alles war vorbei. Mein Ensemble brach auseinander, und für mich brach eine Welt zusammen. Da ging ich nach Berlin und saß plötzlich an der Volksbühne mit einem völlig anderen Publikum.

S   Was ist an den Berlinern so anders?

PZ   Die Berliner haben überhaupt keine Poesie, nicht einen Funken.

S   Die haben doch Peter Stein.

PZ   Eben. Deswegen. Der macht das unpoetischste Theater, das es gibt. Die Berliner haben ein Empfinden für Witz und Intelligenz und Politik. Aber nicht für Poesie und nicht für Kunst.

S   In Berlin gibt es die meisten Theater.

PZ   Nur, weil sie subventioniert werden. Auf jeden Fall, da saß ich nun in Berlin mit einem spannenden neuen Stück, nämlich dieser *Menschenfeind*-Bearbeitung von Enzensberger – und trotzdem wollte das nicht so richtig.

Die Lust war raus, der Spaß war weg. Nach der *Widerspenstigen* bin ich fast gestorben. Und da bin ich abgehauen. Nach Marokko verschwunden. Dann rief mich Fassbinder an und wollte mich für eine Rolle. Da dachte ich: Das ist ein guter Einfall, da soll sich mal jemand anders die Sorgen machen. Habe angenommen und bin auf diese Weise nach München gekommen. Sonst wäre ich da nie hingefahren. Ich hatte immer eine große und spannende Beziehung zu Fassbinder.

s   Zur Zeit versucht man die Aufführung seines Stückes *Die Stadt, der Müll und der Tod* in Frankfurt zu verhindern. Weil es antisemitisch sei.

PZ   Es *ist* antisemitisch. Aber man sollte es aufführen.

s   Gibt es Schauspieler, mit denen Sie gerne gearbeitet hätten?

PZ   Ja, Oskar Werner. Er war der letzte, den ich immer wieder versucht habe zu bekommen. Der tollste deutschsprachige Schauspieler.

s   Und was ist mit Ulrich Wildgruber?

PZ   Also, Wildgruber ist einer der besten Schauspieler, die ich überhaupt kenne, weil er imstande ist, formal Dinge zu tun, die ich von keinem Schauspieler sonst kenne, und weil er Fantasie hat.

s   Wildgruber hatte als Brechts *Puntila* großen Erfolg. Warum haben Sie nie einen Brecht inszeniert?

PZ   Er ist mir einfach zu konstruiert. Dabei habe ich tolle Brecht-Aufführungen gesehen. Das waren Urerlebnisse, die meine Arbeit beeinflußt haben. Aber eine richtige Beziehung zu dem Text habe ich nie gehabt. Wenn ich drei Seiten gelesen habe, merke ich: Es geht nicht.

s   Verspüren Sie Lustgefühl, wenn Sie Macht ausüben?

PZ   Ja, aber natürlich. Ich finde toll, daß mein Geschmack — mag er gut sein oder nicht — imstande ist, einen großen Haufen von Leuten zu beeinflussen.

s   Sind Sie ein boshafter Mensch?

PZ   Ein boshafter Mensch? Nein. Aber wenn Sie fragen, ob es mich reizt, Sachen zu tun, gerade weil man sie nicht tun darf, dann ist meine Antwort: ja. Ich habe mich scheckig gefreut, als ich hörte, daß Schulklassen in *Verlorene Zeit* gehen: Sexualkunde im Theater — darauf bin ich sehr stolz. In Berlin waren die Schulleute so schockiert, daß offiziell Leute von der Behörde reingeschickt wurden. Darauf bin ich noch stolzer. Aber in dieser Hinsicht habe ich die Berliner immer für ganz besonders zurück und doof gehalten.

s   Haben Sie Erfahrung mit Drogen?

PZ In den sechziger Jahren habe ich Hasch geraucht, wie jeder. Als ich zuerst nach Deutschland kam, habe ich Preludin gefressen. Und das habe ich gesteigert, und da habe ich dann wirklich verrückte Sachen inszeniert.

S Was war denn so eine Preludin-Inszenierung?

PZ Die allerersten Sachen, die ich in deutsch gemacht habe, Ionesco und so. Ich habe auch mal eine Zeitlang sehr viel getrunken, das war in Bremen. Meine Leber hat das irgendwann nicht mehr mitgemacht. Da bin ich umgekippt, und da habe ich aufgehört.

S Hat denn das alles Ihre Fantasie beflügelt?

PZ Meine Fantasie ist am besten, wenn ich ausgeschlafen bin, ungefähr um zehn Uhr morgens, dann funktionert alles am besten. Nicht, wenn ich in irgend so einem Zustand bin.

S Sind Sie ein ordnungsliebender Mensch? Oder brauchen Sie das Chaos?

PZ Also, ich habe mal *Frühlingserwachen* in Bochum gemacht, und der Bühnenbildner Horst Sagert, den ich sehr verehre, sah eine superchaotische Probe. Ich habe mich am Ende entschuldigt für dies totale Durcheinander, und da sagte er: Du stehst da und machst das ganze Chaos, nur um Ordnung herzustellen. Du bist ein ordnungssuchender Mensch. Irgendwie ist das richtig. Das ist genau die Spannung, aus der ich lebe. Wenn ich anfange zu inszenieren, wird es immer chaotischer. Mittlerweile weiß ich, wann ich anfangen muß, das Chaos zu ordnen.

Am schönsten ist, wenn ich noch ein bißchen weitergehe und noch ein bißchen, nur um zu sehen, wieviel Unordnung kann der Mensch ertragen? Wenn man dann in einer schlechten Phase ist, verpaßt man das Timing. Timing ist überhaupt das Wichtigste im Theater. Genau zu wissen, wann man die Klappe hält, wann man redet, wann man Schluß macht.

S Sie sind eigentlich ein Zwitter. Auf der einen Seite der Mann der ungeformten Emotion, und auf der anderen Seite Zadek, der Dandy, der das Leben wie Oscar Wilde sieht: Es ist eine zu wichtige Angelegenheit, als daß man ernsthaft darüber reden sollte.

PZ Ich finde, Oscar Wilde ist mit das Schönste, was es überhaupt gibt.

S Witzig, geistreich, arrogant, voller Bonmots. Und dann machen Sie diese Slime-Produktion, grüner Schleim über der ganzen Bühne, und die Spieler schwitzen, und man riecht förmlich ihre Körperlichkeit. Sind Sie ein Voyeur?

306

PZ   Nein, gar nicht. Ich will wissen, wie tickt das Uhrwerk eines anderen Menschen?

Es gibt die verschiedensten Gründe, warum Menschen nicht tun, was sie wollen oder was ihre Fantasie ihnen erzählt. Viele meiner Inszenierungen zielen darauf, dem Publikum vorzuführen, wie Menschen ihren Fantasien nachgehen. Vielleicht ermuntere ich die Zuschauer, sich selber mehr Freiheit zu nehmen. Ich will ihnen vorführen, daß es nicht gefährlich ist, Fantasie zu haben.

S   Peter Stein, dem Sie die Fantasie absprechen, hat das Theater in Berlin hingeworfen, ist nach Paris gegangen, hat sich in eine 20jährige verliebt, und Vater will er auch werden.

PZ   ... ich habe immer gedacht, daß er ein hochgradig neurotischer, fantasievoller, genialer Manierist ist, der genau das nicht ist, was er vorgibt zu sein: der Oberlehrer für die Berliner Spießer. Aber da hatte er permanent Erfolg. Und die andere Seite verkümmerte.

S   Könnte Ihnen passieren, was Stein widerfuhr: Da kommt 'ne Junge, und der Alte verliebt sich und steigt aus?

PZ   Daß ein Junge kommt?

S   Nein, eine Junge.

PZ   Ach, eine Junge. Ein Junge ist auch ziemlich unwahrscheinlich, weil ich überhaupt nicht schwul bin.

S   Haben Sie keine Erfahrung mit Homosexuellen?

PZ   Nein. Komischerweise. Ich vermisse es auch. Aber ich muß es sagen: nie gemacht.

S   Also, wir dachten ...

PZ   Ich weiß. Die meisten Leute dachten jahrelang, daß ich schwul bin. Aber ich bin ein sehr bürgerlicher Mensch.

S   Sie sagten mal, Sie lieben das Establishment. Aber Sie beschimpfen es. Das tun eigentlich nur Leute, die nicht drin sind.

PZ   Das ist meine Situation.

S   Und Sie hatten nie Sehnsucht, hineinzukommen?

PZ   Natürlich. Und wie. Daraus entsteht ja diese Situation. Aber mit dem Niefestgelegt-sein komme ich am besten an. Das ist ein Teil von meinem Image, und den pflege ich.

S   Es hat den Vorteil, daß man verantwortungslos sein kann.

PZ   Es hat auch Nachteile. Man ist immer outside, hat immer dieses Gefühl, mit dem Koffer in der Hand zu leben. Deshalb laufen bei mir auf der

Bühne die Leute auch dauernd mit Koffern rum.

s   Sie haben zwei Kinder. Sehen Sie die öfter?

PZ   Ja, mein Sohn war gestern gerade hier. Er ist Volkswirt. Meine Tochter hat eine Agentur für Sekretärinnen, beide leben in London.

s   Was werfen Ihre Kinder Ihnen vor?

PZ   Tausend Sachen. Vor allem, daß ich mich von meiner Frau habe scheiden lassen. Sie kommen sich geschädigt vor, weil sie in ganz wesentlichen Jahren ihres Lebens keinen Vater hatten.

s   Haben Sie Schuldgefühle?

PZ   Nein, ich habe keine Schuldgefühle, weil ich weiß, daß es besser war, als wenn ich eine Ehe weitergeführt hätte, die nicht mehr funktionierte. Dann wären die Kinder wirklich geschädigt worden. So sind sie prima.

s   Wenn Ihnen jetzt zwei Monate die Bonner Minister zur Verfügung stünden, welches Stück würden Sie mit Ihnen inszenieren?

PZ   Im Moment *Die Herzogin von Malfi*, wo sich alle gegenseitig vergiften.

Mit Wilfried Minks, Nora Barner, Christian Redl, Ulrich Tukur, Alexandre Guini, Juraj Kukura, Anouschka Renzi (stehend)
Heinz Schubert, Ilse Ritter, Jutta Hoffmann, Eva Mattes, Corinna Brocher (sitzend)

308

Tagebuch
25. Juli 1985

Am 1. August fangen meine vier Jahre als Intendant am Hamburger Schauspielhaus an. Ich freue mich darauf. Es ist ein Haus, das ich liebe, eine Stadt, die ich liebe, ein Publikum, mit dem ich viele aufregende Dinge erlebt habe; nicht zuletzt die Shakespeare-Inszenierungen in den 70er Jahren. Das ist das Haus von Gustav Gründgens. Als ich nach Deutschland kam, war Gründgens als Mephisto eines der Erlebnisse; zu der Zeit war es das zentrale, wichtigste Theater, für mich der Anknüpfungspunkt zum deutschen Theater überhaupt. Seither gab es für das Hamburger Schauspielhaus viel Ups und Downs, unter anderem war ein Up natürlich Ivan Nagel von 1972 bis 78 – ob es heute überhaupt möglich ist, in diesem verprovinzialisierten Land ein zentrales Theater herzustellen, müssen wir sehen. Auf jeden Fall habe ich es vor, und meine Lust dazu ist groß.
Das erste Jahr wird sicherlich sehr problematisch. Ich habe noch nicht die Schauspieler, die ich brauche, nur einen Teil davon, dafür habe ich einen Haufen Schauspieler, die ich nicht brauche.
Es soll ein Theater sein, das für alle da ist, ein »Peoples theatre«. Ein Theater eher nach dem englischen und dem amerikanischen Modell als nach dem deutschen, das hier immer noch eine Bildungsanstalt ist, ganz egal was es behauptet. Es ist mein erstes Anliegen, daß es ein klassenloses Theater sein soll, ein Theater, das in einem Land, das klassenlos ist, eigentlich existieren müßte, während das klassenlosere Theater nunmal zufälligerweise in England, dem klassenbewußtesten Land, existiert. Vielleicht kann ich das durchsetzen. Es ist mir schon einmal gelungen, in der Bochumer Zeit, eine volkstümlichere und offenere Haltung zum Theater, eine weniger akademische, weniger theoretische, durchzusetzen. Eine Haltung, die sich mehr für Menschen interessierte und auch mehr für neue Stücke, als für Literatur und Theorien. So soll es hier auch sein. Sicherlich wird es in diesem ersten Jahr so bunt und verschieden sein, daß man wenig Konzept erkennen

309

wird. Das einzige, was man vielleicht erkennen wird, ist, daß die Stücke alle von einem großen sinnlichen, fantasievollen und poetischen Inhalt sind. Von der *Herzogin von Malfi* über *Yerma* und dem Stück von Kroetz bis zu *Bürger als Edelmann*, *Julius Caesar* und sogar auch *Prawda* sind das alles Stücke entweder von großer Poesie oder von großer Fantasie, oder auch von großer Fantastik. Ich glaube nicht, daß jedes Stück, das man macht, ein Meisterwerk sein muß. *Prawda* zum Beispiel ist es nicht. Es ist ein gefährliches großes Unternehmen, das eigentlich nur funktionieren kann, wenn die Kombination zwischen Brandauer in der Rolle und Brasch als Bearbeiter und mir, plus einem Bühnenbildner X, den ich noch nicht kenne oder noch nicht weiß, gut geht.*

Wie die Theaterarbeit mit meinem Privatleben zusammengehen wird, ist nicht abzusehen. Diese letzten Monate, seitdem ich also einen Vorvertrag als Intendant habe, waren die Hölle. Ich habe *Die Herzogin von Malfi* neu probiert, *Yerma* umprobiert und versucht, daneben ein völlig ruiniertes Theater mit lauter aggressiven, faulen und teilweise unbrauchbaren Leuten wieder in Gang zu setzen. Es ist mir zu einem Teil gelungen durch im wesentlichen einige ganz wichtige Leute in der Leitung des Theaters: in erster Linie durch Wilfried Minks, von dem ich mir eine ganz große Zusammenarbeit und eine große künstlerische Entwicklung mit mir und auch für ihn allein erwarte. U. Schwab, der nun Generalmanager und Organisator des Ganzen ist, ohne den nichts laufen wird und der die Energie, die Courage und ich glaube auch das know-how hat, sich durchzusetzen und so ein Theater, ein Riesending, zu organisieren. Dann Raben für die Musik und Grützke als künstlerischer Berater und Freund, der einen irgendwie künstlerisch gerade und klar hält und immer wieder darauf hinweist, daß das Ganze ernst und humorvoll ist, und daß man albern sein kann mit Respekt und respektvoll mit Albernheit.

Sehr wichtig auch Leo Lehman, obwohl ich noch nicht weiß, wieweit er wirklich als Literary Manager da sein wird. Es gibt ein großes Problem, weil er mehr Entscheidungsfreiheit haben will, was ich verstehe, aber ich muß erst einmal das Theater geschmacklich auf meinen Kurs bringen, bevor ich den Mitarbeitern wirklich viel mehr Entscheidungsfreiheit geben kann. Theater ist eine Geschmackssache, und das, was ich am Theater bis jetzt erreicht habe, habe ich nur dadurch erreicht, daß ich mich eisern nach

---

* Später wurde *Prawda* von Matthias Langhoff mit Hermann Lause inszeniert.

meinem Geschmack gerichtet habe und mich einen Scheiß gekümmert habe um die Kommentare, Kritiken und Beratungen von anderen Leuten. Man muß es selber machen — das ist wie eine Biographie — und wenn einmal die Richtung stimmt, kann man sich allerhand Sachen leisten, die nicht ganz deckungsgleich auf der eigenen Linie liegen und zulassen, daß sich andere Impulse mit entwickeln innerhalb dieses Theaters. Sicher, die können später auch gefährlich werden, aber das muß man riskieren. Aber in diesem ersten Jahr, wahrscheinlich in den ersten zwei Jahren sogar, muß ich schon stur bleiben und auf meiner geschmacklichen Linie bestehen.

Das Wohnungsproblem in Hamburg ist im Moment maximal. Ich habe eine sehr schöne Wohnung, aber sie ist wie ein Hotelzimmer, oder eine Hotelsuite in der Schönen Aussicht mit Blick über die Alster etc., das war wunderbar für das letzte Jahr ... wo man gelegentlich entspannen konnte. Sissi (Elisabeth Plessen) hat eine Wohnung auf der anderen Seite der Alster, gar nicht so weit weg, das war auch notwendig. Jetzt planen wir, zusammenzuziehen und wollen eigentlich ein Haus kaufen, haben aber noch nichts gefunden. Hoffentlich klappt das bald, weil die Unruhe für die Arbeit nicht gut ist, und wenn am 29. August die Spielzeit und Proben anfangen, werde ich wieder überhaupt keine Zeit haben, mich um mein Privatleben zu kümmern.

Ängste eigentlich wenig. Ob ich es physisch durchhalte? Im Moment geht es mir physisch sehr gut. Nach 14 Tagen Erholung in Vecoli fühle ich mich frisch und auch recht klar im Kopf. Arbeit an *Wie es euch gefällt*. Sissi's Übersetzung ist wirklich sehr gut, hat aber — wie immer bei Sissi — das Problem, die Gefahr der Eintönigkeit, weil die Reinheit ihrer Sprache auch eine gewisse Eintönigkeit hat und dadurch die Gefahr, daß die Sprache, wo sie witzig und lose, ja etwas oberflächlich ist, da etwas mühsam und pedantisch wird. Es ist aber ohne Frage jetzt schon in der Rohfassung, also bevor man überhaupt irgend etwas daran gemacht hat, die absolut beste Fassung von diesem Stück, die ich kenne. Wie ich's inszenieren werde, weiß ich eigentlich noch nicht. Zwischen einer Modernisierung, die, wie ich mal gedacht habe, im Kreml anfängt, als Stadtteil sozusagen, und im Central Park von New York, als das Landteil, endet; also eher ein Stück über Gefangenheit und Freiheit als ein Stück um Stadt und Land. Vielleicht kann man das mischen. Dann habe ich noch Bilder aus der Kindheit über dieses Stück, die sich mit Robin Hood und Peter Pan, mit *Wind in the Willows* und den ganzen englischen Waldgeschichten verbinden.

311

Und natürlich *Sommernachtstraum, Pu der Bär*, und auf der anderen Seite eine starke Tendenz, dieses Stück in der frühen Renaissance zu lassen, ja so eine Art Robin Hood, vielleicht sogar im Mittelalter. Aber dann sehe ich den Orlando in einem Jaguar sich mit Adam unterhalten und irgendwelche Wände in U-Bahn-Stationen in New York graffitieren, Rosalinde irgendwo in einem Drugstore sitzen, die sich mit Celia darüber unterhält, ob sie in den Wald ziehen würden; Bild von den Emigranten, also dem Herzog sen. und Jacques und den anderen, wie sie entweder wirklich im Central Park oder in Papp-Kartons leben oder in einer miserablen kleinen Wohnung. Das hieße, gebaute Zimmer auf der Bühne, oder manchmal nur Prospekte, aber ich habe wirklich noch keine Ahnung, wie man diese beiden Elemente vermischt, oder ob man sie überhaupt vermischen kann. Ich werde jetzt noch eine Woche mit Sissi an der Übersetzung arbeiten, da wird bestimmt einiges klarer werden in meinem Kopf. Dann ist Grützke eine Woche hier, wir reden über das Bühnenbild. Trotzdem habe ich die Befürchtung, daß wenn ich am 7. oder 8. September die Proben für das Stück anfange, ich immer noch nicht wirklich wissen werde zwischen damals und heute, ob es ganz frei wird, oder wie auch immer, das ist schwer zu sagen. Wichtig bleibt die Frage, ob ich nochmal den Versuch mache, Wildgruber zu überreden, die Herzöge zu spielen, oder auf jeden Fall den einen. Das ist eben eine katastrophal geschriebene Figur von Shakespeare, ein Vor-Prospero. Später hat er den Jacques und den Herzog und noch einige andere Figuren zusammengetan und einen Prospero aus ihnen gemacht. Aber hier ist es eben noch keiner und trotzdem spürt man, daß er der Kopf von diesem Stück ist. Und der Kopf von dem Stück muß wirklich ein doller Kopf sein, er beeinflußt das Ganze gewaltig, weil man alles, auch die Liebhaber und ihre Späße und was auch immer zwischen ihnen passiert, relativiert zu irgendwas. Das Irgendwas in diesem Fall ist natürlich die Vaterfigur, und zwar nicht die böse Vaterfigur sondern die gute. Obwohl ja gewissermaßen beide gleich sind.
Die Programmbücher, mit denen wir anfangen werden für *Malfi, Yerma* und *Ein Haufen Lügen* sind schon eine kleine Erfüllung von einem Wunsch, den ich immer gehabt habe, nämlich daß man Bücher macht als Programme, die in den Büchergeschäften in ganz Deutschland auftauchen, was die Vereinbarung mit Rowohlt durch Mike Naumann (und die Tatsache, daß Antje Ellermann und Kieseritzky das machen können) ermöglicht. Ich finde das schon sehr wichtig und schön, und schon eine

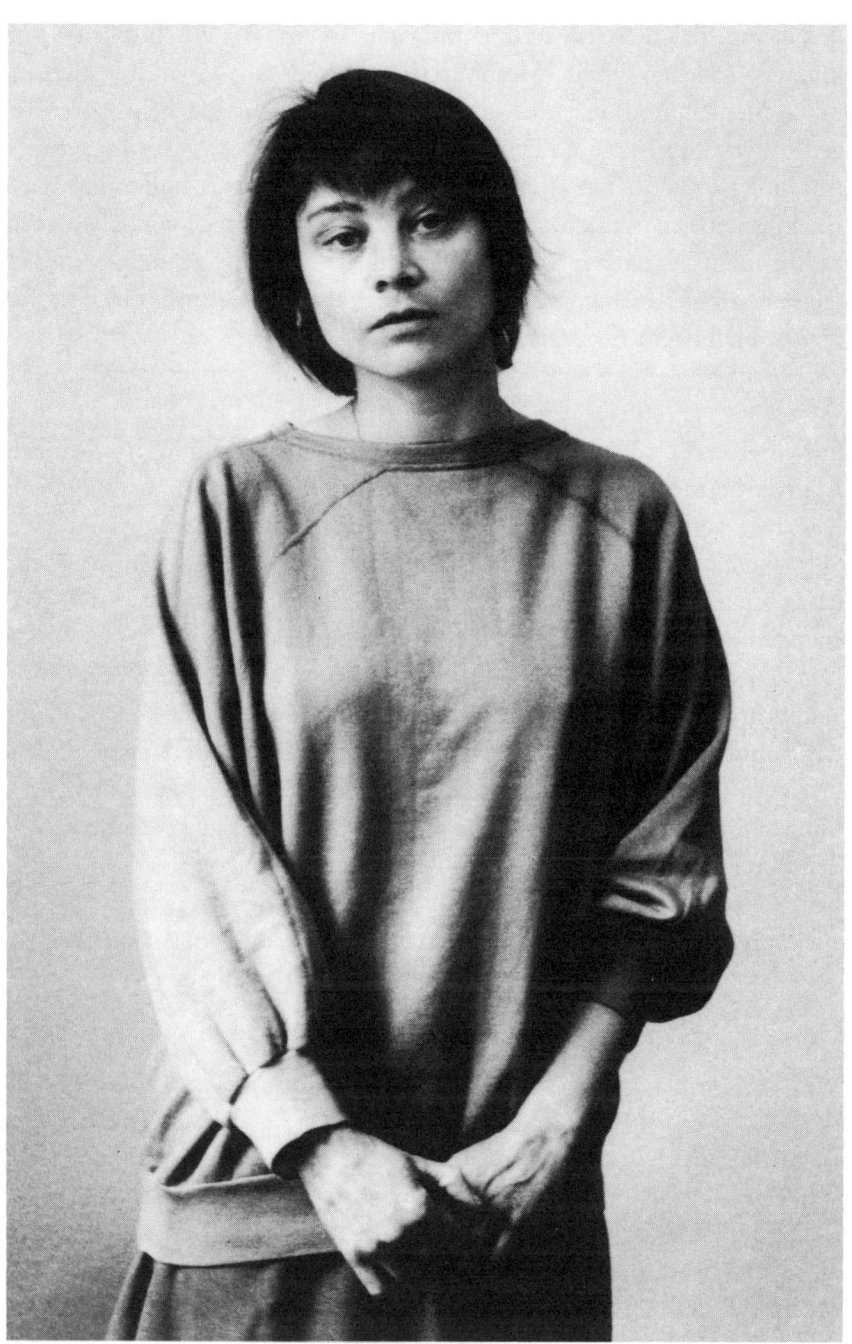

Elisabeth Plessen, meine Übersetzerin

Neuerung. Was diese Neuerung mitbringt, ist eine Art von publicity. Wir müssen in Sachen publicity konkurrieren können mit Kinos, mit allen anderen Medien, und da ist, was im Moment geschieht, kläglich. Also bringen wir erst einmal diese Zeitung heraus, sie heißt DIE ERSTE, DIE ZWEITE, DIE DRITTE usf. DIE ERSTE kommt Mitte September raus, hoffentlich wird sie einigermaßen gut sein, sehr gut kann sie noch nicht sein, wir haben noch nicht genug Zeit dafür, aber auf jeden Fall ist es wichtig, sie zu haben. Daß die ersten zwei Plakate von Hellnwein und Grützke sind, Grützke für *Yerma*, Hellnwein für *Malfi*, ist natürlich wunderbar.

6. August

Die Übersetzung *Wie es Euch gefällt* mit Elisabeth ist fertig. Wahrscheinlich ist es die beste Shakespeare-Übersetzung, mit der ich bisher zu tun gehabt habe. Sie verbindet die Zähheit einer wirklichen deutschen, poetischen Sprache mit den gelegentlichen Trivialitäten, Realismen und Brüchen, die ich in einer solchen Geschichte brauche. Vielleicht noch nicht genug Brüche, das wird sich in der nächsten Runde herausstellen.
Das Haus hier in Vecoli ist wunderbar — es waren wunderbare Ferien. Jetzt sind es immer noch etwas über 14 Tage, Grützke und Familie kommen, um das Bühnenbild zu machen. Darauf noch eine Woche und dann geht's los. Der Vertrag mit der Stadt, der Intendantenvertrag, ist bis heute noch nicht unterschrieben, das ist ein bißchen wie auf einem orientalischen Basar, mit den Hamburgern zu verhandeln. Der Aufsichtsrat hat sich wegen einiger Dinge quergestellt, und ich glaube, daß wenn ich da nachgebe, werde ich jahrelang, die ganze Zeit, die ich da bin, nur Ärger mit dem Aufsichtsrat haben, deswegen habe ich mich entschlossen, hart zu bleiben.

9. August

Yerma, Malfi und *Ein Haufen Lügen* sind in den Fahnen und den Dummy-Büchern, die ich bis jetzt gesehen habe, außergewöhnlich schön und müßten einen sehr großen Erfolg, auf jeden Fall eine große Werbewirkung haben. Sie sind inhaltlich noch viel zu highbrow, das muß sich ändern, spätestens bei dem vierten Buch, dem Kroetz mit Minks und dann bei dem Shakespeare, und sicherlich bei dem Kinderbuch *Pünktchen und Anton*. Das hat aber damit zu tun, daß sie inhaltlich noch kein richtiges Konzept haben, sie sind mehr eine Sammlung von verschiedenen Sachen mit sehr schönen Bildern und einem Abdruck von dem Stück, das ist schon viel. Es ist halt wirklich ein Buch, ein Buch, das man behalten kann, das einen später an die Inszenierung erinnert und das auch interessant ist für Leute, die die Inszenierung nicht gesehen haben. Das heißt, man kann es auch in München oder weiß der Kuckuck wo verkaufen. Das könnte schon eine spannende Sache werden. Das Wohnproblem in Hamburg ist noch nicht gelöst, es muß schneller gehen jetzt. Ich wäre irgendwie enttäuscht, wenn der Intendanten-Vertrag nicht zustande kommt und das Ganze sich in Luft auflöst, aber irgendwo auch

Roswitha Hecke, Fotografin

erleichtert. Die Arbeit, die ich vor mir habe, ist riesig und wer weiß, ob sie wirklich zu leisten ist wie ich sie mir vorstelle. Kann man ein großes populäres Theater machen aus diesem »white elephant«? Ich glaube, das steht sehr auf der Kippe und das Verhältnis zu der Stadt, dem Bürgermeister*, den Behörden ist so kompliziert, unnötig kompliziert durch ihre sture und unnachgiebige Mentalität. Sehr anders als damals in Bochum.

Habe meinen Vertrag immer noch nicht unterschrieben trotz gegenteiligem Rat von meinem Anwalt Servatius. Auch von Schwab. Ich muß mit diesem Aufsichtsrat leben, und wenn die sehr minimalen Punkte, derentwegen der Vertrag von den Leuten im Aufsichtsrat nicht unterschrieben worden ist, genügen, um den Vertrag nicht zu unterschreiben, dann kann die Arbeit mit dem Aufsichtsrat nicht funktionieren. Und das muß sie. Es muß ein Vertrauensverhältnis da sein und diese Hamburger Pfeffersack-Kleinkrämer-Haltung muß weg. Sicherlich ist die Problem-Figur Kilzer, der Theaterreferent.

* Klaus von Dohnanyi

315

19. August

Immer noch in Vecoli. Mit gemischten Gefühlen geht es am Ende der Woche nach Hamburg zurück. Läppische Probleme. Sollen wir Plakate in DIN-A1 oder DIN-A0 bringen? Ich meine, wenn wir Hellnwein und Grützke DIN-A0 versprochen haben, dann müssen wir uns auch daran halten. Ein anderes Mal wird man über Geld nachdenken müssen. *Wie es Euch gefällt* — ich glaube, ich weiß, das Zentrum des Stücks liegt bei dem Herzog, habe ich immer gedacht. Mit der Besetzung Juraj für den Herzog und Lause als Jacques ist die Diskussion über Natur sozusagen für uns umgedreht. Der Herzog ironisch, Jacques naiv. Und die Liebenden bedienen sich wie es Liebende eben immer tun. In den sechziger Jahren gab es so eine Art von Rücksichtslosigkeit, Freiheit, Optimismus.

3. September

Erster Tag in Hamburg. Erste *Yerma*-Probe. Erster Tag der Intendanz. Habe meinen Vertrag unterschrieben und bin nach dieser ersten Probe heute, 3. September glaube ich, ganz schön fertig. Ob ich Proben, Privatleben und Intendant sein zusammenkriege ohne dabei Eremit zu werden, das weiß ich nicht. Die Schauspieler, mit Ausnahme von Eva, haben heute nicht viel bringen können. Vielleicht habe ich auch zuviel erwartet. Die kennen das Stück zu gut, die haben es zu lange gespielt. Redl ist schlanker geworden. Trinkt nicht mehr. Findet, daß er gut aussieht, ist aber reduziert, wie mir scheint, geschwächt, nervös, zaghaft — mal sehen.

Zeitungsartikel über Brandauer und Skolimowski gelesen, in dem S. die schreckliche Arbeit mit Brandauer beschreibt. Ich muß sagen, ich gehe auf diese Arbeit mit *Prawda* mit gemischten Gefühlen zu. Na, mal sehen. Sonst eigentlich ein Gefühl von Optimismus im Theater. Die Leute gucken ganz lustig aus der Wäsche. Besonders die Leute um mich. Antje, Corinna — die anderen, Uli Schwab ist voller Energie, bißchen sehr viel Energie, aber das braucht er auch. Er hat sich ein Büro gebaut, das ein bißchen an das Büro von Mussolini erinnert, es fehlt nur der Teppich vom Schreibtisch bis zur Tür, aber, wenn es ihm Spaß macht — bitte. Die Fassbinder-Geschichte, d. h., die vorgesehene Aufführung von *Müll, Stadt, Tod* in Frankfurt verspricht eine spannende Auseinandersetzung. Das Stück ist natürlich antisemitisch. Das Interessante an dem Stück ist: die Frage, ob man mit Antisemitismus leben kann, ich meine nicht als Jude, sondern als Deutscher. Warum sind erste Proben immer so entsetzlich? Ich mach das jetzt seit dreißig Jahren und es ist immer schrecklich. Manchmal ist man vorher kaputt, manchmal ist es so, daß man sich nachher begraben will.

Es sieht so aus, daß wir die geplanten drei Premieren vor Weihnachten, den Kroetz, *Pünktchen und Anton*, *Wie es euch gefällt* nicht alle schaffen: technisch und schauspielerisch usw. Wilfried braucht 8 Wochen – klar. Und ich denke, daß wir seine Premiere erst Anfang Januar bringen müssen, das ist sehr schade.

Die Haltung der Stuttgarter, besonders von Arie Zinger und Gottfried und der Neid und die Aggression, die davon ausgeht ... Es kann sein, daß das verhindern wird, daß ich da arbeite*. Ich verschiebe jetzt erstmal die Entscheidung bis nach meinen jetzigen Premieren. (Also *Yerma* und *Malfi*), um dann nochmal genau darüber nachzudenken, ob ich wirklich da arbeiten kann. Ich kann nun mittlerweile eigentlich nicht mehr in einer feindlichen spannungsgeladenen Atmosphäre arbeiten. D. h. in einer feindlichen Atmosphäre außerhalb der Inszenierung, innerhalb der Inszenierung kann ich das alles, meistens. Ich erinnere mich auch an *Widerspenstige Zähmung*, wo ich das nicht eingehalten habe, aber meistens kann ich das zusammenhalten und benutzen. Es muß Aggressionen geben, sonst passiert nichts. Aber wenn das um die Inszenierung rum ist, wenn die Inszenierung nicht absolut geschützt und gehütet wird vom Theater, und die Arbeit auch, das macht mir die Arbeit unmöglich und verkrampft mich. Also, die Entscheidung nach der *Malfi*-Premiere.

6. September

Abends. Wir waren gerade bei einem relativ sinnlosen Fest, ich bin schnell abgehauen. Erste Unterhaltung mit den Werbeleuten. Das wird eine Art von Werbung, die die Hamburger sehr schockieren wird. Eine sehr penetrante und laute, nicht sehr feine Werbung, aber ich glaube, das ist nötig. Nicht nur, um die Hamburger aufmerksam zu machen, aber auch, um die Aufmerksamkeit auf eine andere Art von Theater zu lenken. Ein Theater, das sich inhaltlich und auf das Publikum bezogen mit Kino vergleichen will, obwohl es ganz andere Ziele hat und ganz, ganz andere Dinge zu sagen hat, also eine ganz andere Aufgabe hat.

Wilfried will Kroetz berechtigterweise in den Januar verschieben, weil er zu viele Probenstörungen hat. Trotzdem fände ich es besser, wenn er kür-

---

*Es gab eine Verabredung, in Stuttgart Wedekind's *Lulu* zu inszenieren.

zer probierte und Ende November rauskäme. Ich glaube, es ist besser für ihn, wenn er unter Druck arbeitet und nicht rumpuzzeln kann. Dann, glaube ich, ist mehr Chance, daß die große Kraft und diese Primitivität in diesem Stück rauskommt. Wenn da zuviel intellektuelle Analyse stattfindet, glaube ich nicht dran. Also ich hoffe eigentlich noch auf den 20. November, das bedeutet allerdings, daß mein Shakespeare erst am 20. Dezember kommen kann, damit ist mein London-Besuch im Eimer und eine Woche später muß ich in Stuttgart schon anfangen, aber trotzdem, ich glaube, es wäre besser. Es wäre sicherlich besser.

Noch ein allgemeines Gefühl von Unsicherheit unter den Schauspielern und im Haus überhaupt. Sie wissen eigentlich noch nicht, wie das alles werden wird. Wie können sie auch. Ich glaube aber, daß man mit Geduld auch diese Unsicherheit überwinden wird und langsam die Kontakte herstellt und langsam auch das Vertrauen der Schauspieler kriegen wird. Es werden manche, viele vielleicht sein, die einfach nicht mitmachen wollen und die werden dann sicherlich gehen oder man wird sich von ihnen trennen müssen.

Heute habe ich zum ersten Mal jemandem mit fristloser Entlassung gedroht, einem Schauspieler, der ganz einfach wegblieb und den nächsten Tag eine Stunde Verspätung hatte, furchtbar viel trinkt. Ich glaube, wir müssen jetzt erstmal hart durchgreifen in solchen Fällen, daß die Leute wirklich kapieren, daß das nicht geht. Im Moment sind bei den Proben von *Yerma* die beiden ganz, ganz starken Punkte Charly und die Rosee, die sehr sehr schnell lernt, sehr zuverlässig ist, lustig und frisch und professionell, sehr angenehm. Ich glaube, sie wird sicherlich bald alleine die Regieassistenz bei einem großen Stück machen können. Peter Dollinger wird auch ein sehr guter Assistent, er ist der einzige, bei dem ich mir vorstellen kann, daß das mal ein Regisseur wird. Die Fantasie ist sehr stark, die Persönlichkeit auch, das dauert nur noch ein Weilchen. Er ist ein Langsam-Entwickler. Er lernt aber und er lernt tief.

Heute *Malfi*-Probe. Auch wieder ein neues Erlebnis, zwei Stücke auf einmal zu probieren. Finde es aber ganz gut, mal sehen wie es funktioniert. Habe ein gutes Gefühl darüber, weil man dadurch noch wacher und genauer wird. Problem: Christine Kaufmann, hoffentlich heute gelöst. Habe gerade Anouschka Renzi für zwei Jahre engagiert, das wird uns viel Ärger bringen, aber sie ist attraktiv, begabt und gehört einfach hierher. Es wird bestimmt am Ende ein Theater der Ausgeflippten und Verrückten werden, das ist nicht zu vermeiden, weil das sind die einzigen, die sich frei auf der Bühne bewegen können und sich nicht anbiedern.

Mich beschäftigt bei alledem das noch nicht gelöste Problem des Bühnenbildes von *Wie es euch gefällt.* Irgendwo zwischen den 6oer Jahren und Robin Hood. Es liegt zwischen gemalten Prospekten, gebauten Bäumen, einer New York Sky-Line und Menschen, die in Pappkartons ihr Leben verbringen. Die Gruppe vom Herzog als eine Gruppe von richtigen Emigrees.

8. September

Eine Woche haben wir nun hinter uns. *Yerma*-Proben. *Malfi* hat sich erstaunlich erhalten, gehalten. Sogar mehr als gehalten.

… die Schauspieler. Man merkt, wie fertig sie waren am Ende der Spielzeit. Wird das Publikum hier diese Grausamkeit und die Schärfe und dabei auch die Kompromißlosigkeit dieser Aufführung und des Stückes, würde ich fragen, akzeptieren? Haben wir eine Chance? Wenn das so ist, müßte man, wie ich mir vorstellen kann, in der nächsten Spielzeit wieder einen Jakobiner machen, vielleicht den *Weißen Teufel*, vielleicht *Revengers Tragedy*, aber ein Gruselstück, ich glaube, daß die Sucht für Grausamkeit und Grusel-

Mit Johannes Grützke und Wilfried Minks

319

stücke, die man sowieso im Kino merkt, wohl auf der Bühne auch sein kann, wie Anfang der 70er Jahre mit dem Theater der Grausamkeit.

Mich beschäftigt ein Großprojekt, das zusammengesetzt sein würde aus Milhauds *Orestie, König Lear* und komischerweise der *Wildente*, unter einem Titel wie *Familienfest*. Eine Art Collage. Am liebsten würde ich das mit Pina Bausch machen und zusammen mit der Oper: mit Sängern und Tänzern, Schauspielern — eine große Produktion in der nächsten Spielzeit. Sicherlich brauchen wir da drei, vier Monate Proben. Also man kann sich denken, daß man sie Anfang der Spielzeit in Proben tut und im Januar, Ende Januar herausbringt. Ich habe der Pina ein paar Sätze darüber geschrieben, und ich hoffe, daß sie interessiert ist, dann werden wir bald darüber sprechen.

Leo fragt immer, ob *Malfi* komisch oder ernst sein soll, ich kann ihm das nicht beantworten, es liegt dazwischen wie bei O'Casey und bei Shakespeare es immer dazwischen liegen muß. Das Wechselbad zwischen komisch und ernst. Die Entscheidung, die man selber treffen muß, ob man lacht oder weint, die vielleicht gar keine Entscheidung ist, weil Lachen und Weinen sind ja nicht ausschließliche Prozesse. Darum geht es immer wieder.

10. September

Die erste Woche *Malfi, Yerma*, gute Proben. Bei *Yerma*, wer weiß, durch die Unterbrechung, die jetzt kommt, ich habe dann noch zwei große Probentage *Yerma*, ob die Renate Pelster z. B. wieder wirklich die Intensität kriegt, wenn wir vom 30. 9. bis zum 4. 10. die letzten Proben machen und ob der Gesamtrhythmus stimmt. Ob ich Diot kriege, um es umzuleuchten.

Die Entscheidung heute, das Bühnenhaus weiß anzumalen, ist, glaube ich, eine ganz wichtige, die hat mit dem Raum und mit dem Gefühl für Raum zu tun. Schwierig ist ein guter Koordinator, es mangelt ihm ein bißchen an Fantasie — ich meine jetzt nicht künstlerische Fantasie, aber Fantasie, was schief gehen könnte oder Fantasie für Menschen. Sein Einfühlungsvermögen ist reduziert, vielleicht kann man das entwickeln (encouragieren), ich weiß es nicht. Sonst ist er als Produktionsleiter exzellent.

Gestern Betriebsausflug. War eigentlich nicht so ein Horror wie ich gedacht habe, obwohl ich sehr früh weggegangen bin. Ich denke, man hat mir das auch übel genommen, aber ich bin halt kein Biertrinker und Rückenklopfer und so. Aber angenehmer als in Bochum. Die Norddeutschen haben eine Zurückhaltung, die ich mag. Ich mag das auch vom Publikum. Die ganze komische Hamburger Stadt irgendwie. Als Aufführung scheint mir die *Malfi* sicherer, größer, natürlicher als die *Yerma*, aber trotzdem denke ich, daß die Entscheidung, *Malfi* nach der *Yerma* zu bringen, also mit *Yerma* zu eröffnen, richtig war, weil sie eine Wärme hat und eine Art von Direktheit, trotz der poetischen Vergrößerung, die wichtig für mich ist. *Malfi* ist wirklich ein großes Horror-Stück. Ich habe heute das AIDS-Stück von Larry Kremer bestellt. Vielleicht ist es was für uns.

16. September, Montag

Übermorgen fangen die Proben für *As you like it* an. Ich habe eigentlich noch nie so wenig über das äußere Erscheinungsbild von dem Ganzen gewußt wie diesmal, aber auch sehr viel über das Innenleben von dem Stück. Ich habe fast das Gefühl, daß ich es selber geschrieben habe. Die Entscheidung mit Minks und Grützke getroffen, die Bühne zum größten Teil weiß zu malen, so daß die Teile, die dann nicht weiß sind, noch mit Stoff oder Holz oder was auch für ein Material zu einem großen weißen Raum gemacht werden können. Jetzt ist es ein schwarzer Raum, aber ein ganz unregelmäßiger — als weißer Raum würde es eine ungeheure Wirkung haben. Auf jeden Fall für *Wie es euch gefällt*, und für alles was voraussichtlich in dieser Spielzeit noch kommen wird, z. B. *Marat*, sicherlich auch *Prawda*, das ich nie in einem schwarzen Raum machen würde. Der große Probenraum ist jetzt wirklich sehr angenehm, nachdem wir aus zwei einen gemacht haben. Sicherlich werden wir noch Probleme später in der Spielzeit haben, weil wir einen Probenraum zu wenig haben, aber lieber mit einer Inszenierung raus aus dem Haus gehen, einen anderen Raum finden und hier einen wirklich guten haben.

Die *Malfi*-Probe am Samstag war im zweiten Teil viel viel besser als am Freitag. Am Freitag war allerdings dieser virtuose Alleingang von Ferdinand (Gert Voss). Ich hoffe, er wird ihn nochmal erreichen. Christine ist mir zu perfekt, hat sehr viel von ihrem Charme verloren. Jetzt wirkt sie halt wie eine mittelgute Schauspielerin, vorher hatte sie einen Grad von Ausgelassenheit und Freiheit, in der Fantasie und in der Bewegung und im Ausdruck, der zwischen dilettantisch und wirklich genial war. Ich denke, ich muß es vorsichtig wiederaufbrechen, was jetzt da ist. Jutta Hoffmann hat große Probleme mit ihren zwei Rollen *Malfi* und *Yerma*. Es werden ab morgen drei sein, sie spielt ja den Probstein. Ich glaube sogar, die dritte Rolle wird vielleicht die anderen beiden auseinanderdividieren, hoffen wir's. Unser Kassenhallen-Café hat aufgemacht. Kein Mensch drin – eiskalt, lauter scheußliche Plastikbecher, die ich gleich rausgeschmissen und durch Tassen ersetzt habe. Von vorne kann man auch gar nicht ahnen, daß es ein Café dadrin gibt. Viel Arbeit, viel Arbeit, viel Arbeit.

Schwab ist pingelig und geizig, und ich finde das gut. Die Leute fangen an, sich ein bißchen zu beschweren und manchmal geht es auch zu weit, aber ich glaube, das ist der einzige Weg, die Leute wieder in Ordnung zu bringen und sie auf irgendeine normale und brauchbare Basis zu stellen.

Die Spielzeit ist gerade 14 Tage alt und ich bin physisch sehr ramponiert, hoffentlich gewöhnt sich auch mein Körper daran, das ist immer ein Problem. Sicherlich liegt es zum großen Teil an der sehr großen Spannung mit meinen eigenen ersten Premieren und den anderen, es kommt ja einiges darauf an, wie das Ganze sich anläßt. Im Moment ist in der Presse großes Stillschweigen und die Publicity hat sich nicht in Bewegung gesetzt, es scheint niemand zu wissen, daß es hier ein Theater gibt. Aber vielleicht irre ich mich. Es ist vielleicht auch das Ende vom Sommerschlaf, aber, ja, mal sehen.

17. 9. Dienstag

Heute ein Treffen mit dem WDR, um eine Ausgeburt von mir in den Ferien zu besprechen: Ekel Alfred 10 Jahre später. Ich habe das ja schon mal mit Schubi in Bochum vor 10 Jahren gemacht als Mittagstheater. Jetzt müßte man eine 10 Jahre-später-Fassung finden, die wieder als Mittagstheater läuft und die natürlich *Ekel Alfred* als den Gewinner hat, da wir ja die Kohl-Regierung haben, der aber Kohl natürlich als Kommunist und Terrorist und weit links von ihm bezeichnet. Bin sehr gespannt: Witte kommt, Menge. Mit Menge konnte ich ja nie so richtig, aber ich muß sagen, ich habe mir jetzt Teile von den alten *Ekel-Alfreds* angesehen, und die waren großartig, wirklich toll, heute noch mit Biß und einer geschmacklosen Direktheit … Ich erinnere mich an wenig wirkliches Volkstheater im Fernsehen, das diese Qualität hatte, und ich glaube, wir könnten etwas machen, was am Ende dann auch ein großes Theaterstück sein könnte. Das ist meine Hoffnung. Mindestens eine Serie, die wir dann an Samstagen mal 6 Stunden lang spielen können. Ein spannendes Projekt. In London haben sie auch den Original *Ekel-Alfred* mit Warren Mitchell wieder gestartet, wohl mit Riesenerfolg. Was interessiert mich eigentlich am Volkstheater?

18. 9. Mittwoch

Die erste *Wie es euch gefällt* Probe. Gestern war ein Horror-Tag. Fing gut an mit diesem Grafiker Kleiner, mal sehen, ob wir ihn fest an das Theater binden können. Dann ging schon die nächste Runde schief, nicht durch unsere Schuld. Witte und Brücker kamen vom WDR, um das Projekt *Ekel Alfred* zu besprechen. Leider hatten wir eine so schlaue Verabredung mit Menge gemacht, daß er nicht da war. Er hätte aus Berlin kommen sollen. Trotzdem eine relativ nützliche Besprechung. Ich hätte aber meine Probe trotzdem machen können und ein verlorener Probentag ist scheußlich im Moment. Dafür habe ich eine Stunde probiert mit Eva und Jutta, das ist auch schön, aber es hätte noch eine zweite Stunde dauern können, das wäre sehr wichtig gewesen. Und dann ging irgendwie die Hölle los, weil die verschiedenen Produktionen, so behauptete Schwab, mit Schauspielern, die in zwei oder drei verschiedenen Stücken sind, nicht funktionieren würden. Daß das sehr schwer ist, ist klar, weil wir dabei sind, sieben Produktionen bis zum Ende des Jahres herzustellen. Das ist fast unmöglich, gebe ich zu, aber mit etwas Hilfe und Nachsicht und Einsicht von den Regisseuren und einer besseren Organisation, als wir im Moment haben, ist es möglich. Es muß möglich sein. Weiß der Kuckuck wie ich mit Wilfried und *Wie es euch gefällt* fertig werde, mit unterbrochenen Proben, zunächst einmal durch die Premiereserien, dann durch verschiedene Parallelbesetzungen. Trotzdem glaube ich, daß es wichtig ist, bei der Besetzung, die ich haben will, zu bleiben. Ebenso wie ich will, daß Wilfried unbedingt die Besetzung kriegt, die er sich vorstellt und trotzdem zu dem richtigen Termin rauskommt. Am schwierigsten ist Loepelmann, der immer meckert. Ich glaube darunter liegt ganz einfach das Problem, daß er unzufrieden ist mit seiner Bearbeitung von *Pünktchen und Anton*. Ich glaube, er war faul, er hat das nicht richtig gemacht und merkt jetzt, daß er hätte richtig arbeiten müssen, aber er ist ja auch sehr »laissez-faire« und ungenau. Wenn er es merkt, schimpft er rum und ist ganz schlecht gelaunt. Leo kommt, um die mögliche Aufruhr bei der Produktion von Andrew Carr zu beobachten und ein bißchen zu helfen. Ich glaube, er ist der einzige, der da nützlich ist.
Da mußte ich mich gestern schon einmischen und ich habe den Driest zurückgeholt. Er war abgehauen, weil er das Gefühl hatte, daß er nichts mehr zu tun hatte. Ich habe ihm klar gemacht, daß er veranwortlich ist, daß die Produktion zusammenbleibt und funktioniert. Es ist wirklich sehr schwer mit diesen englischen Regisseuren, und zwar nicht nur aus Sprachgründen,

sondern weil sie eine ganz andere Arbeit gewohnt sind und auf eine ganz andere Weise Umgang mit den Schauspielern haben.

Erste *Wie es euch gefällt*-Probe. Nur gelesen, und zwar nur die strenge Vers-Fassung von der Elisabeth. Es ist wunderbar, ganz geschlossen, hat eine ganz starke Wirkung. Die Auseinandersetzung der verschiedenen Schauspieler mit dem Vers, mit dem schwierigen und manieristischen Vers, ist in sich schon so aufregend und wird eine Extra-Qualität geben zu den Auseinandersetzungen zwischen den Schauspielern. Das Stück behauptet sich auf eine Weise, in denen die von mir zurechtgemachten Texte, die ich bis jetzt für Shakespeare benutzt habe, das nicht tun. Ganz aufregender Moment. Elisabeth hat – finde ich – einen Witz und eine Schärfe, die ich auch – wirklich auch im letzten Moment – erkannt habe, nach den drei Fassungen, die wir gemeinsam gemacht hatten, und die eigentlich über die Sprache immer banalisierter wirkt. Sie hat es ja auch akzeptiert, und ist jetzt sehr erstaunt, daß ich so eindeutig auf die erste Fassung zurückgehe, wo der Witz dicht im Detail ist. So werden die Schauspieler den Sprachvorgang als zu spielendes Ganzes akzeptieren, und das wird sie auch zusammenholen – wird sie aber möglicherweise auch auseinanderdividieren, durch ihre verschiedenen Einstellungen zu den Fragen: Vers, Manierismus, Form, Realismus usf.

Anschließend Besprechung mit Loepelmann und seiner Assistentin über Überschneidungen zwischen den Besetzungen. Wir haben uns da was sehr Kompliziertes eingebrockt durch die Tatsache, daß wir sieben Premieren bis Silvester machen, und daß einige Schauspieler in verschiedenen Produktionen sind. Das ist ein Problem, aber ich bin trotzdem sicher, daß es richtig ist, in dem ersten Teil dieser Spielzeit sie auf diese Weise zu forcieren. Man muß nur sehen, daß nichts platzt und dann ab Januar darf es überhaupt keine Doubletten mehr geben. Schauspieler sind entweder in einer Produktion oder in einer anderen.

Heute abend eine spannende, kurze und erfolgreiche Verhandlung mit Brandauer. Es ging um Geld. Er hat eine Riesensumme verlangt. Wir haben uns heute auf ungefähr die Hälfte von dem, was er verlangt hatte, geeinigt, mit 60 Vorstellungen. Und das war irgendwie spannend, weil es das erste Mal war, daß ich so eine Verhandlung, wo es wirklich um Geld ging, hingekriegt habe. Ich habe mich eigentlich nie sehr begabt gefühlt dafür. Es war auch gut gespielt zwischen Schwab und mir, der die erste Verhandlung machte noch in den Ferien. Nun das scheint abgeschlossen zu sein. Ich habe die Bearbeitung von Brasch heute bekommen, mal sehen, ob er es geschafft hat, eine wirkliche deutsche Fassung zu machen.

19. September

Zweite *Wie es euch gefällt*-Probe, eigentlich genauso gut wie die erste. Der Kampf mit dem Vers bleibt spannend, der Kampf mit der Naivität. Die Naivität ist wesentlich. Hauptsächlich mit Tukur gearbeitet, um ihm die Cleverness auszutreiben. Raben hatte heute ein paar ganz wichtige Gedanken zu den ersten Szenen und ihren Intrigen geliefert. Er hat ein sehr genaues Verständnis für das Problem, wenn er nur kräftiger wäre, wären seine eigenen Inszenierungen auch aufregender. Sie sind zu weich, aber von der Analyse her, von der Sensibilität, von der Raffiniertheit, auch wahrscheinlich von der Fantasie, sind sie viel mehr. Eva (Mattes) hat noch keinen Kontakt. Ilse (Ritter) bemüht sich ganz fabelhaft. Die Arbeit mit Sissi und von Gabriele ist eine gute am Text, sie hat sich noch nicht so eingelaufen, aber es wird auch eine genauere werden als die Arbeit mit Huthmann. Es fehlt allerdings ein erwachsener Zuschauer, dessen Urteil wichtig sein könnte. Der einzige ist Raben und der ist nicht ganz richtig. Grützke auch, aber seine ist wieder eine sehr sehr spezielle Sicht. Ich meine einen Zuschauer, der das gesamte Theaterereignis mitkriegen kann. Der Huthmann fehlt. Ich muß nachdenken, ob ich noch jemand dazu nehme. Ich weiß noch nicht wen.

Vertrag mit Brandauer und Ilse heute mehr oder weniger perfekt, d. h., wenn die Brasch-Bearbeitung, die ich erst am Wochenende lesen kann, gut ist, wird *Prawda* stattfinden.

Einen interessanten Brief von Finanzsenator Voscherau erhalten, den wir von der Premiere ausgeladen haben, mit vielen anderen Senatoren, weil wir der Meinung sind, daß es nicht richtig ist, in einem subventionierten Theater den vielen vielen Ehrengästen bei den Premieren, die heißgesuchten und hochbezahlten Premierenkarten zu schenken. Ein stocksaurer Brief, eigentlich eine Drohung. Ich kann nicht gerade behaupten, daß ich dieser Stadt sehr sympathisch bin, sie ist mir auch nicht sympathisch, aber wir haben eine große Spannung zueinander. Und das ist das Wichtige. Die Politiker in dieser Stadt sind übrigens die unehrlichsten und unredlichsten, die ich kenne. Ein Versprechen zu brechen scheint hier üblich, in diesem Fall das Versprechen, den Etat auf eine realistische Basis zu stellen und nicht immer nach zwei Jahren bis zu drei Millionen Mark nachzuschieben,

325

das war das Versprechen von dem Bürgermeister, und es war nicht eingehalten. Man muß davon ausgehen, daß Versprechen nur eingehalten werden, wenn sie erpreßt wurden.

Sonntag, 22. September

Ruhe vor dem Sturm.

Morgen erstmal die letzte *Wie es euch gefällt*-Probe, dann am Dienstag Pressekonferenz, *Spiegel*-Interview etc. Jetzt geht es los und übernächste Woche ist die *Yerma*-Premiere. Gestern war den ganzen Tag *Die Herzogin von Malfi*. Jutta endlich durchgebrochen und frei und wunderbar. Eine große Herzogin wird sie. Das Stück lief toll bis ungefähr zur Mitte vom 4. Akt, dann war Wildgruber so groggy, daß die Jutta nicht mehr richtig weiterspielen konnte, da brach die Aufführung zusammen. Aber ein Grundproblem wird sein, daß jetzt, wo es die Herzogin wirklich gibt, groß und als Mittelpunkt, ist der letzte Akt ein ganz wackliges Unternehmen. Der Akt, in dem es sie nicht mehr gibt, in dem man sie nicht mehr sieht, in dem sie weg ist. Bis jetzt war der letzte Akt immer ganz aufregend und komisch. Aber es lag daran, daß die Jutta noch nicht wirklich durchgekommen ist, aber jetzt ist sie da, jetzt ist auch keine Gefahr, daß die Christine sie stört oder überspielt oder so etwas, diese ganzen Sachen sind nicht mehr da.

Die Schuchardt (die Hamburger Kultursenatorin) wird heftig in der Öffentlichkeit angegriffen für ihre spendable Art, von der CDU und zum Teil von der SPD: Liebermann mit Riesenansprüchen und hohem Salär, immerhin haben wir 1,8 dazu gekriegt für zusätzliche Engagements in den Spitzenpositionen im wesentlichen und Flimm hat seine Bühne umbauen müssen. Ich denke, die Schuchardt ist in Gefahr, wirklich rauszufliegen, für sie hängt auch sehr viel ab von diesen Premieren. Ich wünsche ihr Gutes und uns auch.

Die Brasch-Übersetzung von *Prawda* ist von der Dramaturgie her nicht gut. Was er dazu gedichtet hat, politisch, ist relativ schwachsinnig. Die Kraft seiner Sprache ist groß, aber er ist humorlos. Da finde ich sogar die schnelle Übersetzung von der Grimpe witziger, und wahrscheinlich wird mir das im Endeffekt mehr liegen, wenn ich es mache, und ich werde es machen. Ich muß es auch machen. Bin gespannt auf Leos Reaktion, der es heute Nacht liest.

Eine Woche vor der *Yerma*-Premiere und der Eröffnung vom Schauspielhaus. Die Kulturbehörde hat diese Woche versucht — durch Veröffent-

326

lichungen — uns einen Teil des Defizits von Rudolph's letzter Spielzeit anzuhängen. Wir haben daraufhin das echte Defizit veröffentlicht.

Der Krawall baut sich also genau an dem Punkt auf, wo wir es nicht wollten, nämlich in der Woche vor der Premiere. Erstens ist es lästig und zweitens ist es theaterfeindlich. Niemand will in den Zeitungen über Finanzen lesen. Sie wollen Glamour haben und aufregende Geschichten über die Stücke, die kommen. Es schadet allen Theatern. Aber das ist die Hamburger Art. Ich glaube, die Schuchardt und die Stadt haben viel zu lernen, wie man mit Kultur umgeht.

Probleme mit Redl und Renate Pelster, die 14 Tage bei Minks *Bauern sterben* probiert haben und jetzt wieder bei mir in *Yerma* sind und auch, was Redl angeht, in der *Malfi*. Ganz andere Arbeitsweise von Minks, er produziert eine Art von Schizophrenie bei den Schauspielern. Auch Probleme mit Gert Voss. Die Inszenierung in Stuttgart von Arie Zinger ist unsicher und wacklig, macht ihn im Gros auch unsicher und wacklig. Lehre daraus, ganz klar: nie wieder überlappende Inszenierungen im Haus, nie wieder Schauspieler, die in anderen Theatern was probieren. Diesmal war es gar nicht anders möglich, in Zukunft muß es vermieden werden.

Ich glaube, es gibt nichts, was ich so verachte, wie moralische Feigheit. Das ist eine besondere Eigenschaft von Politikern der Linken. Besonders der mittleren Linken, die SPD ist da ganz groß drin. Unsere mit allen ihren Vorteilen und Enthusiasmen steht da nicht hinter oder vor ihren Entscheidungen. Ich denke, es war riskant und überhaupt nicht feige von ihr, mich zu engagieren und jetzt ist sie zu feige, das wirklich durchzuhalten. Übrigens geht es mir blendend, die Arbeit ist aufregend, erfolgreich. Die Stimmung im Theater hat sich schon um 100 Grad gewendet. So ein Gefühl von Optimismus und Kraft und Lust, nicht von allen, aber von vielen, das genügt. Das überträgt sich auch hoffentlich aufs Publikum.

Die Albernheiten in den Zeitungen, die die Kulturbehörde anzettelt, berühren mich nicht einen Yota und trotzdem werde ich es nicht gestatten, daß man mich in den Zeitungen anschmiert, ohne zurückzuschlagen.

2. Oktober 85

Übermorgen eröffnen wir die Spielzeit. Eine ganze Woche von albernen und ärgerlichen Auseinandersetzungen in den Zeitungen zwischen der Kulturbehörde und dem Theater. Die Kulturbehörde hat falsche Zahlen veröffentlicht über das Defizit von Rudolph in der letzten Spielzeit und

327

versucht, uns einen Teil von dem Defizit anzuhängen. Wir haben daraufhin das echte Defizit veröffentlicht ... daraufhin ist Krach. An sich finde ich das sehr lustig, berührt mich überhaupt nicht, im Gegenteil, es macht mich etwas an. Es ist schade, aber die Schuchardt wird den Job nicht halten können. Aber um sie zu halten und zu stützen, müssen wir das politische Spiel mit ihr spielen, und das ist dem Verhalten eines Theaters diametral entgegengesetzt. Dem Verhalten von jemand, der Kunst produziert, das Publikum ansprechen will. Der Opportunismus der Politiker kann nicht von uns mitgespielt werden. Das wird bestimmt zu einer permanenten Auseinandersetzung hier sein und ungemütlich für beide Seiten. Mir macht's noch nichts aus.

Wie vorausgesehen, gibt es in Stuttgart jetzt Schwierigkeiten mit Gert Voss. Es war natürlich der absolute Schwachsinn, in Stuttgart den *Platonov* spielen zu lassen, bevor die *Malfi* hier rausgekommen ist. Das ist völlig klar, und es benachteiligt beide Theater, aber sicherlich Stuttgart am meisten. Die müssen verschieben, das bedeutet wiederum, daß unsere Termine von *Herzogin von Malfi* im November wackeln. Gar nicht gut! Aber die Tatsache, daß Greiffenhagen und Arie sich auf Kollisionskurs ausgedacht haben, bedeutet, daß man da auch keine gescheiten Kompromisse finden kann, um sich gegenseitig zu helfen.

4. Oktober 1985

Heute ist *Yerma*-Premiere. Eröffnung der Saison. Irgendwie bin ich gar nicht nervös, aber das ist sicherlich Verdrängung. Gestern war ich nervöser, ob die *Yerma* mehr gewonnen hat durch die Vergrößerung auf dieser Bühne oder verloren hat an Feinheit — kann ich im Moment nicht beurteilen. Ich bin zu nah dran. Ich glaube, die Jutta hat gewonnen und ich glaube, davon wird es abhängen. Das Stück ist noch mehr auf sie konzentriert. Ob es wirklich ganz konsequent bis zum Ende durchinszeniert ist, auf diese Weise, bin ich nicht ganz sicher. Wahrscheinlich nicht ganz. Es wird erst in der 10. Vorstellung wirklich fertig sein.

Der Stil von diesem Haus, wie Leute hier reingebaut werden, wie das Haus riecht und aussieht und wie die Menschen und das Publikum wirken. Ich habe bis jetzt es eigentlich nur geschafft, daß das ein bißchen von der Bühne kommt, was ich mir wünsche. Vorne sind noch lauter alte Frauen, die in den Garderoben sitzen und es herrscht ein großer Mief. Ein paar Sachen haben wir erreicht. Eine schöne, herrliche Kantinenausmalung von Minks und ein fabelhaftes Restaurant, dafür müssen wir allerdings den Pächter loswerden, das wird schwierig. Das Kassenhallen-Café könnte gut sein. Im Moment ist es noch nicht belebt, aber ich glaube, das wird sich zu einem Zentrum entwickeln. Die Haltung und die Überalterung der Leute im Haus, vom Elektriker bis zum Schließer, ist fatal, und es muß sich leider verändern. Es ist auch wirklich nicht mehr vertretbar, besonders in einer Zeit, wo es soviel Arbeitslosigkeit gibt, es geht nicht mehr. Wir haben zuviel Rentner da.

5. Oktober 1985

Gerade einen Satz gelesen in irgendeiner Kritik über ein amerikanisches Filmbuch. Mr. Ray, der Autor, (suggests that if films are effectively to criticise traditional American values, they must undermine the conventions of realism. Which lead audiences to identify with, for example, gangsters. This is why the Godfather fails as a subversive film while *Taxi-Driver* succeed.) Ein spannendes Thema, was sich genauso aufs Theater bezieht. Die Frage der Identifizierung, die bei *Taxi-Driver* aber eben nicht wirklich stattfindet, ist das Zentrum dieser Frage. Man muß natürlich die realistischen Konventionen unterminieren, um die glatte Identifizierung zu verhindern, aber eine Identifizierung muß es geben, sonst kommt man dann zu einem Brecht-artigen Demonstriertheater, wie z. B. bei der Schaubühne, wo Idendifikation nicht mehr stattfindet. Also muß es da wirklich was Drittes geben.

Die Premiere *Yerma* war übrigens ein großer Erfolg, nicht ein Triumph. Viele, viele Vorhänge, viele Komplimente. Das Stück, oder die Inszenierung, schien mir nicht die ganze Kraft zu haben in seiner Ausstrahlung, dieses Publikum voll zu bannen. Ich mag mich irren, das werden die nächsten Vorstellungen zeigen. Was die Kritik daraus macht, weiß ich nicht. Leute wie Karasek werden das nicht mögen, hat er schon gesagt, Raddatz fand es herrlich. Wieweit das wirklich zieht, wird man erst rausfinden, wenn ein junges Publikum drinsitzt. Das war auch das Publikum, das es in München fasziniert hat, und wo man es noch zwei Jahre ausverkauft hätte spielen können. Nun hat München 600 Plätze und wir 1400, d. h. wir hatten schon zwei Vorstellungen heute voll. Mal sehen, wie es heute abend ist, bin sehr gespannt. Im Grunde ist es wahrscheinlich falsch, eine Aufführung, die für ein Kammerspiel gemacht war, für eine große Bühne zu machen, weil das Innenleben der Aufführung anders angelegt ist und das kannst du nicht ändern, außer mit so einer Art von Roßkur und das wär nicht gut. Es ändert ja eigentlich nichts. Die Schauspieler waren durch die Bank sehr sehr gut, niemand hat enttäuscht. Ich glaube, das haben alle gemerkt, Jutta war ganz fantastisch. Auf der großen Bühne ist sie sowieso besser und riskiert sehr viel. Die Pelster war voll da, ganz vorzüglich. Ich glaube aber auch, daß die Aufführung viel freier, wilder und größer werden wird — so in 10 Vorstellungen wird man es sehen können. Morgen geht der wirkliche Kampf los um die eigentliche Eröffnung, nämlich *Die Herzogin von Malfi*. Das kann natürlich auch sehr ins Auge gehen. Es kann toll sein, aber es kann auch sehr, sehr ins Auge gehen.

5. Oktober 85

Zweite Vorstellung von *Yerma*. Ein größerer Erfolg noch als gestern. Die erste Kritik ist im Hamburger Abendblatt. Viel Jubel. Ich glaube, ein schöner, nicht riesiger Erfolg, aber Erfolg, der ganz herrlich wäre, wenn es bei der *Malfi* einen ganz großen Knall gäbe. Entweder ein Skandal, oder einfach ein Riesenerfolg, das wäre natürlich toll. Dann hätten wir mit diesen beiden Stücken das Ding wirklich abgeschossen. Das ist vielleicht zuviel verlangt.

Die Schauspieler waren wunderbar, heute noch besser als gestern. Hartmut in schlechtem Zustand. Habe ihm vorgeschlagen, daß er nach Lucca geht mit seiner Tochter, um sich zu erholen. Viele Gedanken gemacht, wie man das Haus verbessern kann. Programme, Bücher verkaufen, es einfach angenehmer und lustiger zu machen. Schwab ist da auch sehr aktiv und prima. Ein komisches Gefühl in der alten Gründgens-Loge, im Hinterraum dazusitzen, irgendwie ein Gefühl von Geistern, guten Geistern, hoffentlich.

6. Oktober 1985

Eine Mischung war natürlich da von Enttäuschung und Freude darüber, daß auch etwas so Normales und Zartes gewinnen kann. Die Spannung der Aufführung hat meines Erachtens nach München verloren durch die Vergrößerung, aber dafür an Kraft gewonnen. An Intimität verloren, an Kraft gewonnen, dabei ist Gewinner und Verlierer Jutta. Sie zeigt enorme Kraft und verliert an Zärtlichkeit und Feinheit. Verlierer: Juraj, der große Schwierigkeiten mit dem Raum hat, akustisch besonders. Kleine Intimitäten und psychologische Genauigkeiten gehen in diesem großen Raum ver-

330

loren. Das wird bei der *Malfi* anders sein, weil die *Malfi* von vorneherein anders angelegt ist. Ein Gewinn ist Redl, der großartig ist und ein fabelhafter Ersatz, viel besser als Vitus Zeplichal. Es ist wirklich jetzt ein Dreieck. Das Bühnenbild, Licht usw. vielleicht nicht ganz so geschlossen wie in München, aber freier und freizügiger sicherlich. Es hat mehr mit der Intention von Lorca zu tun und ist aber ein bißchen allgemeiner, und das ist etwas, was ich persönlich nicht mag. Es ist ein bißchen weggerückt von den Menschen, die es spielen. Nur jemand, der beide Aufführungen kennt, wird das merken. Bin gespannt, ob trotzdem Kritiker, die nur diese Aufführung gesehen haben, wie Henrichs und Karasek, so etwas merken. Die erste *Malfi*-Probe mit vielen Unterbrechungen, aber — besonders Gert Voss — ganz wunderbar. Große Besorgnis ist Wildgruber, der Grippe hat, Penicillin frißt und eigentlich schon längst wieder beim Herz-Arzt sein müßte. Hoffentlich passiert da nichts. Er war jedenfalls gestern sehr, sehr müde und hat ganz eindeutig wieder Herzrhythmus-Störungen.

Heute morgen werden wir den ersten Eindruck kriegen über die Vergleiche zwischen dem Thalia-Theater, das am selben Wochenende wie wir Eröffnung mit *Peer Gynt* hatte. Ich denke, populär wird der Gewinner, wenn man so etwas sagen kann, Flimm sein, wie das so immer ist, weil er für das mittlere Publikum genau, gezielt arbeitet. Der mittlere Bildungsbürger ist sein Publikum und nicht meines. Bei mir liegt es drunter und weit drüber. Aber das wird sich in sechs Monaten erst eingespielt haben, wenn das ganze Repertoire da ist. Was viel ärgerlicher ist, ist, daß heute ein Gastspiel *Don Giovanni*, das ist ein lustiges Gastspiel, eine parodistische Fassung von Don Juan und von Don Giovanni von Mozart, von Frauen gespielt, von Schwab eingekauft worden ist, ohne daß man mich gewarnt hat, daß sie dreizehn Stunden Proben, oder dreizehn Stunden Beleuchtung und Einrichtung brauchen. Da wird's heute noch Ärger geben, weil die dreizehn Stunden können sie natürlich nicht kriegen. Nicht in den drei Tagen vor meiner Premiere *Malfi*.

Die drei ersten Bücher sind präsentiert worden. Ich glaube, mit recht großem Erfolg. Noch nichts drüber gelesen natürlich, aber der Eindruck ist gut. Ich finde sie ganz wunderbar, während ich unsere Zeitschrift *Die Erste*, ganz schrecklich finde, unverbindlich, klischiert, langweilig, obwohl schön auf eine routinierte Weise gemacht.

Trotz der unendlich vielen Probleme scheint mir der Anfang der Spielzeit gelungen zu sein. Es ist mit einem schwierigen Stück ein gutes Signal ge-

331

setzt worden und am Donnerstag wird mit einem noch schwierigeren Stück ein wuchtiges Signal gesetzt. Ich finde das richtig und es setzt sich natürlich auch stark vom Thalia-Theater ab. Die Stimmung im Haus ist gut. Die Schauspieler bei der *Malfi* sind natürlich sehr nervös, aber die Aufführung ist intakt, wird bestimmt irgendetwas schief gehen, aber sie ist intakt; Diot hat mal wieder herrlich geleuchtet. Das Bühnenbild* ist dann eben doch altmodisch, in dem Sinn, daß Wakjevitch altmodisch ist. Man mußte es einsetzen, man konnte es nicht direkt benutzen und das ist bestimmt ein Nachteil. Obwohl es in sich wieder unheimlich schön ist, auch die Kostüme sind von einer großen Virtuosität, Schönheit und Brillanz, und trotzdem scharf neben meinem Geschmack: zu perfekt, zu schwul. Rouben als Theatermann zu erleben ist aber sehr aufregend. Er kümmert sich um jeden Fitzel, ändert dann andauernd und denkt unheimlich genau seinen Geschmack entlang. Was er wirklich von der Aufführung hält, ist sehr, sehr schwer zu sagen. Klugerweise hält er sich an dem Punkt zurück. Er hatte sich voll drauf eingelassen.

Der Doppeltopf Intendant-Regisseur paßt mir sehr gut. Ob er mich wirklich nicht belastet, kann man eigentlich nur von den Resultaten her beurteilen. Und ob ich's selbst im Moment beurteilen kann, bezweifele ich. Es fühlt sich gut an, aber es kann sein, daß die Verteilung der Intensität, die ich habe und der Fantasie auf viele Bereiche, etwas von der Konzentration auf die Inszenierung wegnimmt. Ein bißchen hatte ich das Gefühl bei *Yerma*. Bei *Malfi* ist die Inszenierung sehr, sehr konzentriert und scharf. Hier kann es sein, daß sie zu sehr auf Hamburg gezielt ist. Sie hat auf jeden Fall sehr starke Reminiszenzen von *Othello*, die niemand übersehen wird, und da kann ich das natürlich auch nicht so ausschließen, daß das eine Art Einfluß von außen ist. Es ist auf jeden Fall nicht opportunistisch in dem Sinn, daß es nicht bewußt ist, aber ich stelle mich ja immer ein auf die wirkliche Situation, die *ist*, und dazugehört Indendanz und Hamburg etc. Das kann ich bestimmt erst viel später beurteilen. Auf jeden Fall so frei von anderen äußeren Situationsbezügen, außer denen, die das Stück angehen und mich angehen wie *Ghetto* und *Verlorene Zeit*, sind *Yerma* und *Malfi* bestimmt nicht. Nun sind natürlich auch *Ghetto* und *Verlorene Zeit* wirkungssicherer.

* Rouben Ter Armitunian

7. Oktober

Erste Hauptprobe von *Malfi*. Lief fast wie verzaubert. Gert Voss super und Uli, der ein Krankheitsproblem war, war konzentriert, ruhig, ganz toll. Die Stimmung im Theater ist — würde ich sagen — ganz fabelhaft. Die Kritiken von *Yerma* haben die Jutta weicher und sicherer gemacht, und sie ist sehr, sehr Mittelpunkt von dieser ganzen Aufführung. Es hat auch auf eine komplizierte Weise das Ensemble — obwohl es teilweise ganz andere Schauspieler sind, zusammengezogen. Die empfinden sich als Ensemble dieses Theaters und im Moment dieses Regisseurs, und das überträgt sich. Das ist aufregend. Flimms Eröffnung — Premiere *Peer Gynt* ist auch ein Riesen-Erfolg geworden. Ein eklatanterer als die *Yerma*. Ein Riesenopus — acht Stunden. Große Erregung und Freude, und ich denke, es hat sich eine sehr klare Situation abgezeichnet. Flimm ist das Establishment-Theater, progressiv-SPD, ein bißchen links und wird das auch weiter bleiben. Das ist seine Linie. Er wird seine Popularität in der Mittelschicht haben.
Unser Theater ist das Anti-Theater, das anarchische, das ungebildete, rotzige Theater. Beide wollen populär sein. Flimm wird es mit *Minna von Barnhelm*, *Ödipus* und *Peer Gynt* machen, und wir werden es sicherlich mit ganz ausgefallenen und teilweise sehr aggressiven und manierierten und »sophisticated« und teilweise sehr ordinären und aktuellen, farbigen Produktionen machen. Nicht farbig in dem Colour-Book-Sinn wie bei dem Thalia-Theater, sondern farbig durch Verschiedenheit und aktuell in seinen direkten Bezügen zu den Menschen, die das sehen und zu den Menschen, die es gemacht haben. Ich denke, es wird individueller sein, es wird mehr rausfallen. Es ist natürlich viel gefährlicher, was wir machen. Und Stücke wie *Yerma* oder *Die Herzogin von Malfi* — sind natürlich nicht von Natur aus Erfolgsstücke, das sind eher ausgefallene Stücke und haben schon sehr viel gegen sich, einfach in ihren relativ oder völlig unbekannten Titeln. Die Wucht, die Fantasie und die Qualität der Schauspieler, die wir haben, müssen das erreichen, was Popularität oder Sensation, Wichtigkeit, Kraft, Magnetismus bedeutet, und was im Theater sein muß, wenn es Erfolg haben will.

8. Oktober

Lange nicht so gespannt gewesen wie diesmal. Für die Hamburger ist das die eigentliche Eröffnung der Saison. Der Qualität der Aufführung bin ich ganz sicher. Ich finde auch, das es in vielerlei Hinsicht eine größere Qualität hat als *Yerma*. Es ist viel gewagter, aber das Stück ist kalt, böse, zerstörerisch, lieblos. Es hat nur eine Riege von wahnsinnig guten Schauspielern — von Gert Voss über Hoffmann, Lause, Redl bis Wildgruber, das nicht zu übersehen ist. Es hat also großartigste schauspielerische Leistungen, für mich große Schärfe. Ein grausames und absolut heutiges Stück. Es hat das Klima von heute, die Verlogenheit — alles, was heute so entsetzlich ist. Sowohl die Kultur-Senatorin als auch der Bürgermeister haben gewarnt, daß sie vielleicht nicht zur Premiere kommen können. Ich glaube, sie haben Angst vor einem Skandal, den sie verantworten müßten. Es ist höchste Zeit, daß die Haltung der SPD zur Kultur sich verändert. Es ist leider nur zu unwahrscheinlich. Ganz besonders in Hamburg kommt zu der allgemeinen Inkompetenz, die die SPD der Kultur gegenüber hat, noch eine Art von Hamburger Versnobtheit, fast die Haltung eines fürstlichen Patronats, das erwartet, daß die Puppen für sie tanzen und nicht über irgendwelche unangenehmen Grenzen sich hinausbewegen. Es muß alles den feinen Hamburger Ton haben. Na ja, dann sind wir auf Kollision-Kurs, das macht auch nichts. Das Theater muß in Opposition stehen, sonst steht es nirgends. Aber in wirklicher Opposition, nicht in einer pseudo-linken, freundlichen oder auch unfreundlichen politisch nur scheinbaren Opposition, wie das Theater, sagen wir, von Peymann, Flimm oder Rudolph. Wenn Theater nicht wirklich anarchistisch ist, d. h. unberechenbar, wirklich unberechenbar, hat es keine Funktion und keine Erregung.

10. Oktober

Hurra, hurra, hurra — endlich kommt die *Malfi* raus, es wäre auch nicht einen Tag mehr zu ertragen. Wenn ich jetzt weiter probieren würde, müßte ich es auseinandernehmen — und es auf eine ganz andere Weise probieren, d. h. auf eine analytische Weise. Werde ich bestimmt auch noch machen mit dem Stück, aber auf diese Weise ist es jetzt beendet.

12. Oktober

Zwei Tage nach der *Malfi*-Premiere. Ich weiß eigentlich nicht, ob das ein Erfolg war oder nicht. Es gab das übliche Buh-Konzert, die Aufführung war in der zweiten Hälfte sehr, sehr gut, am Anfang ein bißchen lahm und müde und ängstlich. Die Liebesgeschichte zwischen der Herzogin und Antonio hat nicht richtig gezündet, dafür war die Kaufmann fabelhaft und eigentlich alles, was Aktion, was große Wirkung war, hat hundertprozentig funktioniert. Die Zärtlichkeit fehlte, auch bei der Jutta, man hatte nicht sehr viel Mitgefühl mit ihr. Sie war sehr beeindruckend, sehr zentral, stark, ich glaube, es war die Stärke, die sie brauchte, sich dem Haus entgegenzusetzen, diesem Haus, das eigentlich nicht mit Sympathie auf dieses Stück zukam im Gegensatz zu *Yerma*. D. h. sie hatte eine Stimmung, ein Gefühl gegen das Publikum. Sie mußte sie bekämpfen und sie gewinnen, statt sie mit ihrem Charme oder mit ihrer Zärtlichkeit oder Sehnsucht oder Liebesnot oder was auch immer *verführen*. Dagegen hatte sie gekämpft und ich glaube, das ist dem Stück und ihr nicht gut bekommen, aber vielleicht ist das nur ein Eindruck. Morgen früh werden wir mehr wissen, morgen gibt's Kritiken. Es gab auf jeden Fall sehr viele Vorhänge, sehr viele Buhs, einen — man würde früher gesagt haben — einen Skandal, aber irgendwie ist ein Skandal dieser Art heute kein Skandal mehr.

Das Hamburger Abendblatt hat als Vorkritik eine gute Rezeption, also ich denke von den Lokalkritiken können wir vieles erwarten. Inwieweit das Stück zieht, ist noch nicht zu sagen, es ist aber jetzt schon sehr stark zu beobachten, daß die Häuser immer voller werden und daß das Haus anfängt, ein Magnet zu werden. Das, glaube ich, ist uns schon gelungen.

Ich kann erst am Ende der nächsten Woche mit den Proben für *Wie es euch gefällt* anfangen. Davor kommt die Sache mit den Mitteilungen und Kündigungen, die diese Woche ausgesprochen werden müssen. Eine ganz beschissene Angelegenheit, daß man viele, viele Monate, bevor der Schauspieler das Theater endgültig verläßt, ihm kündigen muß. Es ist scheinbar ein Vorteil für den Schauspieler, aber in Realität ist es für ihn ein Nachteil, und für den Kündigenden (das Theater, den Regisseur, den Arbeitgeber) genauso ein Nachteil. Es ist eine typische soziale Einrichtung, die nicht wirklich sozial ist, wenn es um Kunst geht oder um Künstler. Künstler, die sich gegenseitig erklären, daß sie sich nicht mehr mögen oder nicht mehr miteinander arbeiten können, kann man nicht künstlich zusammenzwingen, das ist eine große Albernheit. Vielleicht ist meine etwas ängstliche oder zwiespältige Reaktion auf die *Malfi* bedingt durch die Tatsache, daß es eigentlich kein gutes, kein richtiges Eröffnungsstück ist. Es war ja auch nie so gedacht. Normalerweise hätte ich so einem Stück mit einem solch starken, negativen und so großen Pessimismus nicht als Eröffnung einer Spielzeit genommen. Deswegen habe ich ja auch die *Yerma* zuerst rausgebracht. Aber da die *Yerma* nicht eine neue Inszenierung war, hat man trotzdem die *Malfi* mehr erwartet und als Eröffnung gesehen und behandelt.

Das ist natürlich schwierig. Es wird sicherlich eine Weile dauern – ich denke über *Wie es euch gefällt* bis hin zu Savarys Premiere – daß eine wirkliche, eine optimistischere Stimmung in das ganze Unternehmen einzieht, obwohl unter den Schauspielern schon eine ganz neue Haltung, eine große Lust zu verspüren ist. Aber daß sich das wirklich überträgt und das Publikum anzieht, ich glaube dazu wird es noch einiges brauchen.

16. Oktober

Premiere *Ein Haufen Lügen*. Mittlerweile, glaube ich, ist das Hamburger Publikum bzw. das Premierenpublikum mit ihren stereotypen Meinungen, ihrer festgefahrenen Ästhetik völlig verwirrt. Erst durch *Yerma*, ein poetisches Stück – es hat es überhaupt noch nie gesehen – dann dieses *Malfi*, dieses wüste Action- und wilde Endzeitmelodram, und heute das ganz stille englische, gescheite und humorvolle unprätentiöse Stück. Konfusion, Konfusion ... Ich glaube, die kriegen nicht mal mit, was für tolle Schauspielerei da stattfindet, was für eine sehr, sehr gute Inszenierung der Clifford Williams da gemacht hat. Die Kritiker von Karasek bis zu Iden sind überaltert, abgefuckt, ein trauriger Haufen. Die waren auch irgendwann mal frisch und lustig und haben sich für irgendwas interessiert, jetzt sind sie nur noch da, um Theaterpolitik zu machen oder irgendwas zu finden, was in ihr Konzept paßt. Ihr Konzept ist schon lange klar und fest und sie suchen nur Sachen, die reinpassen. Nun ja. Es wird zwei Jahre dauern, bis man das Publikum soweit hat, daß es die Kritiker absolut ignoriert, und bis man auch die paar Kritiker findet und heranzieht, die ein genaues Empfinden haben, die genau sehen können. Man muß sie erziehen. Das ist bestimmt schwierig, und ob ich die Geduld haben werde, weiß ich nicht. Die Leistung von den Schauspielern heute abend: Rosel ist sehr gut, natürlich, bis auf manche Szenen, wo sie scharf wird, plötzlich eine Art von Männlichkeit hat, die nicht sehr gut ist, die ich nicht mag und die man aufweichen muß, wenn man mit ihr arbeitet. Die kleine Schäfer ist toll, wirklich eine Begabung. Ich denke heute ernsthaft darüber nach, ob ich *Prawda* sausen lasse und ein Stück mit der Schäfer mache.

Es war nicht voll, trotz Premiere – es lag bestimmt an den vielen Voraufführungen. Daß die das nicht gestoppt haben, ist wieder eine von den vielen Katastrophen, organisatorischen Katastrophen. Ich denke, die Kritiken werden nicht gut sein, nicht besonders. Schade! Nico Haenel ist auch fast sehr gut, nicht ganz. Die Qualität der Aufführung ist nicht absolute Spitze,

336

das liegt bestimmt an der Sprachschwierigkeit von Clifford. Eine Oberflächlichkeit, eine Art von Ungenauigkeit lag darin, die bei Jacobi z. B. zu einer Langeweile führt. Ich glaube, Jacobi war ein Irrtum für die Rolle, mein Irrtum. Die Persönlichkeit von Jacobi wird stark eigentlich nur in einer zweiten Rolle, wenn er einen starken Gegner hat wie in *Ghetto*, wo er seine Blässe als etwas Positives einsetzen kann, da hat er eine ganz große Qualität, oder wo er etwas ganz Ausgefallenes spielen kann wie in dem *Pinter* von Palitzsch im Akademie-Theater vor ein paar Jahren. War ganz vorzüglich, sehr bedrohlich auch. Aber diese Art von ganz realistischem Theater kriegt er wahrscheinlich nicht hin. Die Übersetzung ist auch nicht Spitze, leider. Sie ist genau, trocken —, aber es fehlt der Glanz. Schade! Trotzdem finde ich diese Dreier-Eröffnung mit allen Unsicherheiten und aller Hin- und Hergerütteltheit vom Publikum und von den Kritikern — und von uns auch — richtig und würde ich es wahrscheinlich nochmal auf diese Weise machen. Die drei Richtungen, die da angezeigt werden, die von dem realistischen oder auch Boulevard-Stück in der englischen Art, die von dem Reisser, Webster, und die von dem poetischen Stück von Lorca — das sind Richtungen, die ich weiter verfolgen möchte. Dazu muß dann das große deutsche Stück kommen. Aber nur ein annäherndes Beispiel, das wird der Kroetz sein, das ganz große deutsche Stück ist es ja nicht.

Ilse Ritter, Eva Mattes

Ilse Ritter, Heinz Schubert

Eva Mattes, Ulrich Tukur in
Wie es euch gefällt, 1986

Ensemble

DEUTSCHES SCHAU SPIEL HAUS IN HAMBURG

1985-89

Die Hamburger Zeit — Rückschau-Buch

Rückschau-Buch *
1988

Drei Jahre Arbeit in Hamburg. Dieses Buch ist der Versuch, unseren Eindruck darüber zu vermitteln. Wenn ich über diese drei Jahre nachdenke (das vierte wird nicht wesentlich anders sein), so fällt mir dazu eine Festung ein. Drinnen ein Trupp, der seine Sache macht, draußen Leute, die gucken wollen, was da drin passiert. Ansonsten: Unter Beschuß und wie man sich dazu verhält.

Die drei Jahre lagen in einer Zeit, in der Theater generell nicht *in* war, sich dafür aber besonders chic und gestyled gab und noch gibt. Man könnte die herrschenden Tendenzen aufteilen in

1. populistischer Kampf (*Cats*)
2. Kunst (Wilson etc.)
3. Mittelmaß
4. New old hats von Drüben oder die kulturelle Wiedervereinigung (Überschwemmung mit DDR-Zeigefinger-Regie, westlich aufgeputzt)

Auch unsere Arbeit ist von all diesen Schrecken heimgesucht worden, aber nicht sehr. Dafür haben ein paar Knallköpfe am Hamburger Schauspielhaus ihre eigene Sache gemacht und, erstaunlicherweise, laut Theaterstatistik im Jahr 1987 die höchste Zuschauerzahl in der Bundesrepublik erreicht. Und das trotz konstantem, aggressivem Beschuß von der regionalen und überregionalen Kritik, die sich weder für unsere Ästhetik noch für unsere popularisierenden Ambitionen interessierte. Randnotiz: Fast jedes Mal, wenn die Kritik dann doch eine Aufführung mochte, waren die Häuser leer und umgekehrt. Komisch, wah?

Nochmal von vorn: Liebes Hamburger Publikum. Eine Zeit geht zu Ende, ich hoffe unsere Theaterarbeit hat Ihnen soviel Freude gemacht wie uns.

---

* Aus Rücksichtnahme wurde damals auf einen Abdruck dieses Textes verzichtet

343

Die beiliegenden Blätter, Bilder, Notizen sollen Sie, falls unser Theater Ihnen irgend etwas gegeben hat, weiter daran erinnern. Bedanken möchte ich mich bei all den vielen Schauspielern, Musikern, Sängern, Regisseuren, Bühnenbildnern die hier waren und oft herrliche Arbeiten gemacht haben. Auch bei Ihnen möchte ich mich bedanken, dem größten Theaterpublikum der Bundesrepublik und auch dem waghalsigsten, das sich, den Experten zum Trotz, immer wieder auf neue Wagnisse eingelassen hat, *Sie* haben *mich* nicht enttäuscht. Ich hoffe, ich Sie auch nicht.

Vier Jahre dieses Schauspielhaus zu leiten ist für mich lange genug. Es gibt eine ungeheure Kluft zwischen dem Servicebetrieb, als den viele Hamburger das Theater sehen wollen, und meiner Sicht von Theater als dem Ausdruck verschiedenster Meinungen und Haltungen, als Suche nach Wahrheiten im Leben zusammen mit vielen Genüßlichkeiten. Diese Kluft ist anstrengend genug, wenn man nur die Verantwortung für eigene Arbeiten hat, für das Ganze kann ich sie zu lange nicht tragen. In Hamburg läßt es sich eben doch leichter Banker sein als Künstler. Aber wer will es denn immer leicht haben?

Wir bewegen uns immer mehr in einer Zeit der Verflachung. Medien statt Kunst. Das birgt subtile Gefahren, insbesondere die Gefahr, daß die Verfechter des Elitären sagen: »Seht ihr, wir haben euch gewarnt. Unterhaltung ist keine Kunst, aber ihr wolltet es ja so!« Schlechte Unterhaltung ist natürlich genauso wenig Kunst wie schlechte Langeweile. Molière und Shakespeare und Ayckbourn und Wedekind können unterhaltende Kunst sein oder ganz einfach langweilig und flach. Aber Theater findet eben abends, nach einem Arbeitstag statt und (meistens) vor einem neuen. Also muß Theater unterhaltend sein, wenn es nicht nur die Handvoll Theatermanen haben will, die sowieso kommen. Seine Wahrheit weiter zu suchen, die Geschichten zu erzählen, die man für wichtig und richtig hält, dabei ein breites Publikum zu erreichen, nicht zu verflachen und sich von dem Kulturzirkus und seinen Vertretern, seien sie Kritiker oder Politiker, nicht den Spaß verderben zu lassen wird immer schwerer, vielleicht unmöglich. Meinem hochbegabten und vitalen Nachfolger Michael Bogdanov wünsche ich Glück und Spaß und mehr Ausdauer als ich sie habe.

Während der sehr bewegten 4 Jahre als Intendant in Hamburg
war die Arbeit an Wedekinds Lulu *die letzte,*
wohl auch die interessanteste und erfolgreichste.

Vorgeschichte
1987

1965. Ich soll *Lulu* inszenieren. Lese das Stück bzw. die beiden Stücke: *Der Erdgeist, die Büchse der Pandora.* Finde sie lang, langweilig, prätentiös und überflüssig. Inszeniere statt dessen *Bunbury.*
1975. Ich soll *Lulu* inszenieren. Muß mir doch besonders liegen. (Sex und violence usw). Besonders nach *Othello.* Lese das Stück bzw. die Stücke wieder, genauer. Eine wilde phantastische Geschichte. Eine Konstruktion, wie mir scheint ohne erkennbare menschliche Züge. Nach zwei sehr schönen verschiedenen Inszenierungen von *Frühlingserwachen* finde ich mich

345

bei Wedekind schon zurecht. Der einzige Einfall zu *Lulu*: Es ist ein Konversationsstück. Nicht dämonisch. Schon gar nicht expressionistisch. Aber ohne eine Lulu, keine *Lulu*. Schlage einem Theater Maria Schneider, Oskar Werner (als Schön) und Lilli Palmer als Geschwitz vor. Alle können oder wollen nicht. Vielleicht ist mir die Besetzung nur eingefallen, weil ich das Stück nicht inszenieren wollte.

Irgendwann Anfang der achtziger Jahre in einem Hamburger Restaurant (Silvester, glaube ich, bei Cuneo). Ingrid Andree ist da, berühmte Lulu von damals, und Tochter Suse Lothar, junge, anfangende Schauspielerin, damals noch ein Trampel, etwas pubertär, rührend, begabt. Die Sicherheit, daß ich mit dieser Schauspielerin *Lulu* inszenieren will (kann). Warum? Keine Ahnung. *Lulu* ist ein Stück über Projektion. Der Regisseur muß sich mit den Projektionen von vielen Männern identifizieren können: Maler Schwarz, Intellektueller Schön, Künstler Alwa, Lesbierin Geschwitz, Akrobat Rodrigo, Mephisto Casti-Piani, Gauner Schigolch (auch Prophet Schigolch) und Frauenmörder Jack the Ripper. 1900 war Lulu ein Killer. Heute ein Opfer.

Lulu hält durch. Eine deutsche Frau. Sexuelle Mutter Courage. Man muß sie aus der legendären Femme-fatale-Welt der Jahrhundertwende lösen, auch aus dem Dietrichland der zwanziger Jahre.

Die Inszenierung wird geplant. Wieder Schrecken beim Textlesen. Hart, so perfekt. Schick.

Plötzlich (im Sommer 1986) liegt die eigentliche *Lulu* auf dem Tisch, die Urfassung. *Die Büchse der Pandora · Ein Buch-Drama*. Eckig, unperfekt, obszön, pubertär, nicht mehr geleckt, unschick. Szenen und Charaktere fehlen. Das Ding ist aus einem Guß, klar, sauber, ganz nah bei *Frühlingserwachen*. Fünf Akte. Ein Abend, nicht ein zusammengestoppeltes Stück, das eigentlich sieben Stunden laufen sollte.

Suse Lothar spielt Lulu. Eine deutsche Frau. Premiere: Februar 1988. Uraufführung der Monstre-Tragödie. Eine deutsche Frau, zwischen Masochismus (extrem), grimmigem Durchhaltevermögen und wilder romantischen Fantasie.

»Ich träume davon, einem Triebverbrecher in die Hände zu fallen!« Die Sucht nach dem Absoluten, der Utopie, dem Tod. Die Erlösung von der Sehnsucht.

346

Aufführung
1988

Sehnsucht war immer schon mein Thema. In Theaterstücken, die ich besonders liebe, mit denen ich mich besonders indentifizieren kann, geht es meistens zentral um dieses Thema: *Yerma*, Die Sehnsucht nach einer Geburt, *Verlorene Zeit*, die Sehnsucht nach Geborgenheit in der Liebe, *Othello*, die Sehnsucht nach reiner Liebe, usw. In Wedekinds *Lulu* geht es auch wieder um eine große Sehnsucht, die Sehnsucht, ganz frei die Liebe voll auskosten zu können — und natürlich die entsprechende Bestrafung durch die Gesellschaft. Auch Wedekind wurde für diesen Wunsch bestraft, zensiert, beschimpft. Freie Geister wie Karl Kraus haben ihn in Schutz genommen.
In dieser Urfassung des Stückes, sozusagen der ursprünglichsten, reinsten Fassung, gibt es von innen heraus eine ganz wesentliche Variante zu allen späteren Fassungen: Hier, in der ersten Version von Wedekind, geschrieben fast zur selben Zeit wie *Frühlingserwachen*, ist *Lulu* noch mehr Opfer als Täter. Der Kunstmantel der Femme fatale hat die sehr rührende Wahrheit dieser Kind-Frau noch nicht verhüllt. Und damit ist der Vorwurf gegen die Männer auch nicht mehr so oberflächlich wie in späteren Fassungen, und wie die Feministinnen ihn in dieses Drama hineinzulesen versuchen. Was das *Lulu*-Stück, das hier gespielt wird, beschreiben will, ist die Suche eines Kindes nach wahrer Liebeserfüllung. Und da es, wie wir klugen zivilisierten Krüppel ja ganz genau wissen, dies nicht gibt, läßt das Kind sich lieber abschlachten als daß es Kompromisse macht mit seinem Seelenwunsch.
Wir spielen das Stück in den Jahren nach dem Zweiten Weltkrieg und am Anfang der fünfziger Jahre. Dadurch ergeben sich einige Ungereimtheiten, ich finde, das macht nichts, und viele Momente von erstaunlicher Erkenntnis.
Wedekind hat das Ganze eine Monstretragödie genannt. Nun ja, auch

347

Ulrich Wildgruber, Matthias Fuchs

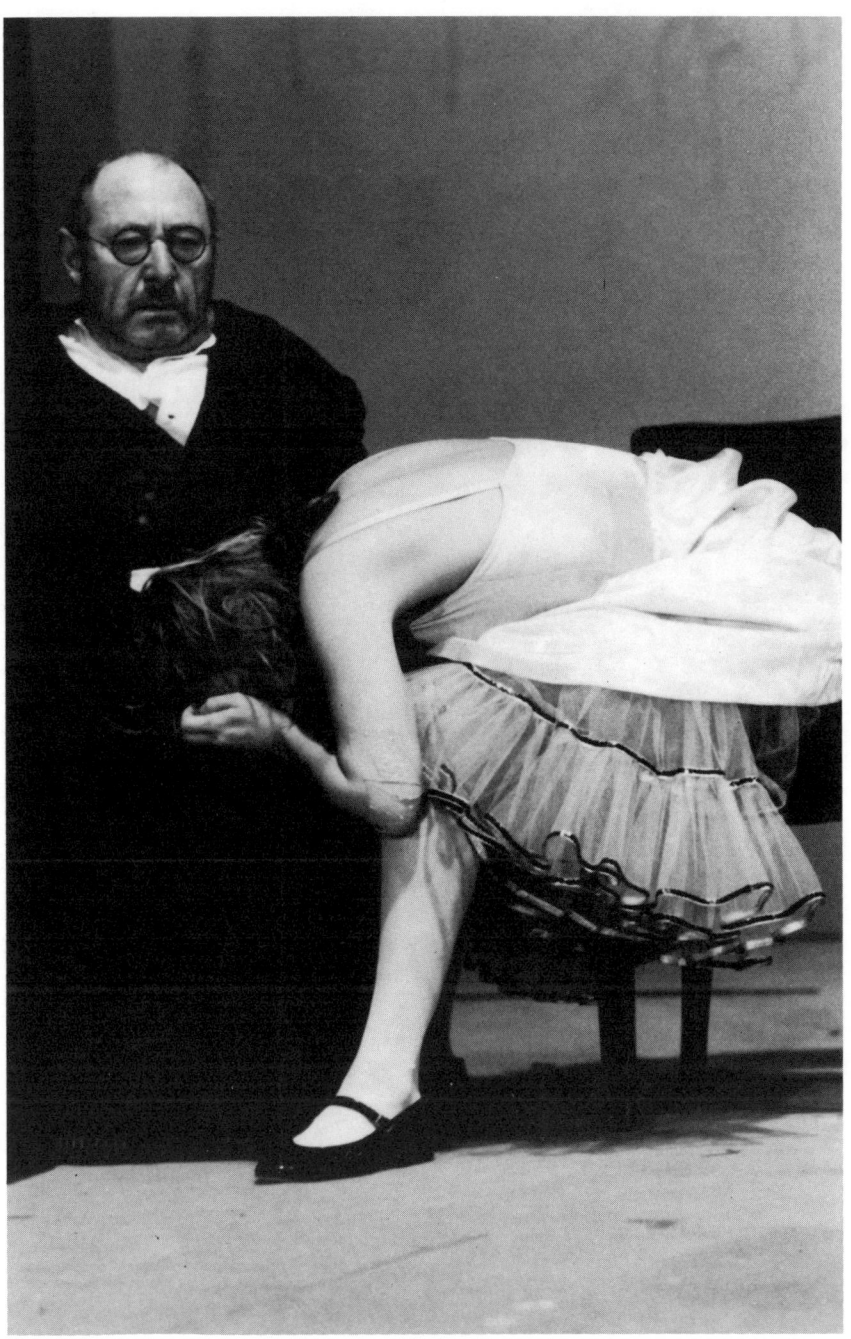

Heinz Schubert, Susanne Lothar

Autoren — besonders Autoren — haben das gute Recht, ihre privatesten Wünsche und Emotionen und Obsessionen vor der Öffentlichkeit zu schützen. Wenn die Gräfin Geschwitz ein Monstre ist, was ist dann eine Regan oder eine Hedda Gabler? Wahrscheinlich ist Wedekind das Monstre, weil er die Schrecken und Lüste unserer Welt so genau erkannt und mit so viel Mitgefühl beschrieben hat.

Susanne Lothar, Uwe Bohm

Notiz

Das Motto des Buches »Kunst kommt nicht von Können« widerlegt den Satz Josef Goebbels' »Kunst kommt von Können«.

Die vorliegende Auswahl erfolgte aus einem Material von zumindest doppeltem Umfang. Sie beschränkt sich auf Inhalte, die sich auf das Theater beziehen, und verzichtet auf solche, die sich, um ein Beispiel zu sagen, mit Filmen auseinandersetzen.

Der freundlichen Zustimmung des Verlages Kiepenheuer & Witsch ist es zu verdanken, daß die Textauswahl zum Thema Theater beinah komplett werden konnte (sofern hier das »Gebiet« Theater je sich komplettieren läßt), denn der ursprünglich geplante Raum dafür war geringer als er es jetzt ist.

Die Artikel des Bandes stammen aus mehr als 30 Jahren. Es ist die Nähe zum Gegenstand, von der sich die Chronologie bestimmen ließ und nicht so sehr ihre Entstehung.

L. K.

Register

Theaterinszenierungen

1947
Oscar Wilde, Salomé, London

1952/53
Jean Genet, Die Zofen, London

1954/55
Nahezu wöchentlich ein neues Stück in Swansea (Wales)

1957
Jean Genet, Der Balkon, London

1958
Jean Vauthier, Kapitän Bada, Köln
Eugène Ionesco, Die kahle Sängerin
                Die Unterrichtsstunde, Köln

1959
Ion Luca Caragiale, Ein verlorener Brief, Köln
Friedrich Dürenmatt, Der Besuch der alten Dame, Ulm
Albert Camus, Die Gerechten, Hannover

1960
William Shakespeare, Maß für Maß, Ulm
Leo Lehman, Der Spielverderber, Ulm
Jean Vauthier, Kapitän Bada, Ulm
Eugène Ionesco, Die Nashörner, Kassel
Sean O'Casey, Der Rebell, der keiner war, Ulm
George Abbot, Wo ist Charley? Ulm

1961
William Shakespeare, Der Kaufmann von Venedig, Ulm
Sean O'Casey, Der Rebell, der keiner war, Hamburg
Brendan Behan, Die Geisel, Ulm
William Shakespeare, Was ihr wollt, Ulm

1962
Tankred Dorst, Große Schmährede an der Stadtmauer, Berlin
William Shakespeare, Cymbeline, Hannover
Alexander Ostrowskij, Der Wald, Ulm
John Osborne, Luther, Bremen
Brendan Behan, Die Geisel, Bremen

1963
Meredith Wilson, Music Man, Bremen

William Shakespeare, Ein Sommernachtstraum, Bremen
Ann Jellicoe, Was ist an Tolen so sexy, Bremen

1964
William Shakespeare, Held Henry, Bremen
Brendan Behan, Der Spaßvogel, Bremen
Oscar Wilde, Bunbury, Bremen
Jean-Baptiste Molière, Der Geizige, Bremen

1965
Norman und Bart, Die alten Zeiten sind vorbei, Bremen
Frank Wedekind, Frühlingserwachen, Bremen
Thomas Valentin/Robert Muller, Die Unberatenen, Bremen

1966
Friedrich Schiller, Die Räuber, Bremen
John Osborne, Ein Patriot für mich, Bremen

1967
Henrik Ibsen, Nora, Bremen
Jean-Baptiste Molière, Der Geizige, Stuttgart
J. P. Donleavy, Ein sonderbarer Mann, Bremen
William Shakespeare, Maß für Maß, Bremen
Sean O'Casey, Der Pott, Wuppertal

1968
Anton Tschechow, Der Kirschgarten, Stuttgart
Edward Bond, Gerettet, Berlin

1969
Edward Bond, Schmaler Weg in den tiefen Norden, München

1970
Sean O'Casey, Der Pott, Stuttgart

1972
Hans Fallada, Kleiner Mann, was nun?, Bochum
William Shakespeare, Der Kaufmann von Venedig, Bochum

1973
Tankred Dorst, Eiszeit, Bochum
Anton Tschechow, Die Möwe, Bochum
Christopher Hampton, Die Wilden, Bochum

1974
William Shakespeare, König Lear, Bochum
Tankred Dorst, Eiszeit, Berlin
Heinrich Mann, Professor Unrat, Bochum

362

1975
Henrik Ibsen, Die Wildente, Hamburg
Brendan Behan, Die Geisel, Berlin

1976
Brendan Behan, Die Geisel, Bochum
William Shakespeare, Othello, Hamburg
Frank Wedekind, Frühlingserwachen, Bochum

1977
Henrik Ibsen, Hedda Gabler, Bochum
William Shakespeare, Hamlet, Bochum

1978
Trevor Griffith, Komiker, Hamburg
William Shakespeare, Das Wintermärchen, Hamburg

1979
Udo Lindenberg, Dröhnland Symphonie, Bremen
Henrik Ibsen, Hedda Gabler, Hamburg
Alan Ayckbourn, Spaß beiseite, Hamburg
Hans Magnus Enzensberger (nach Molière), Der Menschenfeind, Berlin

1980
Oscar Wilde, Bunbury, Berlin

1981
Hans Fallada, Jeder stirbt für sich allein, Berlin
William Shakespeare, Der Widerspenstigen Zähmung, Berlin

1983
Henrik Ibsen, Baumeister Solneß, München
Wolfgang Amadeus Mozart, Die Hochzeit des Figaro, Stuttgart

1984
Federico García Lorca, Yerma, München
Joshua Sobol, Ghetto, Berlin
John Hopkins, Verlorene Zeit, Hamburg

1985
Federico García Lorca, Yerma, Hamburg
John Webster, Die Herzogin von Malfi, Hamburg

1986
William Shakespeare, Wie es euch gefällt, Hamburg

1987
Burkhard Driest/Peer Raben/Peter Zadek, Andi, Hamburg

1988
Frank Wedekind, Lulu, Hamburg
William Shakespeare, Der Kaufmann von Venedig, Wien

1989
Alan Ayckbourn, Ab jetzt, Berlin

1990
Anton Tschechow, Ivanov, Wien

Film- und Fernsehinszenierungen

1960
Die Dame in der schwarzen Robe

1961
Die Mondvögel
Die Kurve

1964
Der Spaßvogel
Die Stühle
Der Nebbich

1965
Held Henry
Die Unberatenen
Frühlingserwachen

1966
Der Kirschgarten

1967
Maß für Maß

1968
Ich bin ein Elefant, Madame
Rotmord

1969
Piggies

1970
Der Pott

1972
Van der Valk und das Mädchen

1973
Kleiner Mann, was nun?
Eiszeit

1974
Die Möwe

1976
Die Geisel

1977
Hedda Gabler

1981
Der Menschenfeind

1983
Baumeister Solneß

1984
Ghetto
Die wilden Fünfziger

1990
Der Kaufmann von Venedig
(Co-Regie: George Moorse)

Nachweis

Seite

29, 35, 82, 235, 239, 249   aus: Wend Kässens, Jörg Gronius
»Theater Macher«, Athenäum, Frankfurt, 1987

31   aus: Merian, Hamburg, 1974

40   aus: Volker Canaris »Peter Zadek«, aus dem Englischen übersetzt von Volker Canaris, Hanser, München, 1979

53   aus: AJR Information, London, 1960. Ungekürzt, nach der leicht gekürzten Übersetzung von Volker Canaris, Hanser, München, 1979

67   aus: Die Welt, Bonn, 1961

80, 83, 86, 88, 113, 117, 172, 222, 227, 257, 347   aus: Programmen zu den entsprechenden Aufführungen

122   aus: NDR Hamburg, 1988

174   aus: Volker Canaris »Peter Zadek«, Hanser, München, 1979

175   aus: O. E. Hasse »Erinnerungen«, Bertelsmann, München, 1979

181   aus: Theater heute, 1978

188, 197   aus: Die Zeit, Hamburg, 1979, 1978

213   aus: »Theater bei Tageslicht«, Hegner, Köln, 1966. Gekürzt.

233   aus: Le Monde, Paris, 1987

254   aus: Henrik Ibsen, Die Wildente, Hedda Gabler, Baumeister Solneß
Deutsch von Peter Zadek und Gottfried Greiffenhagen,
© Fischer Taschenbuch Verlag GmbH, Frankfurt am Main, 1983

263   aus: Medium, München, 1979

265   aus: Joshua Sobol »Ghetto«, Quadriga, Berlin 1984

272   aus: Fankfurter Allgemeine Zeitung, 1985

273   aus: profil, Wien, 1988

285   aus: Frankfurter Allgemeine Zeitung, 1980

299 aus: stern, das Gespräch wurde mit Matthias Matussek geführt, Hamburg, 1985

345 aus: Peter Zadek, Johannes Grützke »Lulu, eine deutsche Frau«
Athenäum, Frankfurt am Main, 1988

Fotonachweis

Bildkunst Mehrdich 55
Bildzeitung; Günter Kambach 208
Ralf Brinkhoff 294 unten
Ilse Buhs 157, 177
Rosemarie Clausen 250, 252-253, 259 oben
Peter Fischer 47
Rosa Frank 82, 345
Roswitha Hecke 61, 75, 77, 80, 92, 109, 112, 115, 123 unten, 129, 130, 172, 174, 188, 221, 238, 266-267, 270, 271, 294 oben, 295, 298, 302, 303, 308, 315, 319, 348, 349, 350
Archiv Kurt Hübner 94
Archiv Kiepenheuer & Witsch 18
Stefan Moses 248, 256, 258, 259 unten
Isolde Ohlbaum 313
G. Pagenstecher 87, 100
Gisela Scheidler 117, 118, 119, 141, 142, 143, 173, 180, 187, 227, 228, 235, 273, 275, 276, 277, 279, 338, 339, 340-341
Theatersammlung Hamburg 151
Ulmer Theater 51
Klaus Warwas 85
WDR 73, 123 oben, 128
Jürgen Wilhelm 196, 212
Fritz Wolle 64, 89, 95, 97
Archiv Peter Zadek 20, 21, 26, 27 (Original-Brief bzw. -Postkarte an Peter Zadek vom 30. Juni und 10. Sept. 1948) 25, 28, 30, 56, 57, 66, 83, 102, 207, 216, 281, 342